Christiane Arens-Wiebel

Erwachsene mit Autismus begleiten

Ein Praxisbuch für Eltern und Fachkräfte

Verlag W. Kohlhammer

1. Auflage 2021

Alle Rechte vorbehalten
© W. Kohlhammer GmbH, Stuttgart
Gesamtherstellung: W. Kohlhammer GmbH, Stuttgart

Print:
ISBN 978-3-17-039258-8

E-Book-Formate:
pdf: ISBN 978-3-17-039259-5
epub: ISBN 978-3-17-039260-1

Kohlhammer

Die Autorin

Christiane Arens-Wiebel hat 40 Jahre lang bei Autismus Bremen e. V. als Therapeutin und Leitung gearbeitet und sich darüber hinaus intensiv der Beratungs-, Schulungs- sowie Fortbildungstätigkeit gewidmet. Sie hat unmittelbar nach ihrem Studium der Sozialpädagogik begonnen, mit autistischen Kindern und Jugendlichen im Autismus-Therapiezentrum Bremen therapeutisch zu arbeiten. Wichtige Meilensteine ihrer Berufstätigkeit waren dabei in den letzten Jahren ihres Schaffens die intensive Beratungs- und Fortbildungstätigkeit in Einrichtungen für erwachsene Menschen mit Behinderung sowie mit Eltern von Betroffenen. Ihr Interesse und ihr Engagement auf diese besondere Beeinträchtigung bezogen haben nie nachgelassen. Auch heute, im Ruhestand, ist sie als Fortbildungsreferentin und Beraterin tätig.

Vorwort

Mein erstes Buch »Autismus. Was Eltern und Pädagogen wissen müssen«, das im April 2019 herausgekommen ist, richtet sich insbesondere an Eltern und Pädagog*innen im Umgang mit autistischen Kindern und Jugendlichen. In den letzten Jahren meiner Berufstätigkeit bei Autismus Bremen e. V. bestand meine Beratungstätigkeit überwiegend aus der Beratung von Eltern erwachsener Kinder sowie Mitarbeiter*innen aus Wohnheimen oder Werkstätten. Dabei wurde mir deutlich, dass es bisher nur wenige autismusspezifische Veröffentlichungen zum Thema erwachsene Menschen mit frühkindlichem Autismus (und intellektueller Beeinträchtigung) gibt. Was lag also näher, als die erwachsenen Menschen für ein weiteres Buch in den Fokus zu rücken und aus meiner Sicht zusammenzufassen, was für autistische Menschen im Erwachsenenalter wichtig und notwendig ist? Auch die vielen Gespräche und der umfangreiche Erfahrungsaustausch in Einrichtungen zum Wohnen und Arbeiten haben mich darin bekräftigt, mich dieser Thematik zu widmen, denn ich erkannte immer wieder, wie viele Fragen und Unsicherheiten es im Umgang mit den erwachsenen Betroffenen gibt.

Am eigenen Lebensalter bemerkt man, wie die Zeit voranschreitet, man nicht nur selbst älter wird, sondern auch die Menschen, die den eigenen Weg begleitet haben, älter werden. So geht es mir auch, wenn ich an die Kinder denke, die vielleicht drei oder fünf oder zehn Jahre alt waren, als ich vor 40 Jahren als junge Therapeutin anfing, autismusspezifisch mit ihnen zu arbeiten. Nun sind sie mindestens 40 oder 50 Jahre alt, leben vielfach in Einrichtungen, arbeiten und verleben ihre Freizeit. Ganz selten einmal hatte ich in den letzten Jahren die Gelegenheit, von diesen jungen Menschen Jahre später wieder zu hören. Bei vielen war der Weg bis zu dieser Begegnung gut verlaufen, bei anderen nicht, sodass ich als Beraterin die Gelegenheit bekam, sie wiederzutreffen. Häufig fiel mir dabei auf, dass autismusspezifische

Förderung im Erwachsenenalter nicht mehr in dem Ausmaß stattfand, wie ich mir dies gewünscht hätte. Die Autismustherapie hatte im Jugendalter geendet, und eine Nachhaltigkeit war manchmal nicht zu erkennen. Der 30-Jährige Paul hatte sich bspw. als 12-Jähriger über das Schreiben mit Buchstaben verständigt (er konnte zu diesem Zeitpunkt aus einem ›Berg‹ von 100 Buchstabenplättchen die richtigen heraussuchen, um die Begriffe für bevorzugte Lebensmittel fehlerfrei zu schreiben), jedoch war dieses Können inzwischen völlig verschwunden. Dafür herrschten Erstaunen und Ungläubigkeit bei den Betreuer*innen seiner Wohnstätte, die ihm dieses Können nicht zutrauten. Glücklicherweise konnte ich ein Video zeigen und damit demonstrieren, was Paul damals für erstaunliche Fähigkeiten besessen hatte. Leider war diese besondere Befähigung verloren gegangen, und die Eltern von Paul konnten sich nicht darum kümmern, dieses Kommunikationsmittel nach Beendigung der Therapie weiterzuverfolgen und so ihrem Sohn die Chance zu geben, hiermit seine Bedürfnisse darstellen zu können. Dabei war er selbst sehr stolz darauf gewesen. Jedoch hatte es der Alltag mit seinen Problemen und Veränderungen verhindert.

Mein persönlicher Anspruch an die Arbeit mit autistischen Menschen ist immer gewesen, sie bestmöglich zu fördern bzw. ihrem Umfeld aufzuzeigen, wie eine optimale, kontinuierliche Förderung im Kleinkindalter, beim Schulkind, für den Teenager oder die Teenagerin, aber auch für Erwachsene so gut wie möglich gelingen kann. Meine Erfahrung ist, dass die betroffenen Menschen immer dankbar für Anregungen und Beschäftigungen sind bzw. waren. Dafür ist jedoch erforderlich, sie mit ihrer besonderen Wahrnehmung und ihren Bedürfnissen zu begreifen und anzunehmen. Dann sind sie mitunter zu Leistungen in der Lage, die ihnen keiner zugetraut hat. Dass dies möglich ist, hat für mich schon immer das Besondere und ›Unbegreifliche‹ des Autismus ausgemacht.

Inzwischen im Ruhestand kann ich mich nicht mehr tagtäglich für die Belange autistischer Menschen einsetzen, dies machen jetzt jüngere Menschen, die ihre eigenen Ideen und persönlichen Vorlieben haben. Dennoch habe ich mit diesem Buch die Chance genutzt, meinen beruflichen Weg mit Autismus (als Begleiterin von Eltern Betroffener und von Mitarbeiter*innen in Einrichtungen) noch einmal zu beschreiten, und zwar von dem Punkt an, wo mein letztes Buch endet, nämlich mit dem Übergang des jungen Menschen in Berufsausbildung, Arbeit und Wohnen. Das ganze Leben eines Menschen mit Autismus von Anfang an bis zum Ende (Sterbebegleitung) darzustellen, Verständnis für die Beeinträchtigung sowie vielseitige pädagogische Hilfen vorzustellen und Fachleuten bzw. Bezugsperson anzubieten – das sind die Ziele dieses Buches.

Danken möchte ich an dieser Stelle meinem Sohn Max für die hilfreiche Unterstützung beim Erstellen und Bearbeiten der Fotos und der Beantwortung von computertechnischen Fragen. Meinem Mann Günter danke ich für die Nachsicht bei meiner zeitaufwendigen Beschäftigung mit dieser Veröffentlichung, besonders für seine liebevolle Unterstützung und Aufmunterung. Ein besonderes Dankeschön gilt Elisabeth Häge, Lektorin im Kohlhammer Verlag, für ihre überaus zuvorkommende und hilfreiche Betreuung einschließlich prompter und überzeugender Beantwortung sämtlicher Fragen– diese Unterstützung bedeutet mir viel.

Christiane Arens-Wiebel

Inhalt

Vorwort   5

1   Einleitung   13

2   Übergang zwischen Kindheit und
      Erwachsensein   16

2.1   Das Ende der Schulzeit   17
2.2   Vorbereitung auf den Übergang   29
2.3   Voraussetzungen für einen erfolgreichen Start
      in die Berufsausbildung   33
2.4   Aufnahme in den Berufsbildungsbereich in
      einer WfbM   37
2.5   Aufnahme in eine Tagesförderstätte   38

3   Arbeiten mit Autismus   41

3.1   Voraussetzungen und Arbeitsbedingungen   43
3.2   Arbeitsbereiche   48
3.3   Strategien für das erfolgreiche Gelingen   50
3.4   Unterstützung durch den TEACCH-Ansatz   51
3.5   Soziale und kommunikative
      Herausforderungen   57
3.6   Umgang mit Verhaltensproblemen   61

4	**Wohnen, Tagesgestaltung und Förderung**	**68**
4.1	Auszug aus dem Elternhaus	69
4.2	Ablösungsprozess	72
4.3	Wohnmöglichkeiten für autistische Menschen	78
4.4	Erfordernisse an Wohnstätten	83
4.5	Suche nach einer geeigneten Einrichtung	89
4.6	Feierabend, Wochenenden und Urlaub	92
4.7	Selbstständigkeit	96
4.8	Soziale Beziehungen und Freundschaften	97
4.9	Förder- und Therapieangebote im Alltag	100
4.10	Umgang mit Verhaltensproblemen	114

5	**Autismusspezifische Krisen**	**126**
5.1	Auslöser für Krisen	127
5.2	Verarbeitung der Autismus-Spektrum-Störung	132
5.3	Veränderungen	134
5.4	Sexualität	136
5.5	Komorbiditäten	144
5.6	Krankheit und Schmerz	153
5.7	Arztbesuche und Krankenhausbehandlung	161
5.8	Umgang mit Krisen	165
5.9	Aufklärung der Mitbewohner*innen und Kolleg*innen über Autismus	175

6	**Veränderungen in der Herkunftsfamilie**	**188**
6.1	Älterwerden der Eltern	190
6.2	Krankheit und Tod der Eltern	191
6.3	Umgang mit Verlust und Trauer	192
6.4	Geschwisterbeziehungen	198

7 Älterwerden des Menschen mit Autismus 203

7.1	Veränderungen im Alter mit Zunahme von Alterserkrankungen	204
7.2	Lebensqualität	207
7.3	Renteneintritt	208
7.4	Biografiearbeit	214
7.5	Förderung im Alter	217
7.6	Gestaltung der Umgebung	220
7.7	Dementielle Veränderungen	223
7.8	Palliativmedizin, Pflege und Sterbebegleitung	230

8 Ausblick 234

Anhang 237

Literaturverzeichnis 237
Abbildungs- und Tabellenverzeichnis 257

1

Einleitung

Autismus ist eine schwerwiegende Beeinträchtigung. Autismus besteht von Geburt an, die ersten Anzeichen müssen bis zum dritten Geburtstag aufgetreten sein, um die Diagnose »Frühkindlicher Autismus« stellen zu können. Auch wenn die Diagnosestellung häufig erst im Vorschulalter oder später erfolgt, so ist bei einem Menschen mit Autismus von Anfang an etwas anders, was ihn sein Leben lang begleiten und beeinträchtigen wird. Daher genießt das autistische Kind schon frühzeitig besondere Aufmerksamkeit und Fürsorge durch seine Eltern, wird bestenfalls bereits als Kleinkind zu Therapien gebracht, und seine Eltern versuchen, Förder- und Erziehungsratschläge zu Hause umzusetzen. Das Kind wird in einer integrativen Kindertagesstätte oder einem speziellen Kindergarten gefördert und erhält dort begleitend Therapien bzw. spezielle Angebote. Auch in der

Schulzeit besteht weiterhin ein intensives Förderangebot. Der Alltag und das Leben zu Hause werden spezifisch auf dieses Kind ausgerichtet. Das Kind (und später der/die Erwachsene) mit Autismus-Spektrum-Störung ist ein besonderer Mensch, auf den übliche pädagogische Konzepte nicht anzuwenden sind. Daher fragen sich die Bezugspersonen immer wieder, ob sie alles richtig machen, und was sie mglw. anders machen könnten oder sollten. Einen Menschen mit Autismus zu verstehen und ihn fördernd zu begleiten, ist eine Herausforderung und fordert von der Umwelt große Empathie, pädagogisches Geschick, Kreativität, aber auch Konzepte, um z. B. eine strukturierte Beschäftigung oder einen ebensolchen Tagesplan anzubieten. Hierfür ist notwendig, Autismus zu verstehen, sich erklären zu können, warum sich der Mensch in diesem Moment so verhält, zu begreifen, wie er wegen des Autismus am besten lernen kann, zu spüren, wenn gerade nichts mehr geht, und geduldig und gelassen zu bleiben, wenn etwas einmal nicht so funktioniert, wie man es sich vorstellt.

Das, was in der Kindheit so wichtig war, setzt sich im Erwachsenenalter fort. Lebenslange Förderung ist das Ziel, gepaart mit Integration in die Gesellschaft in den Bereichen Arbeit bzw. Beschäftigung, Wohnen und Freizeit. Die Aufgabe von Angehörigen und Betreuer*innen ist, die Bedingungen bzw. den Rahmen dafür zu schaffen, dass der beeinträchtigte Mensch sich besser anpassen und in eine Gruppe bzw. Institution integrieren kann. Dazu gehört, für Strukturen und Klarheit zu sorgen, Vorhersehbarkeit, Verlässlichkeit, Ruhe und Beharrlichkeit zu gewährleisten und sich insbesondere um eine autismusfreundliche Kommunikation zu bemühen. Hier ist der Menschen mit Autismus auf Unterstützung des Umfelds angewiesen. Ein junger Mensch hat mit Abschluss der Schulzeit noch nicht ausgelernt, und es kann sich noch viel verändern und entwickeln. Auch der älter oder alt werdende Mensch mit Autismus ist noch förderbar. Entwicklung funktioniert jedoch nur, wenn dem Menschen entsprechende, auf ihn persönlich zugeschnittene Angebote gemacht werden – hierauf ist er angewiesen.

Im vorliegenden Buch wird beschrieben, was in der Phase des Erwachsenseins, die nach der Kindheit die deutlich längere Lebensspanne ist, sinnvoll und notwendig ist, um die Integration autistischer Menschen in Einrichtungen zu erleichtern und den Betroffenen und ihren Mitbewohner*innen und Kolleg*innen eine gute Lebensqualität zu ermöglichen. Es wird auch über die Rolle der Eltern und deren besondere Verantwortung und Fürsorge ihrer autistischen Tochter/ ihrem autistischen Sohn gegenüber geschrieben, und wie sie gut damit umgehen können. Das Buch beschreibt ungefähr 50 Lebensjahre im Leben eines autistischen Menschen, und bezieht dabei die Rollen seiner Herkunftsfamilie, seiner Betreuer*innen, Kolleg*innen und Mitbewohner*innen ein. Die Darstellung endet am Lebensende, d. h., abschließend wird das höhere Lebensalter beschrieben, denn gerade beim älter werdenden Menschen mit Autismus gibt es Besonderheiten, wie für ihn der letzte Lebensabschnitt mit größtmöglicher Lebensqualität gestaltet werden kann. Zu allen Themen gibt es bisher nur vereinzelte Studien bzw. Berichte, da Autismus nicht im Fokus bspw. der Altersforschung steht. Es gibt jedoch viele Veröffentlichungen zum Bereich der geistig Behinderten – die Erkenntnisse hieraus können modifiziert bzw. autismusspezifisch angeglichen größtenteils auch auf autistische Menschen übertragen werden.

Zur besseren Übersichtlichkeit und praktischen Verwendbarkeit habe ich das Literaturverzeichnis in Kategorien aufgeteilt. Diese enthalten weiterführende Bücher, aber auch Links zu hilfreichen Internetseiten, zum Teil auch mit kurzen Filmen.

Fallbeispiele, die aus meiner langjährigen Tätigkeit als Therapeutin und Beraterin entstanden sind, sind im Text gekennzeichnet durch einen blauen Balken am linken Rand.

2

Übergang zwischen Kindheit und Erwachsensein

Menschen im Autismus-Spektrum verfügen (so wie Menschen allgemein) über ein individuelles sprachliches und kognitives Niveau und ganz unterschiedliche Fähigkeiten, aber auch Interessen. Es gibt Betroffene mit schwach und Betroffene mit stark eingeschränkten Fähigkeiten und daraus resultierenden Möglichkeiten. Es finden sich Menschen mit Verhaltensauffälligkeiten wie massiven Stereotypien, selbstverletzenden Verhaltensweisen, fremdaggressivem Verhalten, Verweigerungen, minimaler Aufmerksamkeitsspanne, erheblicher Beeinträchtigung der Kommunikation und sehr geringen Fähigkeiten der Selbstständigkeit, dies insbesondere unter den stark kognitiv beeinträchtigten Menschen. Andere autistische Menschen verfügen über eine vollständige Sprache, sind intellektuell nur leicht beeinträchtigt, besitzen bspw. kulturtechnische Fähigkeiten und sind sehr selbstständig. Sie sind sich ihrer Beeinträchtigung bewusst und verlangen, sehr genau an ihrer persönlichen Zukunftsplanung und Lebensgestaltung beteiligt zu werden. So unterschiedlich Menschen im Spektrum sind, so variabel und individuell sind die Erfordernisse an ihre Zukunft. Das Ziel ist immer eine Ausbildung und spätere Beschäftigung auf einem angemessenen Niveau, die persönlichen Stärken und Interessen berücksichtigend. Dies lässt sich allerdings nur mit großem Einsatz insbesondere der Eltern und einer intensiven Mitwirkung der Lehrer*innen, der zukünftigen Ausbilder*innen und wohlwollender Zusammenarbeit mit der Reha-Beratung bewerkstelligen.

2.1   Das Ende der Schulzeit

In Deutschland ist die Schulpflicht einschließlich der Anzahl der Schulbesuchsjahre aufgrund der Kulturhoheit der Länder in den einzelnen Landesverfassungen geregelt. Jede/jeder autistische Schüler*in geht neun bis zwölf Jahre in die Schule, wird integrativ bzw. inklusiv beschult oder besucht eine Förderschule bzw. eine Tagesbildungsstätte. Dabei gibt es unterschiedliche Konzepte für die Abschlussjahre und den Übergang in einen (vor-)beruflichen Bereich. In den Abschlussjahrgängen ist es wichtig, den/die Schüler*in auf das Leben nach der Schulzeit vorzubereiten. Schwerpunkte der Förderung des/der Jugendlichen bzw. jungen Erwachsenen sind die Vermittlung von sozialen, lebenspraktischen und berufsbezogenen Kompetenzen sowie die Stärkung der Ich-Identität. Die Inhalte und Ziele des Unterrichts sollten sich an den Fähigkeiten, Bedürfnissen und Interessen des/der jeweiligen Schüler*in auf der Grundlage des Lehrplans orientieren. Vorhandene Fertigkeiten werden aufgegriffen und vertieft. Inhalte und Ziele des Unterrichts richten sich an die Anforderungen des Erwachsenenlebens in den Bereichen Arbeiten, Wohnen, Freizeitgestaltung und soziales Leben. Hierzu gehören Einzelfähigkeiten wie z. B. das Lesen von Fahrplänen, Rechnen mit Geld, einkaufen, saubermachen, Wäsche pflegen sowie Themen wie Kennenlernen verschiedener Wohnformen, Öffentlichkeit (Behörden), Gesundheitsfürsorge, Ernährung und der Umgang mit Medien. Der Lehrplan hängt dabei von der besuchten Schulform ab, also ob sich der junge Mensch bspw. in einer Schule für Körperbehinderte, einer Tagesbildungsstätte oder in einer integrativen oder inklusiven Schule befindet. Die letzten Schuljahre bilden eine wichtige Grundlage für den weiteren Weg des jungen Menschen. In dieser Zeit können intellektuelle Fähigkeiten, Selbstständigkeitsfertigkeiten sowie Verhaltensverbesserungen erreicht werden. Mit deren Hilfe wird eine positive Integration in eine Einrichtung der Berufsorientierung und Arbeit wahrscheinlicher.

»Schülerinnen und Schüler mit Bedarf an sonderpädagogischer Unterstützung im Förderschwerpunkt geistige Entwicklung werden zieldifferent unterrichtet. Sie erwerben im Kompetenzbereich ›vorberufliche Bildung‹ grundlegende Kompetenzen in verschiedenen Arbeitsfeldern, um ihnen auf dieser Basis Entscheidungen zur Aufnahme einer Arbeitstätigkeit zu ermöglichen. Die Konfrontation mit betrieblichen Abläufen auf der Ebene beruflicher Realitäten (Betriebspraktika), die Auseinandersetzung mit den Themen Arbeits- und Gesundheitsschutz sowie die persönliche Berufswegeplanung sind zentrale Inhalte im Sekundarbereich II. Die Förderschulen führen berufsorientierende Maßnahmen entsprechend den Fördermöglichkeiten und dem Unterstützungsbedarf ihrer Schülerinnen und Schüler durch und gestalten die schuleigenen Berufsorientierungskonzepte mit einem großen Spielraum für individuelle Anpassungen. Ein mit Kooperationspartnern gemeinsam entwickeltes Berufsorientierungskonzept, das die Bedürfnisse und Leistungsmöglichkeiten der Schülerinnen und Schüler einbezieht, sorgt für authentische und vielfältige Anwendungssituationen im Berufsalltag« (Musterkonzeption Berufs- und Studienorientierung mit Handreichungen, Niedersächsisches Kultusministerium 2017, S. 22).

Um selbst einschätzen zu können, über welche Fähigkeiten ein junger Mensch mit Beeinträchtigung verfügt, lässt sich bspw. die Fähigkeitssammlung aus dem Ordner »Gut leben« (4. Auflage, 2017, Hrsg.

Lebenshilfe) nutzen. Hier gibt es Fragen in Leichter Sprache, die folgende Bereiche betreffen: Aussehen, kochen und essen, Gesundheit, Sicherheit, Aufgaben und Arbeiten, Kontakte, Selbstorganisation, Umgang mit Geld und Behörden.

Beispiel aus dem Thema »Aufgaben und Arbeiten«

- Ich kann an Aufgaben dranbleiben, bis sie fertig sind.
- Ich kann mir selbst etwas vornehmen und es auch machen.
- Ich erkenne Fehler – bei mir und bei anderen.
- Ich kann einen Zeitplan machen und mich daran halten.
- Ich kann nach Hilfe fragen.
- Ich kann mich für eine neue Arbeit bewerben.
- Ich kann gut mit anderen zusammenarbeiten.
- Ich kann Anweisungen der Chefin/des Chefs folgen.
- Ich kann mir Anweisungen merken.

Der/die Schüler*in kann hier ankreuzen »ich kann's« oder »ich will's lernen«. Sicherlich ist eine Unterstützung durch eine Lehrkraft oder ein Elternteil notwendig, um die Fragen korrekt zu beantworten. Bspw. ist bei der Antwort »ich kann gut mit anderen zusammenarbeiten« eine wichtige Frage, was im Einzelnen ›gut‹ ausmacht – hier ist eine gezielte Bestimmung des Begriffs »gut zusammenarbeiten« notwendig.

Gut zusammenarbeiten könnte für eine Person bedeuten (▸ Abb. 1):

- Ich arbeite an meinem Arbeitsplatz.
- Ich arbeite leise.
- Wenn ich die anderen als zu laut empfinde, trage ich einen Gehörschutz.
- Ich fasse die anderen nicht an.
- Ich versuche freundlich zu sein.
- Ich halte mich an die vorgegebenen Zeiten (z. B. für eine Pause).
- Ich versuche ruhig zu bleiben, wenn etwas schwierig ist.

19

Gut arbeiten heißt für mich

Ich arbeite an meinem Arbeitsplatz.	Ich arbeite leise.	Wenn ich die anderen als zu laut empfinde, trage ich einen Gehörschutz.	Ich fasse die anderen nicht an.	Ich versuche freundlich zu sein.	Ich halte mich an die vorgegebenen Zeiten (z. B. für eine Pause).	Ich versuche ruhig zu bleiben, wenn etwas schwierig ist.

Abb. 1: Gut arbeiten (METACOM Symbole © Annette Kitzinger)

Über die Selbsteinschätzung des/der Schüler*in hinaus ist in jedem Fall eine umfassende Beobachtung ratsam, wie diese bspw. beim TTAP (TEACCH Transition Assessment Profile, Mesibov et al. 2017; ▸ Kap. 3.4) vorgeschlagen wird. Dies ist ein Verfahren zur förderdiagnostischen Untersuchung von Jugendlichen und Erwachsenen mit einer Autismus-Spektrum-Störung und einer leichten bis starken intellektuellen Beeinträchtigung. Das TTAP wurde konzipiert, um den Übergang junger Menschen in das Erwachsenenleben zu planen. Hierfür werden gezielte Beobachtungen im Kontakt zu dem Menschen mit Autismus dokumentiert, aber auch Bezugspersonen aus den Bereichen Schule, Arbeit und Wohnen interviewt, um einen möglichst umfassenden Kenntnisstand über die Fähigkeiten des jungen Menschen zu erheben. Das Verfahren ist in sechs Bereiche aufgeteilt: berufliche Fertigkeiten, Eigenständigkeit, Kompetenzen zur Freizeitgestaltung, Arbeitsverhalten, funktionale Kommunikation und zwischenmenschliches Verhalten. Nach Durchführung der Aufgaben und Vermerk der Ergebnisse in vorgefertigten Rastern soll verschriftlicht werden, welche Stärken und Schwächen der junge Mensch hat und wie Strukturierungshilfen ermöglicht werden können, um bspw. selbstständige Fertigkeiten zu erreichen. Ein Beispiel ist Wäsche waschen: Wie sortiere ich meine Wäsche, wie befülle ich die Waschmaschine, welches Programm wähle ich aus? Es geht dann auch darum, Empfehlungen für Förderprogramme für zu Hause oder in der Schule, am Ausbildungsplatz oder im Bereich des Wohnens zu geben.

Marvin ist ein 22-jähriger junger Mann mit Autismus und einer leichten Lernbehinderung. Er hat die Schulzeit, inklusiv beschult, ohne Abschluss beendet und lebt in einer Wohneinrichtung. Bei der Erfassung seiner Fähigkeiten durch das TTAP (im Rahmen der Autismustherapie) fällt auf, dass er vieles kann, wenn es direkt vor ihn gestellt wird, bspw. etwas sortieren, Fehler erkennen oder eine schriftliche Aufgabe bewältigen. Was ihm jedoch sehr schwerfällt ist, diese Aufgaben in Anwesenheit weiterer Personen zu erledigen. Außerdem schafft er selten den Übergang zwischen zwei Aktionen, d. h. etwas aufzuräumen und im Anschluss eine weitere Aufgabe zu beginnen. Schwierig ist für ihn auch, bei einer neuen Anforderung den nächsten Schritt anzugehen, sowie um Hilfe zu bitten, wenn er mit etwas nicht weiterkommt. Das größte Problem ist allerdings, dass er zu den meisten Tätigkeiten nicht motiviert ist, sondern sich am liebsten in sein Zimmer zurückzieht und sich mit Videospielen beschäftigt. Daher liegt die Verwirklichung des Ziels, ihn an einen Arbeitsplatz zu vermitteln, in weiter Ferne.

Schulpraktika

Üblicherweise leisten auch Schüler*innen mit Förderbedarf in den letzten Schuljahren Praktika ab, um Arbeit an sich sowie bestimmte Arbeitsfelder kennenzulernen und auf das zukünftige Leben mit täglicher Arbeit in einer Fördereinrichtung oder Werkstatt vorbereitet zu werden. Der/die Schülerpraktikant*in verbringt zwei Wochen an einem speziellen Arbeitsplatz, er oder sie muss sich auf eine neue Situation mit unbekannten Gegebenheiten (Personen, Räume, Abläufe etc.) einstellen und Tätigkeiten ausführen, die ihm/ihr wahrscheinlich fremd sind. Wenn seine/ihre kognitiven Fähigkeiten dies zulassen, führt er oder sie während des Praktikums ein Berichtsheft und schreibt im Anschluss ein paar Sätze zum Praktikum auf. Damit der/die Schüler*in das Praktikum erfolgreich absolvieren kann, ist es notwendig, dass alles gut vorbereitet ist.

Praxistipp zur Strukierung und Vorbereitung eines Schulpraktikums und Anlegen einer Praktikumsmappe

- Praktikumsbetrieb festlegen,
- Ort, Beginn und Ende des Praktikums,
- Arbeitszeit,
- Pausen und Pausenverpflegung,
- Arbeitskleidung,
- Arbeitsplatz konkret (welcher Raum und welcher Platz?),
- Art der Aufgaben,
- Regeln am Arbeitsplatz,
- Betreuung durch Lehrpersonal (z. B. wöchentlicher Besuch am Praktikumsplatz),
- Akzeptanz durch die Praktikumsstelle, wenn Lehrer*innen Verbesserungsvorschläge zum Praktikum machen,
- Beurteilung des Arbeits- und Sozialverhaltens des/der Schüler*in (Gruppenfähigkeit, Selbstständigkeit, Bewältigung und Ausführung der Arbeit, Ausdauer und Konzentration, Umgang mit Vorgesetzten und Reaktion auf Kritik, Einhalten von Regeln),
- Nachbesprechung mit dem Praktikumsbetrieb,
- Nachbesprechung mit dem/der Schüler*in, soweit möglich,
- Nachbesprechung im Klassenteam.

Bericht der Mutter von Toni (15) zum Praktikum ihres Sohnes in der Werkstatt für Menschen mit Behinderung (WfbM)

»Leider gab es in dieser Woche an keinem Tag auch nur das Geringste zu tun für Toni. Habe ihn immer früh abgeholt, morgen soll er ganz zuhause bleiben, bat man mich. Leider konnte ich bei einem Gespräch mit der Bereichsleitung der Werkstatt nichts erreichen. Die Schulleitung habe ich auch informiert. Toni nützt es nichts mehr, aber bevor sie die nächsten Schüler dort hinschicken, sollte alles besser vorbereitet werden.«

Der Schüler Toni hat in diesem Fall gelernt, dass Arbeit etwas Langweiliges ist, wo es wenig zu tun gibt und wo er gar nicht hin muss, wenn keine Arbeit da ist. Das ist jedoch nicht die Realität. Es wäre besser, wenn die Schüler*innen erfahren würde, dass im Arbeitsprozess täglich wiederkehrende Aufgaben vorkommen, mit denen sie nach einer Eingewöhnung vertraut sind und die ihnen dann leicht von der Hand gehen. Sie sollten erfahren, dass ihnen Wertschätzung entgegengebracht wird, wenn sie ihre Arbeit gut erledigen. So können Schüler*innen Erfahrungen mit Kolleg*innen und Vorgesetzten machen, auch wenn ein Praktikum immer eine besondere Situation ist und die Schüler*innen nur in einen Arbeitsbereich ›hineinschnuppern‹. Dennoch gewinnen die Schüler*innen die Erkenntnis, dass es auch hier Regeln und Strukturen gibt, die sie bereits aus der Schule kennen.

Da ein Schulpraktikum für den/die Schüler*in eine neue Situation ist, in der er oder sie mit unbekannten örtlichen Gegebenheiten, einem neuen Anfahrtsweg, fremden Menschen, erstmaligen Aufgaben und mglw. beängstigenden Situationen zurechtkommen muss, erscheint eine Vorbereitung sinnvoll. Es bietet sich auch an, dass der/die Schüler*in – wenn vorhanden – von der Schulassistenz begleitet wird, die ihn bzw. sie sicher durch den Tag bringt, als Sprachrohr bzw. ›Übersetzer‹ für die individuellen Bedarfe dient und in krisenhaften Situationen vermittelnd tätig wird. Die Vorbereitung der neuen Situation kann bspw. durch Fotos und mündliche Erklärungen erfolgen, auch in Form einer Social Story (► Abb. 2).

Ich beginne ein Schulpraktikum

Weil ich in der 9. Klasse bin, mache ich mein erstes Praktikum.	
Das findet in der Werkstatt statt.	
Meine Assistenz wird mich dabei begleiten.	
Ich werde Sachen verpacken. Das kann ich schon gut!	
Ich werde auch in andere Gruppen gehen und sehen, was da gearbeitet wird.	
Es ist aufregend, das zu machen. Es ist ein neuer Anfang.	
Ich werde versuchen gut mitzumachen und mich wie ein junger Mann zu verhalten.	
Mama und Papa glauben, dass ich das kann.	
Wenn die beiden Wochen gut laufen, bekomme ich von Mama und Papa eine Überraschung.	

Abb. 2: Mein Schulpraktikum (METACOM Symbole © Annette Kitzinger)

Praxistipp: Schulpraktikum

Für das Praktikum an sich sind folgende Punkte von großer Bedeutung:

* Vorbereitung des/der Schüler*in auf die neue Erfahrung,
* überschaubarer Arbeitsplatz mit für den/die Schüler*in erkennbaren, vorstrukturierten Aufgaben,
* Visualisierung der Aufgaben, Regeln und Arbeitszeiten (Pausen),
* erfahrene*r Praxisanleiter*in,
* reduzierte Arbeitszeit, angepasst auf die Bedürfnisse des/der Schüler*in.

BEVO (Berufsvorbereitung)

In der Regel finden in den letzten beiden Schuljahren Gespräche zur Berufsvorbereitung (BEVO) in der Schule statt. An diesen nehmen Vertreter*innen der ansässigen Werkstätten für Menschen mit Behinderungen (WfbM), der Agentur für Arbeit und des Sozialhilfeträgers teil, um gemeinsam mit dem/der Schüler*in, den Eltern oder gesetzlichen Betreuer*innen den nachschulischen Werdegang zu besprechen und vorzubereiten. Je nach Bundesland und je nach Schule gibt es hier unterschiedliche Ansätze. Der Gesprächskreis zur Berufsvorbereitung soll dem/der Schüler*in, um den/die es geht, und seinen/ihren Angehörigen Sicherheit geben und helfen, die notwendigen Schritte zu gehen. Hier geht es nicht nur um die Fähigkeiten und beruflichen Interessen des/der Schüler*in, sondern auch um Information der Bezugspersonen zu rechtlichen Grundlagen der finanziellen Versorgung, Verrechnung von Pflegegeld, Vermögen etc. beim Eintritt in eine WfbM. Bei Menschen mit höherem Funktionsniveau geht es auch um Hilfen bzw. rechtliche Grundlagen bei der Integration auf dem ersten Arbeitsmarkt. Eltern haben bei diesen Gesprächen die Möglichkeit, entsprechende

Fachleute zu fragen, mglw. Einwände zu erheben oder vor allem dafür zu sorgen, ein möglichst angemessenes und individuelles Angebot für ihr Kind zu initiieren.

DIA-AM (Diagnose der Arbeitsmarktfähigkeit besonders betroffener behinderter Menschen)

Der Weg für den jungen Menschen mit Autismus ist häufig bereits frühzeitig vorgezeichnet. Die Lehrer*innen der Förderschule und die Berater*innen der Agentur für Arbeit schlagen in der Regel vor, dass der junge Mensch in eine WfbM aufgenommen wird, dort eine berufsvorbereitende Phase durchläuft und später in der Werkstatt arbeitet. Wenn er oder sie eine stärkere Beeinträchtigung hat, wird er/sie üblicherweise in eine Tagesförderstätte integriert. Selten wird überlegt, welche Ausbildung bzw. zukünftige Tätigkeit sich stattdessen für den jungen Menschen eignen könnte. Um hier Alternativen anzuschauen, steht als ein offizielles Instrument das Verfahren DIA-AM (Diagnose der Arbeitsmarktfähigkeit besonders betroffener behinderter Menschen) zur Verfügung. Der/die Reha-Berater*in der Bundesagentur für Arbeit entscheidet, ob diese Methode durchgeführt wird. DIA-AM richtet sich speziell an Menschen, bei denen nicht klar ist, ob sie fit genug für die Anforderungen des allgemeinen Arbeitsmarkts sind oder ob eine WfbM als Arbeitsplatz geeigneter wäre.

»Das Ziel der Maßnahme ist es, durch eine Eignungsanalyse und eine betriebliche Erprobung herauszufinden, welche berufliche Rehabilitationsmaßnahme für einen Menschen mit Behinderung geeignet ist. Das Ergebnis kann z. B. eine berufsvorbereitende Bildungsmaßnahme (BvB), die Maßnahme ›Unterstützte Beschäftigung‹ oder die Qualifizierung in einer Werkstatt für behinderte Menschen (WfbM) sein« (Quelle: https://www.rehadat-bildung. de/de/angebote/diagnose-der-arbeitsmarktfaehigkeit/).

Persönliche Zukunftsplanung

Wenn der/die Reha-Berater*in das DIA-AM-Verfahren für unangebracht hält, ist es sinnvoll, über alternative Möglichkeiten nachzudenken. Eine gängige Methode ist die der ›Persönlichen Zukunftsplanung‹. Dieses Verfahren ist nicht autismusspezifisch, sondern überwiegend für Menschen mit Beeinträchtigungen gedacht. Es kann auch für gesunde Menschen, z. B. in der Phase einer möglichen oder notwendigen Lebensveränderung, genutzt werden. Nach einem festgelegten Prozedere wird über die Zukunft einer Person beraten, gemeinsam zwischen Betroffenen sowie Bezugspersonen. Es werden Wünsche und Vorstellungen entwickelt bzw. neu entdeckt, Ziele gesteckt und nach Möglichkeiten gesucht, diese umzusetzen. Entwickelt wurde die Methode der Zukunftsplanung in den USA und im deutschsprachigen Raum von Stefan Doose, dem Geschäftsführer der Bundesarbeitsgemeinschaft für Unterstützte Beschäftigung, etabliert.

Eine persönliche Zukunftsplanung für Menschen mit schwerer Behinderung unterscheidet sich von der bei gesunden Menschen in der Auswahl der didaktischen Mittel. Neben der sprachlichen Ebene, die das wesentliche Element der Zukunftsplanung ist, müssen für Menschen mit Behinderung andere Ausdrucksformen für Wünsche, Interessen und Vorlieben gefunden werden: Man kann mit Bildern, Karten, Fotos und Symbolen arbeiten oder es einfach ausprobieren.

Im Mittelpunkt der Persönlichen Zukunftsplanung steht der Mensch mit seinen persönlichen Wünschen an die Zukunft, also auch den Vorstellungen, wie er leben möchte. Grundlagen für die Zukunftsplanung sind seine persönlichen Interessen und speziellen Themen, seine besonderen Fähigkeiten und Stärken. Probleme bzw. Schwächen wie mangelnde Konzentrationsfähigkeit, sensorische Schwierigkeiten, zwanghafte Verhaltensweisen oder kommunikative Einschränkungen werden im Verlauf mit einbezogen. Auch wenn der übliche Weg eines Menschen mit Beeinträchtigung die Werkstatt ist, wird bei der Persönlichen Zukunftsberatung danach gefragt, ob es eine Alternative gibt, und wie diese geplant und mglw. erprobt werden kann. Die Persönliche Zukunftsplanung geht also einen anderen Weg: Sie rückt die Person in den Fokus und leitet aus ihrer Individualität die passenden Tätigkeitsfelder ab. Hierbei stellt sich auch in hohem Maße die Frage nach den erforderlichen Hilfen und Unterstützungsleistungen und deren Koordination. Es gibt hauptsächlich zwei verschiedene Formen der Persönlichen Zukunftsplanung, nämlich »MAPS«, und »PATH«. Bei beiden Formen wird mit zahlreichen Visualisierungen gearbeitet, was Menschen mit Autismus sehr entgegenkommt. Gearbeitet wird individuell mit und für die Person, und es geht in erster Linie um alles Positive, auf diesen Menschen bezogen, also um Fragen wie »er oder sie mag«, »er oder sie kann«, »er oder sie möchte«, »ihm/ihr ist wichtig«, »es war großartig, als er oder sie« etc. Bei nichtsprachlichen Menschen oder bei denen, die sich über diese positiven Aussagen nicht im Klaren sind, können die Antworten auch durch Angehörige, Lehrer*innen oder Therapeut*innen unterstützt oder gegeben werden. Üblicherweise wird ein Zukunftsfest veranstaltet, bei dem alle Bezugspersonen und Unterstützer*innen zusammenkommen.

Zunächst erfolgt eine ›MAPS‹ (Planungsprozess), bei der die persönliche Geschichte, Träume und Wünsche, ›Albträume‹, das Besondere der Person an sich, ihre Stärken, Vorlieben und Talente sowie ihre Bedürfnisse beschrieben und visualisiert werden. Es folgt anschließend eine Visualisierung der notwendigen nachfolgenden Schritte (›PATH‹): Welches Ziel gibt es? Wie ist der Ist-Stand? Wer sind Bündnispartner*innen bzw. mögliche Unterstützer*innen? Was macht die Person stark? Was soll in ein paar Monaten erreicht sein, was in einem halben Jahr? Welches sind die ersten Schritte?

Es wird mit großen Papierbögen und Stiften gearbeitet, selbstverständlich können auch Fotos und Symbole benutzt werden. Es empfiehlt sich, eine bzw. einen erfahrene*n Berater*in sowie eine zeichnende Person dazu zu holen, damit die Durchführung sowie das Ergebnis nachhaltig sind. Die Personen sollten sich vorher ausführlich mit der Methode vertraut gemacht haben. Die Teilnehmer*innen des Unterstützungskreises sollten möglichst offen, wertschätzend und unterstützend sein. Die Persönliche Zukunftsplanung dauert mindestens zweieinhalb Stunden bis zu einen halben Tag.

Bei nichtsprechenden bzw. schwer beeinträchtigten Menschen kann ebenfalls eine Persönliche Zukunftsplanung erfolgen. Diese sollte prinzipiell für alle Menschen möglich sein, unabhängig von der Schwere der Beeinträchtigung. Hierbei stellt sich besonders die Frage nach dem ›Wie‹, da die Betroffenen ihre Wünsche und Vorstellungen vielleicht nicht verbal äußern können, ein Dialog also auf den ersten Blick nicht möglich erscheint. Bei der Zukunftsplanung für diese Menschen ist sehr wichtig, den Unterstützerkreis zu hören, da sich in dieser Gruppe Personen befinden, die aus Erfahrung im Umgang mit den autistischen Menschen Ideen für die Zukunft entwickeln können. In der Zukunft wird ausprobiert, ob diese die richtigen sind. Wenn nicht bzw. wenn weitere Entwicklungsmöglichkeiten bestehen, wird etwas verändert bzw. nachgebessert.

2.2 Vorbereitung auf den Übergang

Übergänge werden von Menschen mit Autismus als Veränderungen wahrgenommen und häufig als Krisen erlebt. Krisen wiederum können zu länger andauernden Verhaltens- und Wesensveränderungen beitragen. Übergänge haben die Betroffenen zunächst als Kinder immer wieder erlebt (Eintritt in eine Kita, Wechsel von der Kita in die Schule, Aufsteigen in eine weiterführende Schule usw.), dennoch kommt es nicht zu Routine. Andere Übergänge entstehen beim Beginn einer Ausbildung, Wechsel von einem Beschäftigungsplatz zum nächsten, bei Betreuerwechseln, bei der Eingliederung in eine Institution (wie eine Wohnstätte). Warum Übergänge und Veränderungen solche Herausforderung bedeuten, dafür gibt es Erklärungen. Ein Verständnis für diese Probleme lässt sich durch den Einblick in die besonderen Hirnstrukturen erreichen. Bildgebende Verfahren zeigen strukturelle Besonderheiten in manchen Gehirnregionen sowie ein abnormes Zusammenspiel verschiedener Gehirnteile. Autistische Menschen haben insbesondere Probleme mit der Theory of Mind, den exekutiven Funktionen und der zentralen Kohärenz. Folgendes Schaubild soll dies verdeutlichen (▶ Abb. 3).

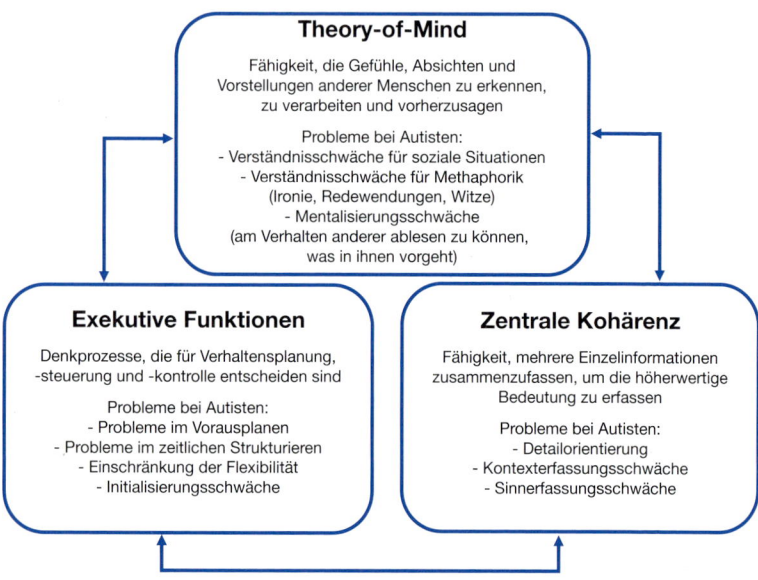

Abb. 3: Grundprobleme autistischer Menschen

Hierzu ein Fallbeispiel. Der 19-jährige Simon verließ die integrative Schule und sollte in die Werkstatt der Lebenshilfe (WfbM) integriert werden. Es fand ein Runder Tisch statt, bei dem die Lehrer*innen und die Autismustherapeutin insbesondere von den Fortschritten und Fähigkeiten Simons in den letzten Monaten berichteten. Dass er schon immer versucht hatte, aus der Schule und dem Therapiezentrum wegzulaufen, wenn unbekannte Situationen auftraten, wurde nur am Rande erwähnt. Schon am ersten Tag in der Werkstatt wurde klar, dass es der falsche Ort für Simon war. Er nutzte jede Gelegenheit, sich der Situation zu entziehen, obwohl sich alle sehr große Mühe gaben, ihn zu integrieren, ihm geduldig alles erklärten und ihm die Konsequenzen seines Weglaufens darstellten. Er versuchte dennoch immer wieder, den Raum zu verlassen, und es war schwierig, ihn einzuholen bzw. wiederzufinden. Trotz aller ›Überredenskünste‹, ihm Ort und Arbeit schmackhaft zu machen, scheiterte das Projekt nach wenigen Tagen, und es blieb Simon nicht erspart, von dieser Einrichtung nach wenigen Tagen in eine Umgebung zu wechseln, in der die Betreuer*innen besser ein Auge auf ihn haben konnten.

Die eingeschränkten exekutiven Funktionen führten dazu, dass Simon die Veränderungen durch den neuen Lebensabschnitt nicht überblicken, sich nicht an der Planung beteiligen und nicht vorausschauen konnte, wie es werden würde. Er war schon immer sehr unflexibel gewesen und lehnte Veränderungen grundsätzlich ab. Wenn etwas einmal so war, sollte es so bleiben, denn das verschaffte ihm Sicherheit und damit seelische Balance. Unbekannte Situationen machten ihn nicht neugierig, und er versuchte daher nie selbst, etwas Neues auszuprobieren. Simon griff grundsätzlich auf seine alten Handlungsmuster, also das Weglaufen, zurück, wenn er in eine fremde Situation geriet, um diese bewältigen zu können. Dabei bereitete ihm auch Probleme, dass er den neuen Ort und die unterschiedlichen fremden Menschen, die sich an diesem Ort befanden, nicht in der Gesamtheit erfassen konnte. Er orientierte sich vielmehr an Details, von denen er wusste, dass sie ihm sonst immer Sicherheit verschafft hatten (Problem der zentralen Kohärenz). Simon erkannte sofort, wenn eine Tür nicht verschlossen bzw. nicht bewacht war, auch wenn er in dem Moment mit etwas anderem beschäftigt war. Menschen, die mit ihm sprachen und ihm Sicherheit geben wollten, nahm er nicht wahr. Er sah lediglich den Türspalt und wollte sich durch Weglaufen der neuen Situation entziehen. Der soziale Rahmen der Situation war ihm unverständlich, er wollte nicht irgendwem zuliebe hierbleiben, er nahm keinerlei Rücksicht auf die anderen Menschen, die sich Sorgen machten und gestresst waren, wenn er schon wieder weggelaufen war (Folge der eingeschränkten Theory of Mind). Mit einer anderen Vorbereitung einschließlich der Thematisierung seiner Weglauftendenzen wäre die Eingliederung von Simon in die WfbM mglw. anders gelaufen und hätte einen positiven Verlauf genommen. Vor dem tatsächlichen Übergang ist wichtig, dass sich alle involvierten Beteiligten, d. h. Eltern (bzw. gesetzliche Betreuer*in), bisherige Lehrer*innen, (Autismus-)Therapeut*innen, Vertreter*in der Agentur für Arbeit, des medizinischen Fachdiensts oder des Sozialamts zusammensetzen, um die bisherige Entwicklung, den Ist-Stand, die Bedarfe des jungen Menschen, wichtige Hilfen, die Ziele und die notwendigen Schritte zur Erreichung der angestrebten Integration in einen Ausbildungsplatz (bzw. einen Platz in der Tagesförderung) zu besprechen. Hierzu ist, falls möglich, auch der junge Mensch selbst zu hören. Dabei ist unbedingt erforderlich, alle Punkte zu erwähnen, die für die zukünftige Betreuung wichtig sind.

Praxistipp zu den Voraussetzungen für die Vorbereitung des Übergangs und des Neuanfangs

- Fortbildung zu Autismus-Spektrum-Störungen für die aufnehmende Einrichtung,
- aktive Information des jungen Menschen über die neue Umgebung (Wege, Räume, wichtige Bezugspersonen), Besichtigung und regelmäßige Wiederholung, mglw. mithilfe von Fotos,
- Erstellung einer neuen Tagesstruktur,
- Vorbereitung und Vermittlung einer Arbeitsaufgabe, die möglichst schon im vorherigen Umfeld geübt wurde (bestenfalls Mitnahme des bekannten Arbeitsmaterials in die neue Umgebung),
- Formulierung und Visualisierung eines Regelwerks (vom ersten Tag an),
- Zuweisung eines Rückzugsorts,
- Krisenmanagement (wer ist zuständig und erreichbar, wenn es zu einer Krise kommt?),
- Alternativen zum Arbeitsplatz bei Krisen,
- Schaffen eines Mediums für Informationsaustausch (z. B. ein Mitteilungsheft).

2.3 Voraussetzungen für einen erfolgreichen Start in die Berufsausbildung

Der junge Mann oder die junge Frau mit Autismus geht den ersten Tag in eine neue Einrichtung. Auch wenn er oder sie Räume und einen Bezugsbetreuer bereits gesehen hat, ist dies eine gänzlich neue Situation, und er/sie reagiert mit Aufregung und Unruhe. Mglw. hat er/sie schon im Vorfeld nicht richtig verstanden, was auf ihn/sie zukommt, weil sein/ihr Sprachverständnis reduziert ist und die visuelle Vorstellungskraft von einem Ort, den er/sie vielleicht nur einmal gesehen hat, nicht möglich ist. Manchmal kommt es schon am ersten Tag zu problematischen Verhaltensweisen wie Zunahme von stereotypem und übergriffigem Verhalten, permanentem Vokalisieren, ständigen Fragen, Verweigerung von Aufgaben oder Weglaufen, um nur einige Beispiele zu nennen.

Was dem/der Betroffenen in dieser Lage hilft, ist, dass er/sie verständnisvollen Menschen begegnet, die eine Vorstellung davon haben, was in ihm/ihr vorgeht. Es sollte ihm/ihr ein/eine verlässliche*r und Autismus erfahrene*r Ansprechpartner*in zur Verfügung gestellt werden, der bzw. die sich intensiv um ihn bzw. sie kümmert. Diese*r sollte gut auf den/die neue*n Mitarbeiter*in vorbereitet sein, es sollten ihm/ihr also die wichtigsten Informationen zur Verfügung stehen. Dazu gehört auch zu wissen, was dieser Mensch gut kann, was er gern mag und wie er sich entspannen kann, wenn es zu anstrengend wird. Genauso wichtig ist informiert zu sein, was schwierig ist (Unordnung auf dem Arbeitstisch, Waschraum mit Ventilatoren, Radioprogramm, Gedränge in der Kantine usw.). Es ist nicht erforderlich und auch nicht sinnvoll, gleich am ersten Tag alle Räume zu zeigen, also einen großen Rundgang durch die Einrichtung zu machen. Das wird den jungen Menschen verwirren, weil er sich nicht merken kann, was wo passiert und wo er hingehört. Angebracht ist, ihm den Platz (Raum) zu zeigen, an dem er sich am ersten Tag und in der nächsten Zeit überwiegend aufhalten wird. Selbstverständlich sollte er auch die

Sanitärräume kennenlernen können. Wenn es möglich ist, kann ihm nach einiger Zeit auch ein/eine einfühlsame*r Kollege*in an die Seite gestellt werden, der/die ihn auf bestimmten Wegen begleitet. Am ersten Tag sollte sofort eine Aufgabe angeboten werden. Zur ›Schonung‹ nur am Arbeitsplatz zu sitzen und zu ›gucken‹, ist kontraproduktiv. Der autistische Mensch muss wissen, wozu er hier ist, und welches seine Aufgaben sind. Am besten bekommt er von Anfang an einen Plan, damit er weiß, was hier passieren wird, wann er Pausen zu erwarten hat und zu welcher Zeit es wieder nach Hause geht. Für den autistischen Menschen ist es wichtig, einen Plan als Struktur zu haben, weil dieser Sicherheit und Orientierung bietet. Der Plan (▶ Abb. 4) ist – als Visualisierungshilfe – besser als die Person des/der Betreuer*in, der/die versucht, den Ablauf bzw. die Regeln verbal zu vermitteln.

Am Anfang, d. h. an den ersten Tagen oder auch Wochen, ist es mglw. ratsam, den jungen Menschen nur für einen halben Tag zu beschäftigen und dann schon nach Hause fahren zu lassen, wenn sich dies organisieren lässt. Es ist wichtig, dass er oder sie positive Erfahrungen machen kann und gern zur Arbeit kommt. Arbeit wird ihn/sie nun viele Jahre begleiten, und für alle ist von Vorteil, wenn er/sie diese bereitwillig macht.

Autismusfreundliche Kommunikation

Allen nachfolgenden Kapiteln vorangeschickt sei der Hinweis auf die Notwendigkeit von autismusfreundlicher Kommunikation. 50 % der Menschen mit Frühkindlichem Autismus sprechen gar nicht. Die sprechenden Autist*innen haben häufig ein eingeschränktes Sprachvermögen. Das Sprachverständnis ist bei vielen reduziert, weswegen nicht alle Wörter verstanden werden oder mehr Zeit benötigt wird, um das Gesagte zu interpretieren und die Aussage des Gegenübers zu verstehen. Die Aufmerksamkeit ist häufig gering, sodass der Mensch mit seinen Gedanken ganz woanders ist, wenn noch wichtige Dinge gesagt werden. Sprichwörtliche Aussagen, Humor und Ironie sind ihm

Arbeit für heute

Abb. 4: Tagesstruktur für die Ausbildung (METACOM Symbole © Annette Kitzinger)

fremd, er versteht alles wortwörtlich. Aus Fragen (»Kannst du mal das Fenster aufmachen?«) entnimmt er keine Aufforderungen. Mimik (wie hochgezogene Augenbrauen, um Missfallen auszudrücken) wird nicht verstanden, ebenso schlussfolgert der Mensch kaum oder fehlerhafte Informationen aus Gestik.

> »So jetzt setzt du dich da mal hin. Ja, da auf den Stuhl. Oder willst du lieber daneben sitzen? Wenn du magst, kannst du ja mal gucken, was Oliver neben dir macht. Vielleicht hast du Lust, das auch mal zu versuchen. Du sollst aber nicht die Sachen vom Tisch werfen. Nun heben wir das mal wieder auf. Ne, nicht weglaufen, du sollst dich doch neben Oliver setzen und gucken, was wir hier so machen …«

Einer solche verworrenen und unspezifischen Sprechweise, dazu noch gespickt mit Rückfragen und ohne konkreten Auftrag, kann der Menschen mit Autismus kaum folgen.

Praxistipp zu autismusfreundlicher Kommunikation

* Zunächst Aufmerksamkeit herstellen,
* kurze und einfache Sätze,
* das Wichtige betonen,
* Pausen zwischen Aussagen,
* Zeit für eine Reaktion geben,
* wenn der Auftrag wiederholt wird (bei Nicht-Reaktion), denselben Wortlaut benutzen,
* bei einem Auftrag nicht fragen, sondern sagen, was gemacht werden soll (»Mach bitte das Fenster auf.«),
* Ironie, Sarkasmus und Redewendungen weglassen (oder erklären),
* nonverbale Kommunikation (Gestik, Mimik) reduzieren,
* visuelle Hilfen (Regelkarten, Aufgabenpläne etc.) geben,
* dem Menschen ermöglichen, anders als durch Worte zu kommunizieren (Gebärden, Bildkarten, Zeigen etc.).

2.4 Aufnahme in den Berufsbildungsbereich in einer WfbM

Wenn ein junger Mensch die Schulpflicht erfüllt hat, aber eine Tätigkeit auf dem ersten Arbeitsmarkt nicht möglich ist – was bei vielen Menschen mit Autismus-Spektrum-Störung und zusätzlicher kognitiver Beeinträchtigung der Fall sein dürfte – kann er in den Berufsbildungsbereich einer Werkstatt für Menschen mit Behinderung (WfbM) wechseln. Hier kann er sich (fachlich) qualifizieren und persönlich weiterentwickeln. Ziel der beruflichen Bildung ist, die beruflichen Interessen des/der Teilnehmer*in festzustellen, sich durch das Erkennen eigener Möglichkeiten und Grenzen und das Erlernen bestimmter, für eine Tätigkeit notwendige Kernfähigkeiten auf eine zukünftige Arbeit vorzubereiten. Zunächst werden Orientierung, Mobilität, Motorik, Belastbarkeit, selbständiges Arbeiten, Konzentrationsfähigkeit und Arbeitsgeschwindigkeit eingeschätzt (auch Inhalte des DI-AM-Verfahrens, ► Kap. 2.1). Am Ende der Eignungsanalyse werden die fachlichen, sozialen und persönlichen Kompetenzen des/der Teilnehmer*in beurteilt. Folgende Tätigkeitsbereiche stehen für die vorberufliche Phase beispielhaft zur Verfügung:

* Hauswirtschaft,
* Verpackung und Montage,
* Gartenbau,
* Metallbearbeitung, Fahrradmontage und Holzwerkstätten,
* Bürotätigkeiten,
* Lager und Logistik,
* Industriemontagen,
* Reinigungstechnik,
* Verkauf.

Spätestens am Ende der Berufsbildungsphase sollte der Mensch für die Weiterbeschäftigung in einer WfbM ein »Mindestmaß wirtschaftlich verwertbarer Arbeitsleistung« erbringen können. Wichtig ist auch, dass keine erhebliche Selbst- oder Fremdgefährdung (Personen und Sachen) zu erwarten ist. Häufig ist es so, dass mehrere Beschäftigungsbereiche in kurzer Zeit durchlaufen werden, was für den autistischen Menschen eine schier unüberwindbare Hürde darstellt. Er ist verwirrt von Ortswechseln, unterschiedlichen Menschen, immer wieder neuen Aufgaben etc. und kann nicht wirklich zeigen, wozu er/sie in der Lage ist. So kann keine realistische Einschätzung funktionieren. Es gibt daher Konzepte in Einrichtungen, für Menschen mit Autismus entweder zeitlich längere Phasen in einem Arbeitsbereich oder eine reduzierte Anzahl von möglichen Arbeitsplätzen anzubieten. Das Ergebnis der Berufsbildungsphase ist in der Regel, dass der Mensch in eine WfbM integriert wird, mglw. auch in eine Tagesförderstätte. Häufig zeigen sich die besonderen Fähigkeiten, aber auch Entwicklungsmöglichkeiten erst, wenn der Mensch schon länger, vielleicht auch mehrere Jahre lang, an einem bestimmten Arbeitsplatz tätig ist.

2.5   Aufnahme in eine Tagesförderstätte

Jeder Mensch hat Fähigkeiten. Doch manchmal liegen diese im Verborgenen, müssen erst erkannt und dann entwickelt werden. Das ist häufig der Anspruch einer Tagesförderstätte. Deren Arbeitsweise zeichnet sich durch eine lebenspraktische Anleitung und Assistenz in einer kleinen Gruppe aus. Häufig hat jeder/jede Beschäftigte eine/einen festen Bezugsbetreuer*in aus dem Team der Tagesförderstätte, der/die ihm bzw. ihr in allen Situationen beratend und unterstützend zur Seite steht. Durch eine zielgerichtete, individuelle Unterstützung kann die Handlungskompetenz erweitert und gefestigt werden. In der Regel gibt es für jede und jeden Beschäftigte*n einen eigenen Wochenplan, der die

Inhalte der gemeinsamen Arbeit festhält und darüber hinaus Struktur und Sicherheit gibt. Hierdurch wird ein höchstmögliches Maß an Selbstständigkeit und Selbstbestimmtheit erlangt. Vorhandene bzw. bisher erworbene Fähigkeiten werden erhalten und ausgebaut, neue Fähigkeiten werden entdeckt. Die Tagesförderstätte ist allerdings weder Werkstatt für Menschen mit Behinderung noch Therapieeinrichtung. Es gibt Tagesförderstätten, die eng mit Betrieben in der Nähe zusammenarbeiten und bspw. Kurierdienste erledigen, in einem nahegelegenen Bürogebäude zur Urlaubszeit die Blumen versorgen oder eine Kirchenzeitung austragen. Hierdurch werden Kreativität und Motivation gefördert. Die Wertschätzung des und der Einzelnen hat für das Selbstwertgefühl eine hohe Bedeutung, der Mensch fühlt sich angenommen und beschäftigt. Soziale Kontakte finden – aufgrund der meist schweren Behinderung der Beschäftigten – eher niederschwellig statt, da wenig Kommunikation möglich ist. Kommunikation und soziales Miteinander erfolgen überwiegend mit Betreuungskräften und weniger mit den anderen Menschen mit Behinderung. Das erleichtert die Situation für die Menschen mit Autismus – ist aber kein Garant für einen erfolgreichen Besuch der Förderstätte.

Frau F. hat einige Jahre in einer Tagesförderstätte gearbeitet. Sie hat dort versucht, an der Tagesstruktur teilzunehmen und bspw. mit Unterstützung durch einen Betreuer Botengänge ausgeführt. Als sie 32 Jahre alt ist, verschlechtert sich ihre psychische Situation deutlich. Sie wirkt sehr gestresst und angestrengt, schimpft immer mehr, geht manchmal auf Kolleg*innen los und schreit mitunter für 20 bis 30 Minuten, wenn sie angesprochen wird. In ruhigen und entspannten Momenten sagt sie, die Arbeit sei zu viel für sie, d. h., die Kolleg*innen würden sie nerven, alle seien so laut und die Betreuer*innen würden so streng mit allen sprechen. Es wird versucht, ihre Arbeitstage zu entlasten, indem sie nur noch bis zum Mittagessen in der Tagesförderstätte bleibt. Als sich auch dadurch die Situation nicht entspannt, darf sie in der Wohneinrichtung

39

bleiben. Dort erhält sie dann allerdings Aufgaben bzw. Beschäftigungsangebote wie Wäsche falten und den Geschirrspüler ausräumen. In der Wohnstätte funktionieren diese Aufgaben gut. Frau F. genießt sichtlich die Ruhe und verlangt nach einigen Wochen nach weiteren Aufgaben.

3

Arbeiten mit Autismus

Menschen mit Beeinträchtigung sollten wie andere Menschen einer Tagesbeschäftigung nachgehen. Dies hat mehrere Gründe. Autistische Menschen wollen beschäftigt und wertgeschätzt werden. Ihnen liegen Routineaufgaben, sie arbeiten sehr gewissenhaft und versuchen, Fehler zu vermeiden. Die Voraussetzung ist, dass sie verstehen und wissen, was sie zu tun haben. Manchmal hat man den Eindruck, sie würden sich nicht für eine Beschäftigung interessieren, lieber umherlaufen oder die anderen Gruppenmitglieder bzw. Arbeitskolleg-*innen stören. Dies ist aus meiner Sicht ein Trugschluss. Das mangelnde Interesse an einer Arbeitsaufgabe liegt in der Regel daran, dass der Mensch nicht gelernt hat, diese Aufgabe zu erledigen, d. h. er weiß nicht, was zu tun ist. Außerdem hat ihm niemand gesagt, dass er dies tun ›muss‹. Es wird ihm nicht zugetraut, dass er/sie etwas kann, und deshalb sitzt er den ganzen Tag mit anderem Kolleg*innen in der Werkgruppe und tut nichts. Die Meinung der Mitarbeiter*innen ist dann häufig, dass derjenige bzw. diejenige nicht arbeiten will und sowieso nicht versteht, was er/sie machen soll. Deshalb ist z. B. seine/ ihre einzige Aufgabe, einmal täglich den Müll auf den Hof zu bringen und in den Container auszuleeren.

In einer Werkstatt (Bereich Verpackung und Montage) eines großen Trägers der Behindertenhilfe traf ich Herrn H. Er war Anfang 40, und es gab zunehmend Probleme mit ihm. Er ging fast täglich auf Mitarbeiter*innen und Kolleg*innen los, und manchmal waren ernstzunehmende Verletzungen hieraus entstanden. Alle hatten Angst vor Herrn H. Das Sozialamt erklärte sich bereit, für ein halbes Jahr Autismustherapie zu finanzieren. Ich fuhr wöchentlich in die Einrichtung und konnte Herrn H. erst einmal in mehreren Einzelsituationen kennenlernen. Eine Pädagogin der Werkstatt war mit anwesend, weil man nie wissen konnte, wie Herr H. sich verhalten würde. 90 Minuten standen mir mit Herrn H. zur Verfügung, geteilt durch eine kleine Pause. Herr H. absolvierte vom ersten Termin diverse Aufgaben aus dem TEACCH-Bereich, also Farben, Formen, Muster sortieren, Gleiches einander zuordnen, verpacken, Fehler erkennen und korrigieren u. v. m. Er verstand die Aufgaben in der Regel sofort, arbeitete zügig, ließ Korrekturen zu und schaffte es nach kurzer Zeit, bei Übergängen zwischen zwei Aufgaben weiterzumachen. Beim vierten Termin wurde der Ablauf in die Werkstattgruppe übertragen, und Herr H. arbeitete nun in einer Gruppe von ca. acht Personen. Gleichzeitig gab es immer wieder Gespräche mit den Mitarbeiter*innen der Werkstatt, um ihnen die besondere Art von Herrn H. zu erklären und gemeinsam zu überlegen, wie er mehr beschäftigt und eingebunden werden konnte. In der Folge traten fast keine Probleme mehr mit Herrn H. auf. Er hatte verstanden, was von ihm erwartet wurde, fand Gefallen an der Beschäftigung und freute sich über den ›Neid‹ der Kolleg*innen, von denen einige die neuen Aufgaben ebenfalls bearbeiten wollten. Auch in Bereichen außerhalb der Gruppe ging es Herrn

> H. besser, er war psychisch ausgeglichener, und die Mitarbeiter-
> *innen verstanden, was er brauchte, und wie sie ihn wertschätzen
> und verstehen konnten.

3.1 Voraussetzungen und Arbeitsbedingungen

Zunächst einmal ist zu klären, welche Motivation und welches Potential bei dem autistischen Menschen zur Aufnahme und Durchführung von Arbeitstätigkeiten bestehen. Die Möglichkeiten der Eingliederung ins Arbeitsleben sind bei jedem Menschen unterschiedlich, können sich im Laufe der Zeit verbessern, aber auch stagnieren oder sich zurückentwickeln. Wichtig ist, eine genaue Beobachtung vorzunehmen, um den geeigneten Arbeitsbereich und die möglichen Arbeitsleistungen zu erkennen und der Person die richtigen Aufgaben zuzuweisen. Erleichtert wird dies durch eine Befragung der Eltern und der (ehemaligen) Lehrer*innen, die in der Regel auf Erfahrungen zurückgreifen können, die sie im Laufe der Zeit mit dem Menschen gemacht haben. Allerdings ist auch immer möglich, dass etwas nicht ausprobiert wurde, also noch ganz andere Interessen oder Fähigkeiten vorliegen, als sie sich in der Vergangenheit gezeigt haben.

Eingewöhnung

Veränderungen sind für autistische Menschen in jeder Lebensphase eine große Herausforderung. Der Weg zur Arbeit ist ein anderer, die geliebten Süßigkeiten werden in einer neuen Verpackung angeboten, der ehemalige Betreuer ist in Rente gegangen, der Schulbus ist ein neues Modell, die Sitzordnung bei der Taxifahrt wurde umgestellt usw. All dies sind Veränderungen, die auf den ersten Blick wenig bedrohlich erscheinen, für den betroffenen Menschen jedoch eine große Umstellung bedeuten. Wie man an den vorangegangenen Beispielen sieht, reichen schon kleine Veränderung oder Neuerungen, dass ein autistischer Mensch irritiert und verunsichert ist. Manchmal dauert es Stunden oder auch Tage, bis eine Veränderung akzeptiert wird, und der Mensch wieder zufrieden ist. Es gibt jedoch Möglichkeiten, die Probleme mit Veränderungen zu reduzieren. Dies hat mit einer guten Vorbereitung zu tun. Wenn dem Menschen Informationen an die Hand gegeben werden, was wann und wo auf ihn bzw. sie zukommt, wer seine/ ihre Betreuer*innen sein werden, wie er/sie zu diesem Ort hinkommen kann und was dort passieren wird, werden die Probleme deutlich geringer sein. Hier bietet sich wieder an zu visualisieren, da der autistische Mensch Bilder und ähnliche Darstellungen gut versteht. Bevor die Ausbildung oder Berufstätigkeit losgeht, sollte der Mensch die zukünftigen Räume bereits einmal besuchen, sich mit den Verhältnissen dort vertraut machen, seinen Arbeitsplatz kennenlernen, einen Kontakt zu Betreuer*innen und Kolleg*innen wahrnehmen. Es werden Fotos gemacht, mit denen an den Tagen danach der Ort, die Personen und vor allem die notwendigen Wege regelmäßig angeschaut werden, um eine Art Vertrautheit zu bewirken. Falls sinnvoll, wird noch ein weiterer Besuch verabredet, um dem Menschen die Angst und Verunsicherung zu nehmen. Wenn sich im Laufe der Zeit eine gewisse Vertrautheit eingestellt hat, wird es für den Menschen einfacher sein, den ersten Tag und die erste Woche gut zu verbringen, sich also positiv einzugewöhnen. Allerdings zeigt die Erfahrung, dass es auch ein bis sechs Monate dauern kann, bis sich ein autistischer Mensch an eine neue Umgebung und Situation gewöhnt hat – man sollte also keinesfalls zu früh aufgeben.

Zu einer guten Eingewöhnung kann auch beitragen, dass die Anwesenheitszeiten reduziert werden, der junge Mensch also anfangs nur zwei oder drei Stunden an der Ausbildungs- oder Arbeitsstelle sein muss und dann wieder nach Hause fahren kann. So vermeidet man Reizüberflutung bzw. eine negative Einstellung zu der Situation. Das Ziel ist, dass er oder sie irgendwann die übliche

Zeit am Arbeitsplatz verbringen kann. Eine weitere Option ist, die Arbeitseinheiten kurz zu gestalten, also lieber drei halbstündige Arbeitseinheiten einzurichten mit jeweils zehn Minuten Arbeitspause dazwischen statt 90 Minuten am Stück mit einer sich anschließenden Pause. Wichtig ist, von vorneherein eine Struktur darzustellen und einzuhalten, die die Aufgaben an sich, die Menge jeder einzelnen Aufgabe und der Arbeitsleistung für den Tag vermittelt, und die einzelnen Arbeitsschritte visualisiert. Hierfür lässt sich die Methode des TEACCH (▶ Kap. 3.4) mit all ihren Facetten bestens nutzen.

Räumliche Bedingungen

Menschen mit Autismus leiden an einer schweren Störung der Wahrnehmungsverarbeitung. Sie können Probleme in einzelnen oder allen Wahrnehmungsbereichen haben, jeder und jede auf seine bzw. ihre Art. So werden bspw. Geräusche als zu laut empfunden, sich bewegende Personen als Stressauslöser, ein instabiler Stuhl als Bedrohung des Gleichgewichts, der Körpergeruch eines anderen Menschen als olfaktorische Überforderung. Häufig sind diese zugrundeliegenden Probleme dem Umfeld nicht bewusst, und die Folge ist, dass der autistische Mensch als launisch, schwierig oder nicht förderbar eingestuft wird. Deshalb ist es so wichtig herauszufinden, ob auftretende Probleme mglw. aus der anderen Wahrnehmungsverarbeitung resultieren. Dennoch bleiben immer wieder Fragen offen, d. h., dass sich bestimmte Verhaltensweisen nicht erklären lassen oder plötzlich etwas Neues auftritt (auf einmal weigert sich die Person in einen bestimmten Raum zu gehen). Das eine ist, zu beobachten und nach Erklärungen zu suchen, das andere, die Voraussetzungen für ein erfolgreiches Gelingen der Arbeitssituation zu schaffen.

Praxistipp zu einem autismusspezifischen Arbeitsplatz

+ Arbeitsplatz, der klar als solcher definiert bzw. erkennbar ist,
+ genügend Platz zu beiden Seiten, sodass die Person nicht immer wieder von jemand anderem versehentlich berührt wird,
+ den Blick in Richtung einer Wand oder eines Fensters zu richten, kann einfacher sein, als in den Raum zu schauen, in dem Menschen umhergehen, Dinge hergebracht oder weggestellt werden,
+ bei Bedarf Stellwände zwischen zwei Arbeitsplätze montieren, um Ablenkung zu Nachbar*innen zu verhindern,
+ stabiler Stuhl,
+ reizarme und logische bzw. strukturierte Anordnung des Arbeitsmaterials,
+ Ohrschützer zur Verfügung stellen,
+ ausreichende Klimatisierung.

Reizquellen, die von der erhöhten Wahrnehmungssensibilität sowie der gesteigerten Ablenkbarkeit ausgehen können, sollten schon im Vorfeld ausgeschaltet werden. In weiteren Räumen wie der Kantine bzw. dem Pausenraum ist es häufig sinnvoll, der autistischen Person einen Platz in einem ruhigeren Bereich zu überlassen, eventuell auch einen Einzeltisch. Zu bedenken ist die Akustik des gesamten Raums – oft ein Problem in großen Räumen. Manchmal ist es notwendig, Menschen im Autismus-Spektrum bspw. für das Mittagessen eine Alternative anzubieten, also einen benachbarten kleineren Raum. Bei weiteren Räumen wie einer Sporthalle, einem Raum für Beschäftigungstherapie oder den Sanitärräumen ist ebenfalls an die besonderen Bedarfe der Autist*innen zu denken. Ein autistischer Mensch betritt vielleicht den Sanitärbereich nicht, weil er Angst vor der Lüftung hat, die Leuchtstoffröhren flimmern, ein geruchsintensives Reinigungsmittel benutzt wird oder sich Fliesen an den Wänden befinden, die asymmetrische Muster aufweisen. Selbstverständlich kann nicht ein ganzer Sanitärbereich renoviert werden, nur weil dieser Mensch sich dort nicht wohlfühlt. Es ist jedoch wichtig, dass

Betreuer*innen sich das ungewöhnliche Verhalten, die Weigerung, in einem bestimmten Raum zu bleiben, das Abgelenkt sein usw. erklären können und Abhilfe schaffen, wo es möglich ist.

Personalbezogene Voraussetzungen

Menschen mit Autismus haben im Vergleich zu anderen Menschen mit Beeinträchtigung häufig besondere Bedarfe, zeigen herausfordernde und nicht immer erklärbare Verhaltensweisen und nehmen in Einrichtungen einen besonderen Platz ein. Es ist daher wichtig, dass speziell geschultes Personal zur Verfügung steht, das sich in das Thema Autismus eingearbeitet hat und die Probleme der Betroffenen anerkennt und versteht. Für einen autistischen Menschen ist darüber hinaus eine Kontinuität im Betreuersystem bedeutsam, da personelle Veränderungen häufig nicht verstanden werden und zu Verwirrung und Stress führen. Da jedoch immer mit Personalfluktuation zu rechnen ist, sollten die wichtigsten Bezugspersonen in der Gruppe im Umgang mit der Person vertraut und geschult sein. Sicherheit und Kontinuität für den autistischen Menschen bieten auch immer die in der Einrichtung bzw. im Arbeitsablauf vorhandenen Strukturen (Pläne, Regeln etc.). Der Personalschlüssel ist ebenfalls ein wichtiger Gelingfaktor. Nach § 9 Abs. 3 Werkstättenverordnung (WVO) soll das Zahlenverhältnis von Fachkräften zu behinderten Menschen im Berufsbildungsbereich den Faktor von 1:6 und im Arbeitsbereich 1:12 betragen. In besonderen Ausnahmefällen ist für einen begrenzten Zeitraum eine 1:1 Betreuung im Berufsbildungsbereich möglich. Diese hat den Zweck der Stärkung der allgemeinen Lebenstüchtigkeit, Förderung praktischer Kenntnisse und Fähigkeiten und Verbesserung der Möglichkeiten zur Kommunikation. Autismus Deutschland e. V. vertrat und vertritt die Auffassung, dass eine 1:1-Betreuung zumindest befristet in den Fällen, in denen eine gute Prognose zur späteren Eingliederung in den Arbeitsbereich besteht, verlangt werden kann. Um in einer WfbM langfristig tätig zu sein, ist ein »Mindestmaß an wirtschaftlich verwertbarer Arbeitsleistung gemäß § 136 SGB IX (›Werkstattfähigkeit‹)« notwendig, diese ist allerdings erst im Arbeitsbereich erforderlich. Menschen mit Autismus haben des Weiteren Anspruch auf ›Arbeitsassistenz‹ für die Dauer von bis zu drei Jahren als Hilfe zur Erlangung eines Arbeitsplatzes (§ 33 Abs. 8 S. 1 Nr. 3 i. V. m. S. 2 SGB IX) oder als begleitende Hilfe im Arbeitsleben. Die Aufgaben der Arbeitsassistenz sind als eine unterstützende Tätigkeit bei der Erbringung der vom schwerbehinderten Menschen (arbeitsvertraglich) geschuldeten Arbeitsleistung (z. B. in der Funktion eines/einer Kommunikationsassistent*innen) zu werten. Bis heute werden allerdings diese Hilfen immer noch viel zu selten beantragt und häufig auch – trotz Rechtsanspruchs – nicht bewilligt.

3.2 Arbeitsbereiche

Je nach Einrichtung bzw. Träger gibt es in WfbM ganz unterschiedliche Arbeitsmöglichkeiten wie

+ Aktenvernichtung,
+ Digitalisierung analoger Medien,
+ Kennzeichenprägung,
+ Laserbeschriftung,
+ Lettershop, Versand und Druckerei,
+ Bürotätigkeiten,
+ Montage und einfache Industriearbeiten/Metallbau,
+ Textilbereich,
+ Töpferei,
+ Kerzenwerkstatt,
+ Holzwerkstatt,
+ Wäscherei,
+ Fahrradmanufaktur (Reparatur und Verkauf),
+ Grünanlagenpflege,
+ Hauswirtschaft,
+ Backshop.

Es gibt nicht einen bestimmten Bereich, der speziell für Menschen mit Autismus geeignet wäre. Wie bei gesunden Menschen sind die Interessen, Fähigkeiten und Fertigkeiten bei jedem Menschen unterschiedlich. Das Gelingen einer Tätigkeit hängt davon ab, wie diese ermittelt wird, sodass er oder sie gut damit zurechtkommt und mit seinem/ihrem Arbeitsalltag zufrieden ist. Hierzu ist auch eine gute Strukturierung des Tagesablaufs und der Arbeitsaufgaben mit insbesondere visuellen Hilfestellungen notwendig (► Abb. 5). Dazu gehört, dass nicht nur Arbeitsphasen, sondern auch notwendige Pausen visualisiert dargestellt werden.

Arbeitsplan Werkstatt

8:00		Ankommen
8:15		Morgenkreis
8:30		Arbeit
9:30		Frühstücks-Pause
10:00		Arbeit
11:00		Toiletten-Pause
11:15		Arbeit
12:00		Mittag-Essen
13:00		Arbeit
14:00		Kaffee-Pause
14:30		Arbeit
15:30		Bus-Fahrt nach Hause

Abb. 5: Arbeitsplan in der WfbM (METACOM Symbole © Annette Kitzinger)

49

3.3 Strategien für das erfolgreiche Gelingen

Schon bei der Begrüßung in der Tagesförderstätte oder der Werkstatt fällt manchmal auf, dass der Mensch mit Autismus heute anders ist als sonst.

> Die gut gemeinte Frage der Betreuerin lautet:»Wie geht's dir heute?«. Sie legt dem Mitarbeiter die Hand auf die Schulter, knufft ihn vielleicht freundschaftlich, macht eine Aussage wie»das wird schon wieder«. Für den autistischen Menschen ist es zunächst einmal schwierig, die Frage nach dem Befinden zu beantworten. Er weiß auch nicht genau wie es ihm heute geht. Im Moment fühlt er sich nicht gut, irgendetwas war auf der Busfahrt zum Arbeitsplatz nicht in Ordnung, und deshalb ist er immer noch aufgeregt und durcheinander. Er kann jedoch nicht kommunizieren, was das Problem war, und aus den vielen Momenten des Vormittags weiß er auch nicht herauszufiltern, was genau zu der momentanen Missempfindung geführt hat. Nun wird er auch noch unvermittelt angefasst.

Autist*innen selbst berichten, dass sie einen freundlich gemeinten Knuff manchmal als eine Art körperlichen Übergriff wahrnehmen. Sie fragen sich, warum sie jetzt ›geschlagen‹ werden. Für Menschen im Autismus-Spektrum ist es daher wichtig, dass ihre Gegenüber verstehen, was mit ihnen los ist und ihnen entsprechende Unterstützung geben.

Wenn ein/eine Autist*in morgens schon angestrengt zur Arbeit kommt, ist vielleicht besser, ihn oder sie erst einmal in Ruhe ankommen zu lassen. Er/sie darf z. B. auf dem Flur auf und ab gehen, ein Glas Wasser trinken, einer beliebten Beschäftigung nachgehen (Müll ausleeren, etwas aufräumen, in einem Katalog blättern). Ihm/ihr wird eine Vorgabe gemacht, wie lange das dauern darf, am besten mithilfe eines Time-Timers. (Ein Time Timer ist eine Countdown-Uhr, die mit einer roten Scheibe über dem Zifferblatt optisch veranschaulicht, wie viel Zeit noch übrigbleibt. Um den Timer zu aktivieren, wird die rote Scheibe gegen den Uhrzeigersinn auf die gewünschte Zeit gesetzt. Mit Ablauf der Zeit verschwindet auch die rote Scheibe wieder.). Wenn er oder sie schließlich mit der Arbeit beginnt, befindet sich dort sein/ihr Plan für den heutigen Tag, und die Arbeitsmaterialien liegen bereit.

Immer wieder kommt es vor, dass die Arbeitsleistungen an einem Tag weniger gut sind, und der Mensch mit Autismus mehr Fehler als sonst macht, langsamer ist, Extra-Pausen machen will. Es ist die Aufgabe des/der Betreuers*in zu erkennen, was los ist, und zu handeln. Es kann bspw. für den aktuellen Tag eine weitere Pause gestattet oder eine einfachere Arbeit angeboten werden. Manchmal entspannt sich die Situation erst, wenn eine alternative Beschäftigung, also eine Hilfstätigkeit, ein Puzzle legen oder ein Bild malen ermöglicht wird. Es ist dabei jedoch wichtig, keinesfalls zu vermitteln, dass er oder sie nicht zu arbeiten braucht, wenn er/sie dies nicht will. Es ist vielmehr klar zu unterscheiden, ob er/sie aus Überforderung bzw. wegen eines schlechten Befindens nicht arbeitet wie sonst oder schlichtweg keine Lust hat und sich daher den Aufgaben entziehen möchte. Es ist notwendig, dem autistischen Menschen konsequent zu zeigen, welche Arbeitsleistung von ihm bzw. ihr gewünscht wird, und diese im ›Normalfall‹ einzufordern. Autistische Menschen sind zwar beeinträchtigt, aber auf ihre Art pfiffig, und sie wissen genau, was sie tun müssen, um weniger arbeiten zu müssen.

3.4 Unterstützung durch den TEACCH-Ansatz

Der TEACCH-Ansatz, dessen Ausgangspunkt in den 1960er Jahren von Eric Schopler in den USA gelegt wurde, hat zum Ziel, dass autistischen Menschen ermöglicht wird, trotz ihrer Behinderung ein Höchstmaß an Selbständigkeit und Lebensqualität zu erreichen. Dabei stehen zwei

Aspekte im Mittelpunkt, die zueinander gebracht werden müssen: das Ziel der größtmöglichen Integration in die Gesellschaft und die Notwendigkeit eines speziellen Umfelds. Es geht darum, einen möglichst hohen Grad an Selbständigkeit zu bewirken. Zu einer gelungenen Integration kommt es, wenn eine Erweiterung des Handlungsspielraums, der Selbstständigkeit sowie des Selbstwerts erreicht wird.

Zum methodischen Vorgehen gehört die Strukturierung des Raums, der Zeit und der Aktivitäten, alles dargestellt mithilfe von Visualisierungen. Diese erfolgen durch Fotos, Symbole, schriftliche Anweisungen, aber auch durch geometrische Formen wie Pfeile oder Kreise, bestimmte Farben oder Barrieren (Trennwände, Flatterband, Raumteiler etc.).

Praxistipp zu den Vorteilen von Visualisierungen

◆ Visualisierung als Orientierungshilfe: Nur mündlich gegeben Instruktionen werden oft schwerer, in einigen Fällen auch gar nicht verstanden; auch die Speicherung visueller Eindrücke aus dem Gedächtnis fällt Autist*innen leichter.
◆ Bei überempfindlichem Gehör (bei ca.40 % der Betroffenen) kann der visuelle Kanal als Alternative zum überlasteten oder gar abgeschalteten auditiven Kanal genutzt werden.
◆ Visualisierung wirkt syndromspezifischen Schwierigkeiten, die Aufmerksamkeit schnell zwischen verschiedenen Sinneskanälen hin und her wechseln zu lassen, entgegen.
◆ Visuelle Informationen haben den Vorteil, beständig und Personen unabhängig zu sein (für die Verarbeitung bleibt länger Zeit, und die Informationen stehen auch dann noch zur Verfügung, wenn derjenige, von dem sie stammen, nicht mehr anwesend ist).
◆ Visuelle Materialien verlangen weniger soziales Know-how (eine Interpretation von sprachbegleitenden Merkmalen wie Tonfall, Mimik oder Körperhaltung ist nicht nötig).

* Visualisierung ist mit konkreten Objekten (Kleiderbügel = Jacke aufhängen, Toilettenrolle = zur Toilette gehen, Buch = Geschichte in der Leseecke, Becher = Kaffeetrinken) möglich.
* Alternativ kann auf abstrakterem Niveau (Plan mit Fotos zum Einchecken über Kuverts, Ringbindung zum Umdrehen oder eine Liste zum Ausstreichen) gearbeitet werden.

Struktur zählt als eines der wichtigsten Elemente der TEACCH-Methode. Struktur ist zu verstehen als Ordnung, Verlässlichkeit, Kontinuität, Eindeutigkeit und Klarheit. Dieses sind Voraussetzungen für gelingendes, positives und nachhaltiges Lernen bei Menschen mit Autismus. Strukturierung betrifft Räume, Zeit und Mengen sowie Abläufe von Aufgaben. Was bedeutet aber Struktur? Sie

* gibt Regeln vor, nach denen etwas getan, geordnet, gegliedert werden kann,
* hilft, Zusammenhänge zu erkennen,
* dient der Orientierung,
* schafft Sicherheit durch höhere Vorhersagbarkeit,
* erleichtert somit auch Entscheidungen und das eigene Handeln,
* verdeutlicht räumliche und zeitliche Bezüge,
* klärt Erwartungen, die gestellt werden,
* steckt auch den Rahmen dessen ab, was man selbst erwarten kann,
* ist sowohl Hilfe zum Verstehen als auch Hilfe zum Handeln.

Strukturierung des Raums

›Raum‹ meint Außengelände, Gebäude, einzelne Räume, Tische bzw. Schränke und deren Aufteilung und Ordnung durch Markierungen bzw. Kennzeichnung. Beispiele hierfür sind:

* Leitsystem innerhalb des Gebäudes (z. B. durch Markierungen auf dem Boden),

♦ Beschilderung (Notausgang, Zutritt verboten, Therapieraum etc.),
♦ Kennzeichnung, wo etwas stattfindet (Arbeit, Pause, Entspannung, Freizeit, Gruppe, Essen, Hygiene),
♦ persönlicher Arbeitsplatz mit reizarmer und strukturierter Anordnung von Arbeitsaufgaben,
♦ physische und visuelle Begrenzungen (bspw. Klebeband auf dem Esstisch, damit nicht in den Bereich der Tischnachbar*innen gegriffen wird),
♦ visuelle Organisation durch Körbe, Farbkodierung, Nummerierung etc. (visuelle Klarheit).

Auf dem Hof einer autismusspezifischen Einrichtung werden mithilfe von Holzleisten einzelne Bereiche abgetrennt, die gefegt werden sollen. So bleibt für den jungen Menschen mit Autismus übersichtlich, was er heute fegen muss.

Strukturierung der Zeit

Häufig ist nicht klar, wann etwas beginnt, wie lange es dauert und wann es zu Ende ist. In manchen Situationen kann dies zu großen Problemen führen, weil nicht klar ist, wann genau es bspw. mit dem Ausflug losgeht, wie lange in der Schlange vorm Imbiss gewartet werden muss, wann endlich der Besuch kommt, der sich verspätet hat, und wie lange der Lärm anhalten wird, den der Handwerker macht. Für autistische Menschen wäre wichtig, eine Information über den Beginn, die Dauer und das Ende einer Situation zu erhalten. Sie möchten ebenfalls gern wissen, was nach einem bestimmten Ereignis sein wird, also wenn bspw. der Arztbesuch vorbei ist: Was wird dann passieren? Wenn die Betroffenen diese Informationen nicht erhalten, kann dies zu problematischen Verhaltensweisen führen. Manche Menschen mit Autismus sind allerdings auch genügsam und monotone, sich wiederholende Tätigkeiten machen ihnen nichts aus.

Ein Werkstattbetreuer erzählte mir vor einigen Jahren über Herrn F. Man könne ihm ein Stück Holz und ein Blatt Schleifpapier geben. Dann würde er stundenlang schleifen und müsse nicht weiter beschäftigt werden. Er würde nur nicht mehr aufhören wollen. Die Frage, die ich mir damals stellte, war: Woher weiß Herr F., wann die Aufgabe erledigt sein wird? Wenn die Ecken abgerundet sind? Wenn das Holz vollständig weggeschliffen wurde? Wenn er keine Lust mehr hat? Wenn 90 Minuten vorbei sind? Was wird sein, wenn er nicht weiterschleift? Und die wichtigste Frage: Wofür macht er das, also wie oder für welches Projekt wird das Ergebnis sein? Diese Fragen sollten beantwortet werden, um Herrn F.s Problem zu lösen.

Praxistipp zur Einführung von Plänen

- Welche Art der Darstellung (Gegenstände, Fotos, Symbole, Schrift)?
- Wie viele Obkjekte/Schritte werden auf dem Plan dargestellt und wie detailliert ist er?
- Ansicht von oben nach unten oder links nach rechts? Ringordner, einzelne Karten oder Fächer?
- Woher weiß der/die Betroffene, wann etwas zu Ende ist?
- Wie werden Ausnahmen/Änderungen visualisiert?
- Wo befindet sich der Plan und wer transportiert ihn mglw.?
- Wie lernt der Mensch mit Autismus mit dem Plan umzugehen?

Sind diese Fragen beantwortet, können sich Pläne oft als hilfreiches Mittel erweisen.

Strukturierung von Aktivitäten

Unstrukturierte Zeiten, die wir als Pause oder Freizeit erleben und genießen, sind für autistische Menschen die schwierigsten und stressigsten. Oft wissen sie nicht, womit sie sich beschäftigen könnten, außer stereotypen Handlungen nachzugehen. Hiermit sind sie jedoch manchmal nicht zufrieden und machen den Eindruck, sich zu langweilen. Selbst wenn sie eine Idee haben, macht es ihnen große Schwierigkeiten, ihre Handlungen zu organisieren. Schon beim ersten Schritt verlieren sie die Aufmerksamkeit und geraten wieder in eine stereotype Tätigkeit. Dies hat hauptsächlich damit zu tun, dass sie nicht wissen, wie sie anfangen sollen, welche Schritte in welcher Reihenfolge zu tun sind und wann sie fertig sind. Aktivitäten sollten daher zunächst von außen so vorstrukturiert werden, dass folgende Informationen gegeben werden: Was ist zu tun? In welcher Reihenfolge? Wieviel davon? Wann bin ich fertig? Was kommt danach? Nützlich hierbei ist die Tendenz zu Routinen. Die Materialien bzw. die anstehende Aktivität sind so vorbereitet, dass der Plan oder die Aufgabe in der Regel von links nach rechts bearbeitet wird. Bei der Arbeitstätigkeit befinden sich auf der linken Tischseite (oder in separaten Fächern) die noch zu bearbeitenden Aufgaben. Rechts wird das Fertige in einem weiteren Behältnis abgelegt. Die Menge der Arbeitsaufträge ist so zu bemessen, dass sie in einem Durchgang bewältigt werden kann. Sobald alles im ›Fertigkorb‹ liegt, ist die Tätigkeit beendet, und ein weiteres Symbol zeigt an, was als nächstes zu tun ist. Oft ist dies der Hinweis, wieder auf den Plan zu schauen. Dieses Vorgehen kann auf jegliche Beschäftigung angewendet werden, auf Montagetätigkeiten, Verpackungsaufgaben, Gartenarbeit, Reinigungstätigkeiten usw.

Im Garten einer autismusspezifischen Einrichtung sollen die Rabatten begossen werden. Es stehen fünf Gießkannen bereit, pro abgetrenntem Bereich (Markierung durch kleines Zaunelement) soll eine Kanne Wasser gegossen werden.

3.5 Soziale und kommunikative Herausforderungen

Toni, 16 Jahre alt, läuft angespannt durch den Garten: »Am liebsten möchte ich ganz allein sein und alle Menschen sollen weg sein«. Es ist Wochenende, seine Eltern und die Schwester sind zu Hause, und immer wieder gibt es Ärger, weil Toni etwas macht, von dem er weiß, dass er es nicht soll (Türen knallen, nach einem Bad im Pool nass ins Haus laufen, den Kater ärgern usw.). Auch wenn alle sich Mühe geben, Toni Regeln beizubringen, ihn zu loben, wenn er etwas gut gemacht hat, ein positives Beispiel zu sein, hat er tagtäglich große Mühe, sich anzupassen und sich mehr anzustrengen.

Dies hängt mit mehreren Faktoren zusammen, der eingeschränkten Theory of Mind (▶ Kap. 2.2), den Wahrnehmungsbesonderheiten, fehlender ›Übung‹ (durch Verminderung des Interesses an Gleichaltrigen und reduzierte Erfahrungsmöglichkeiten), mögliche Impulsivität, die auch zu einer verringerten Gefühlsregulation führt. Schwierigkeiten in sozialen Beziehungen entstehen auch dadurch, dass die Person Probleme hat, Gestik und Mimik anderer Menschen zu verstehen, hierdurch kommt es häufig zu Missverständnissen. Da sie Stimmung und Situation nicht immer richtig interpretieren können, haben sie Mühe, in sozialen Situationen spontan und intuitiv zu reagieren, weshalb ihr Verhalten auf Außenstehende schnell verkrampft und unangemessen wirken kann. Häufig führen Autist*innen Verhaltensweisen aus, die sie gelernt oder sich abgeguckt haben. Manchmal passen diese nicht zur passenden Situation, z. B. unangebrachtes Lachen oder lautes Reden, wodurch sie negativ auffallen. Kontakte werden eher als anstrengend und überfordernd erlebt, und es kommt häufig zu schwierigen Situationen. Der autistische Mensch versteht nicht die Kolleg*innen, und diese verstehen nicht, warum er sich so verhält. Auch Mobbing, von

57

beiden Seiten ausgehend, ist möglich. Es ist daher wichtig, auch im Bereich der Erwachsenenarbeit an sozialen Missverständnissen zu arbeiten und insbesondere mit verständlichen Regeln für ein notwendiges Maß an gegenseitiger Achtung und Akzeptanz zu sorgen. Gruppenregeln sollten mit allen zusammen aufgestellt und visualisiert werden, wie bspw. auf nachfolgender Abbildung dargestellt (▶ Abb. 6).

Die kommunikativen Einschränkungen bei autistischen Menschen sind manchmal gravierend, viele sprechen nicht oder kommunizieren mit alternativen Verfahren (Talker, Gebärden, Fotoaustauschsystem). Häufig ist es für Betreuer*innen am Arbeitsplatz schwierig, sich mit diesen Verfahren auszukennen, denn dies ist kein therapeutisches Setting, sondern bestimmte Arbeitsabläufe müssen eingehalten und Aufträge zu Ende gebracht werden. Da bleibt manchmal nicht so viel Zeit, sich mit dem oder der Einzelnen intensiver zu beschäftigen. Dennoch ist wichtig, sich genau hierauf einzulassen. Einzelne Mitarbeiter*innen der WfbM könnten einen Gebärdenkurs besuchen (auch Menschen mit anderen Behinderungen nutzen diese mitunter), mit der Technik eines Talkers kann sich jeder und jede vertraut machen, Bildübergabeprogramme können erlernt werden, und das Prinzip ist leicht zu verstehen. Sicherlich lässt es das System der WfbM nicht zu, mit Mitarbeiter*innen ein Kommunikationssystem neu aufzubauen, hierfür ist ein spezielles Training erforderlich, wie es ein Autismus-Therapiezentrum oder ein/eine Sprachtherapeut*in anbieten kann.

Wenn Menschen mit Autismus sprechen, können bestimmte Auffälligkeiten auftreten wie

* geringer Wortschatz (auch Kommunikation über Worte statt über Mehrwortsätze),
* reduziertes Sprachverständnis,
* stereotype Äußerungen und Fragen,
* Echolalie,
* Artikulationsprobleme,
* fehlende Smalltalk-Fähigkeiten,
* kein Verständnis für Witze, Ironie und Sarkasmus.

Regeln Montagegruppe

Leise sein		√
Um Hilfe bitten		√
Fragen stellen		√
Nicht ärgern		√
Arbeiten		√
Pünktlich sein		√
Fragen, wenn zur Toilette		√
Sitzen bleiben bei der Arbeit		√
Auf Aufforderung weiterarbeiten		√
Finger auf den Tisch (nicht an Hose oder Nase)	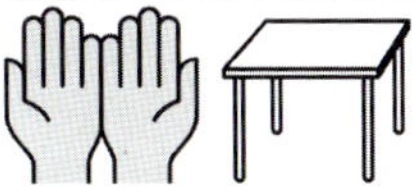	√

Abb. 6: Regeln für die Montagegruppe (METACOM Symbole © Annette Kitzinger)

Autismusfreundliche Kommunikation habe ich bereits in Kapitel 2.3 beschrieben (▶ Kap. 2.3), und es ist unbedingt notwendig, diese zu nutzen. Gerade die Handwerker*innen in WfbM neigen zu ironischen Äußerungen und ›flapsiger‹ Sprache mit den behinderten Menschen, und dies ist unbedingt zu vermeiden.

Herr Sch. (25) kommt zusammen mit seiner Mutter zur Beratung, nachdem er in der Werkstatt auf zwei Kollegen losgegangen ist und den einen ernsthaft verletzt hat. Er berichtet, was vorher passiert ist. »Da war ein Karton mit fertig gepackten Erste-Hilfe-Täschchen. Dann hat Herr M. gesagt, dass ich die wegbringen soll. Ich habe gefragt, wohin denn? Da hat er gesagt: ›Natürlich in den WC-Raum‹. Das habe ich gemacht. Später kam jemand aus dem Vertrieb und hat gefragt, wo das hingebracht wurde. Ich habe gesagt zur Toilette. Mein Betreuer hat im selben Moment sehr laut geschimpft und die Kolleg*innen haben gelacht. Da bin ich ausgerastet. Ich hatte doch gemacht, was Herr M. zu mir gesagt hatte. Ich verstehe es nicht.«

Praxistipps zu autismusspezifischer Kommunikation

- Nicht fragen (»Möchtest du jetzt diese Bohrer einpacken?«), sondern dem Menschen sagen, was er machen soll,
- klare Arbeitsaufträge geben, möglichst bei Bedarf in derselben Formulierung wiederholen,
- kurze, deutliche Sätze,
- sich mit ihm oder ihr unterhalten, wenn dies die Situation zulässt (in der Pause, in Übergangssituationen), wenn er oder sie eigentlich arbeiten soll, dies nicht tun,
- Zeiten vorgeben, in denen Unterhaltungen möglich sind (z. B. in der Pause von 10:00 bis 10:30 Uhr),
- bei stereotypen Fragen einmal beantworten bzw. erklären, danach noch einmal darauf verweisen, dann ignorieren, eventuell eine gegenteilige Frage stellen,

* Zeiten vorgeben, in denen er oder sie reden und fragen darf,
* Stopp-Schild (»Dein Mund hat jetzt Pause.«),
* Ablenken, z. B. durch einen Auftrag (hierfür in einen anderen Raum gehen müssen).

3.6 Umgang mit Verhaltensproblemen

Schwierigkeiten durch kommunikative Missverständnisse, soziale Überforderung, Wahrnehmungsüberreizung und unklare Aufgabenstellung habe ich bereits beschrieben. In Werkstätten und Tagesförderstätten tritt immer wieder das auch Problem des Unbeschäftigtseins bzw. der Langeweile auf. Insbesondere in der Tagesförderung befinden sich Menschen mit starker Beeinträchtigung, ganz unterschiedlichen Stärken von Behinderung, auch ungleichen kommunikativen Fähigkeiten und allgemeinen Fertigkeiten. Diese Menschen werden in einer Gruppe betreut und die Betreuer*innen versuchen, jeder und jedem auf ihre/seine Art gerecht zu werden. Dies führt häufig dazu, dass ein größerer Teil des Tages nicht mit Beschäftigungs- bzw. Arbeitsaufgaben gefüllt wird, sondern Mahlzeiten eingenommen werden, Spaziergänge gemacht, Musik gehört usw. wird. Für einen Menschen aus dem Autismus-Spektrum ist dies häufig eine Unterforderung, die dazu führen kann, dass er unangemessenes Verhalten zeigt. Wenn er oder sie bspw. auf die anderen Menschen in der Gruppe losgeht, Sachen auf den Boden wirft oder wegläuft, ist etwas los, und das genießt er/sie.

In WfbM kommt es immer wieder vor, dass keine Arbeit da ist, weil keine Aufträge vorliegen bzw. alles schon erledigt ist. Das führt dazu, dass Mitarbeiter*innen unbeschäftigt sind und quasi Freizeit haben, also sich unterhalten, spielen, einfach irgendwo sitzen und warten, dass der Arbeitstag zu Ende geht. Manchmal dauert dieser Zustand auch mehrere Tage an. Nach meinen Beobachtungen kommen die autistischen Mitarbeiter*innen hiermit am wenigsten zurecht. Es fehlen ihnen die übliche Tagesstruktur und die bekannten Arbeitsaufgaben, was sie irritiert und häufig zu Verhaltensproblemen führt.

Herr C. ist ein großer, sehr kräftiger Mann, der in der Montageabteilung einer Werkstatt arbeitet. Er macht nach Auskunft seiner Gruppenleitung sehr gute Arbeit, ist fleißig, schnell und ausgesprochen akkurat. Wenn jedoch keine Arbeit da ist, weil alles bereits erledigt ist, hält Herr C. dies nur sehr kurz aus. »Der wird dann rebellisch«, sagt sein Gruppenleiter. Er versucht, die Arbeit zu ›strecken‹, also die Geschwindigkeit der Arbeitsleistung zu reduzieren, das ist aber nur kurz erfolgreich. »Herrn C. kann man eigentlich gar nicht bremsen«. In der kollegialen Beratung kommen wir darauf, Herrn C. Alternativaufgaben anzubieten, die ihn motivieren und ihn eine Weile beschäftigen. Er interessiert sich sehr für Straßenbahnen und Busse. Wenn also wieder eine Arbeitspause durch fehlende Aufträge entsteht, darf er sich an den Computer setzen, Bilder zu seinen Themen suchen und ausdrucken. Anschließend soll er versuchen sie zu beschriften (er kann ein bisschen schreiben) und in einen Karteikasten einsortieren. Es ist auch denkbar, bspw. ein Memory-Spiel daraus zu gestalten, mit dem er und seine Kolleg*innen sich beschäftigen können. Herr C. hat dieses Angebot begeistert angenommen. Im Laufe der Zeit hat er seinen Horizont noch erweitert, indem er begonnen hat, sich auch für Züge zu interessieren und diese zu sammeln. Zusätzlich ist er dazu übergegangen, die ausgedruckten Bilder zu laminieren, sodass noch zwei weitere Tätigkeiten, nämlich Laminieren und Schneiden, zu seinem Repertoire hinzugekommen sind. Ein neuer Vorschlag ist, selbst zu fotografieren und Kollagen an den Wänden der Werkstatt aufzuhängen – hier hätte er auch Kolleg*innen, die ihn dabei gern unterstützen würden.

Ein weiteres mögliches Problem entsteht häufig während der Beförderung zur Arbeit. Berichtet wird über wechselnde Fahrdienste, sich wiederholt ändernde Begleiter*innen, Tausch von Sitzplätzen, unruhige oder übergriffige Mitfahrer*innen, überforderte Busbegleitungen, fehlende Regeln bei der Beförderung, Nichteinhalten von Zeiten, unterschiedliche Arten des ›Ablieferns‹ (der eine Begleiter bringt den Menschen bis in den Gruppenraum, der andere lässt ihn aus dem Fahrzeug aussteigen und einfach losgehen). Häufig sind genaue Absprachen zwischen den Mitarbeiter*innen der Wohneinrichtung (bzw. den Eltern), den Mitarbeiter*innen der Werkstatt sowie dem Transportunternehmen notwendig.

Praxistipp zum Thema Fahrdienste

+ Der Halteplatz des Busses sollte immer derselbe sein. Wenn sich eine Veränderung des Halts ergibt (z. B. muss ein besonderer E-Rollstuhl eingeladen werden), muss der Mensch mit Autismus in diesem Moment besonders begleitet und betreut werden.
+ Sitzplätze werden zugewiesen und beibehalten.
+ Es wird vermieden, dass die Menschen sich drängeln oder über eine Person hinüberklettern müssen.
+ Es gibt Regeln im Bus, die möglichst visualisiert werden.
+ Busfahrer*in und Begleitung bekommen eine kurze Handlungsanweisung, wie sie sich verhalten müssen.
+ Die Struktur muss klar sein und von allen Begleitungen gleichartig eingehalten werden. Soll der autistische Mensch in die Gruppe gebracht werden, so muss dies stets gemacht werden.
+ Umwege (Umleitungen) sollten verbal angekündigt werden (»Heute ist die Straße gesperrt, und wir fahren einen anderen Weg«).
+ Bei hohen Temperaturen sollten Kühlpacks oder ein feuchter Lappen zur Verfügung stehen.
+ Wenn es Konflikte gibt, die die Betreuer*innen sich nicht erklären können, macht es Sinn, dass ein Betreuer*in aus Werkstatt oder Wohnheim an einer Fahrt teilnimmt. Vielleicht wird diese/dieser bspw. feststellen, dass sich eine Person im Bus befindet, die starken Körpergeruch aufweist.

Zu bedenken ist, dass der Stress für den/die autistische*n Mitarbeiter-*in nicht zu groß werden darf.

Betroffene berichten durchaus, dass sie schon morgens auf dem Weg zur Arbeit sehr gestresst sind, z. B. weil sie schlecht geschlafen haben, es am Frühstückstisch einen Konflikt gab, sie keinen Sitzplatz im (Linien-)Bus bekamen usw. In der Werkstatt passiert ihnen dann ein Missgeschick, ein/eine Kolleg*in rempelt sie an oder sie verstehen einen Arbeitsauftrag nicht – schon kommt es aufgrund einer nichtigen Situation zu einem ungewollten Ausbruch von Aggressivität oder selbstverletzendem Verhalten. Alle fragen sich, wieso das jetzt passiert, denn dem Ausbruch ist doch nur eine Kleinigkeit vorausgegangen.

Um dieses Geschehen zu verstehen bzw. für das eigene Verständnis zu visualisieren, bietet sich das Fassmodell von Stress an (▶ Abb. 7).

Abb. 7: Fassmodell von Stress und Stressreduktion (METACOM Symbol © Annette Kitzinger)

Das Fass stellt das innere Gleichgewicht des Menschen mit Autismus dar. Je leerer es ist, umso entspannter und ausgeglichener ist der

Mensch. Man kann davon ausgehen, dass bei einem Menschen mit Autismus aufgrund der Behinderung der Pegel normalerweise nie bei Null ist, sondern eher bei bspw. 30 %. Durch schwierige Situationen, Wahrnehmungsanforderungen, fehlende Kommunikationsmöglichkeiten etc. füllt sich das Fass im Laufe von Stunden oder auch viel schneller. Wenn es voll ist, läuft es über, und das kann zu einer Krise führen. Es ist daher sehr wichtig, aus dem Fass immer wieder etwas herauszulassen (hierfür wird sinnbildlich ein Wasserhahn benötigt), da es keinesfalls überlaufen soll.

Es ist also darauf zu achten, dass der Stresspegel für den/die Mitarbeiter*in möglichst niedrig bleibt. Bevor es dennoch zu einer Eskalation kommt, ist es besser, den Menschen in einen Nebenraum schicken oder nach draußen. So wichtig es ist, dass er oder sie arbeitet und seinen/ihren Aufgaben nachkommt, so wichtig ist eine Deeskalation. Gegen Stress helfen Atemübungen (Achtsamkeitstraining) (▶ Kap. 4.9) sowie propriozeptive (tiefensensorische) Stimulationen, wie sie in nachfolgender Liste aufgeführt werden.

Praxistipp mit Beispielen für propriozeptive
Stimulationsübungen zur Verbesserung von Körpergefühl
und Reduzierung von Angst, Unruhe und Stress
Diese Übungen werden mit bzw. an der Person durchgeführt, oder sie können allein ausführt werden.

- Körperteile (Rumpf, Extremitäten etc.) beschweren mit Sand-, Reissäcken,
- feste Druck-Massage,
- Abklopfen der Körperteile, auch mit Klöppel,
- Drücken der Arme oder Beine in den Rumpf,
- Ziehen und Drücken an Körperteilen (Stimulation der Gelenke), auch Finger, Zehen, Kopf,
- Überrollen des Körpers mit einer großen, luftgefüllten Therapierolle,
- Matratzen-›Sandwich‹,

- starkes Einrollen in Decken,
- festes Umarmen,
- Kriechen in Höhlen, Behältnisse,
- Ziehen der Person auf einer Decke/einem Rollbrett z. B. über den Flur,
- eigenes Erleben von Zug auf den Körper (Tauziehen, Hochziehen mit Seil auf einer schiefen Ebene, Kletterstange),
- Klettern z. B. an Sprossenwand, Tau,
- Schaukeln an Reck oder Ringen,
- Springen auf einer dicken Matte oder Trampolin,
- Tragen einer Druckweste,
- Ballspiel (z. B. mit Medizinball),
- Trommeln und Klatschspiele,
- Fitness- bzw. Krafttraining.

Dabei ist jedoch unbedingt darauf zu achten, dass die Stimulation der Person nicht als ›Belohnung‹ wirkt (»Wenn ich auf meine Betreuer*innen losgehe, erhalte ich z. B. eine Massage«), sondern vorbeugend angewandt wird.

Der 42Jährige Herr N., Mitarbeiter der Tagesförderstätte, nichtsprechend und stark kognitiv beeinträchtigt, hat im Verlauf von vier Jahren beachtliche Fortschritte gemacht. Während er lange Zeit auf Betreuer*innen losging, unkooperativ war und ständig versuchte wegzulaufen, sind nach intensiver Beratung und täglichem Training mit ihm große Veränderungen eingetreten. Bei einer Besprechung mit den Mitarbeiter*innen des Wohnheims und der Tagesstätte fragen wir uns: Warum ist es zu dieser Stabilität und Verlässlichkeit nach so vielen Jahren, in denen es sehr schwierig war, gekommen? Herr N. galt als ›der Schrecken‹ der Tagesförderstätte und des Wohnheims. Wir kommen zu folgenden Ergebnissen:

- Für alle Mitarbeiter*innen und zu Betreuenden wurden Strukturen und Regeln aufgestellt, und alle haben sich hieran gehalten.

- Die Betreuer*innen haben das Befinden und die Probleme nicht mehr persönlich genommen, sondern haben sich einer professionellen Sichtweise angenommen.
- Herrn N. hat gutgetan, dass auch seine Kolleg*innen manchmal Konsequenzen gespürt haben, wenn etwas nicht in Ordnung war. Dies wurde möglich, weil für alle dieselben Regeln galten.
- Die Abhängigkeit von Assistenzen wurde abgeschafft, es wurde also mehr Gewicht auf die Selbstständigkeit von Herrn N. gelegt, und er stand nicht mehr wie vorher immer im Mittelpunkt.
- Die Veränderungen und Entwicklungsfortschritte wurden in ganz kleinen Schritten geplant und durchgeführt.
- Herr N. erhielt Aufgaben (überwiegend orientiert an der TEACCH-Methode), es wurden ihm Fähigkeiten, Interessen und Motivation zugetraut.
- Die Zusammenarbeit zwischen den Mitarbeiter*innen der Wohnstätte und der Tagesförderung sowie der Beraterin aus dem Autismus-Therapiezentrum war vorbildlich und außerordentlich kollegial.

4

Wohnen, Tagesgestaltung und Förderung

Zu den speziellen Möglichkeiten des Wohnens können sich die Betroffenen selbst und die Eltern bzw. gesetzlichen Betreuer*innen durch eine EUTB (Ergänzende unabhängige Teilhabeberatung) beraten lassen. Diese Beratungsstellen sind bundesweit flächendeckend verteilt, arbeiten kostenfrei und neutral. Eltern können verschiedene Verzeichnisse und Plattformen nutzen, hier werden sie im Internet fündig. Für autistische Menschen gibt es unterschiedliche Wohnformen: behinderungsspezifische Wohnstätten (Lebensgemeinschaften für Menschen mit Autismus), gemischte Einrichtungen (Bewohner-*innen mit unterschiedlichen Behinderungen), Wohngemeinschaften, ambulante Wohnangebote sowie besondere Wohnformen wie inklusive Wohn- und Hausgemeinschaften zusammen mit nichtbehinderten Menschen. Die Angebote sind manchmal vom Grundgedanken bzw. Leitbild her unterschiedlich, da sie bspw. von kirchlichen oder anthroposophischen Trägern betrieben werden. Jede spezielle Institution gibt es allerdings nur an einigen, ausgewählten Standorten, und Eltern bzw. gesetzliche Betreuer*innen sollte sich im Vorfeld gut überlegen, welches die persönlichen Kriterien für eine bestimmte Einrichtung sind (Nähe zum Wohnort der Eltern, Trägerschaft, Angebot nur zum Wohnen oder zum Wohnen und Arbeiten, Möglichkeiten der Weiterentwicklung wie hin zum betreute Wohnen bzw. Außenwohnen wechseln usw.). Die Erfahrung zeigt, dass es im Bereich des Wohnens Entwicklungen geben kann. Ein autistischer Mensch, der ein paar Jahre in einer Wohnstätte gelebt hat, kann mglw. eines Tages einen neuen Schritt wagen und bspw. im ambulant betreuten Wohnen zurechtkommen.

4.1 Auszug aus dem Elternhaus

Statistisch gesehen (https://de.statista.com/statistik/daten/studie/ 73631/umfrage/durchschnittliches-alter-beim-auszug-aus-dem-eltern haus/) ziehen in Deutschland Frauen im Durchschnitt mit 22,9 Jahren und Männer mit 24,4 Jahren von zu Hause aus. Sie tun dies in der Regel aus eigener Motivation, wollen auf eigenen Füßen stehen, erst einmal allein oder in einer WG wohnen mit Partner oder Partnerin zusammenziehen und unabhängig von den Eltern sein. Seltener kommt es vor, dass die Eltern das Kind ›aus dem Nest werfen‹, weil es das ›Hotel Mama‹ praktisch findet und nicht daran denkt, auf eigenen Füßen zu stehen. Bei Menschen aus dem Autismus-Spektrum ist es häufig so, dass sie langjährig bei den Eltern wohnen bleiben und nicht daran denken auszuziehen. Der/die Betroffene hat immer bei den Eltern gewohnt, fühlt sich hier wohl, angenommen und versorgt, und es gibt keinen Grund, der elterlichen Fürsorge den Rücken zu kehren. Da keine Partnerschaft besteht und jede Veränderung Unruhe und Stress bedeuten würde, ist es ›logisch‹ zu Hause zu bleiben – da macht es nichts, auch als Erwachsene*r noch im Kinderzimmer zu wohnen. Wenn ein/eine professionelle*r Berater*in mit den Eltern der Betroffenen hierüber spricht, versichern alle Beteiligten, dass es doch für beide Seiten eine gute Lösung sei. Das Kind sei gut versorgt und für die Eltern sei es eine große Beruhigung, den Sohn oder die Tochter gut aufgehoben und beschützt zu Hause zu wissen. Eine Belastung sei es nicht, schließlich habe man sich im Laufe der Jahre gut aufeinander eingestellt.

Allerdings besteht bei allen Eltern die Sorge, was denn wird, wenn sie krank und alt werden und sich nicht mehr adäquat um ihr Kind kümmern können. Ab einem bestimmten Zeitpunkt denken sie darüber nach, wie es weitergehen kann, wenn sie eines Tages sterben. Der Gedanke wird jedoch häufig verdrängt, und erst im letzten Moment besinnen sich die Eltern auf die Notwendigkeit einer Lösung.

Aus der Sicht Professioneller ist es unbedingt empfehlenswert, den Auszug bzw. eine alternative Versorgung schon frühzeitig zu klären und anzubahnen. Allgemein wird angeraten, dies zu einem Zeitpunkt zu tun, wo gesunde Kinder ebenfalls das häusliche Umfeld verlassen. Es ist davon auszugehen, dass die Einrichtung, die sich Eltern für Sohn oder Tochter wünschen, nicht sofort einen entsprechenden Platz hat, da es mitunter lange Wartezeiten gibt. Auch der Weg bezüglich der Finanzierung einer Wohnform durch den Sozialhilfeträger ist nicht von jetzt auf gleich abgeschlossen, überall ist Zeit einzuplanen. Unbedingt erforderlich ist, sich im Vorfeld mit den entsprechenden Wohnformen bzw. Möglichkeiten auseinanderzusetzen, d. h. sich zunächst über Flyer, Internet, andere Eltern etc. zu informieren, unterschiedliche Einrichtungen zu besichtigen und zu solchen Terminen eigene Fragen und mglw. Wünsche mitzubringen. In manchen Einrichtungen gibt es einen ›Tag der offenen Tür‹, wo Eltern sich unverbindlich umschauen können, mit Mitarbeiter*innen und anderen Eltern austauschen und vielleicht Bewohner*innen kennenlernen können. Bei solchen Besuchen bekommt man viel von der Stimmung in der Einrichtung, dem Umgang untereinander und den Möglichkeiten dort mit – und diese Wahrnehmung ist für die Entscheidungsfindung von großer Bedeutung. Manche Familien nehmen zu Besichtigungen ihr beeinträchtigtes Kind mit, um dessen Reaktion auf den Ort beobachten zu können, denn schließlich wird dieses dort für lange Zeit oder lebenslang wohnen. Am Gebaren des Kindes spüren Eltern, ob sie diese Einrichtung auswählen können. Allerdings ist bei manchen Menschen mit Autismus eine sehr lange Eingewöhnung notwendig, die auch ein Jahr oder länger dauern kann. Zu groß und beängstigend ist die Veränderung durch den Ortswechsel, das Kind will immer wieder nach Hause.

Herr B. zog mit Anfang 20 in eine autismusspezifische Einrichtung, die Wohnen und Arbeiten gemeinsam anbietet. In den ersten Monaten riss er immer wieder aus, wurde von der Polizei aufgegriffen und in sein neues Zuhause zurückgebracht. Er konnte nicht sagen, warum er dies tat, da er zu dem Zeitpunkt nicht sprach. Inzwischen ist er seit ungefähr 30 Jahren in der Einrichtung und läuft schon lange nicht mehr weg. Vor einigen Jahren hat er angefangen, in der Einrichtung zu singen, und eine Weile danach fing er (nach einer Pause von 40 Jahren) wieder an zu sprechen, was etwas ganz Besonderes ist. Es zeigt, wie gut es ihm dort geht, und wie hervorragend er in den vielen Jahren dort leben konnte. Um nach einer solch langen Pause Sprache bzw. Kommunikation wiederzuentdecken, braucht es tiefes Vertrauen in den Ort, die Situation und insbesondere in die Menschen, die dort leben und arbeiten.

Häufig planen Eltern, dass ihr Kind mit Erreichen der Volljährigkeit bzw. mit Eintritt in eine Beschäftigungsform in eine Wohneinrichtung wechselt. Die vielen Jahre des Zusammenlebens mit einem derart beeinträchtigten Kind haben ihre Spuren hinterlassen, und die Eltern brauchen Zeit und Erholung für sich. So gern sie ihr Kind haben und so bereit sie waren, alles für das Kind zu tun, es zu Therapien zu fahren, seine Wutausbrüche zu tolerieren, auf soziale Kontakte zu verzichten, die Geschwister zu schützen u. v. m – sie brauchen jetzt eine Pause bzw. die Möglichkeit für sich selbst, in einen neuen Lebensabschnitt überzugehen. Hierin sollten die Eltern insbesondere vom Umfeld bestärkt werden, es ist eine Höchstleistung gewesen, so lange für das beeinträchtigte Kind gesorgt und die eigenen Wünsche und Befindlichkeiten über einen so langen Zeitraum in den Hintergrund gestellt zu haben. Jetzt kann eine neue Phase beginnen, die aufgrund der besonderen Behinderung, der weiteren Verpflichtungen bezüglich Besuchen, Ferienzeiten, Ausgleichen von Betreuungsengpässen usw. noch genügend Verpflichtungen fordern wird.

4.2   Ablösungsprozess

Toni (16), mit Frühkindlichem Autismus und guter Sprache, hat sich schon vor längerem entschlossen, wie er sich sein Leben ab 18 Jahren vorstellt. »Wir bauen die Garage um, und ich darf sagen, wo die Toiletten hinkommen und wie viele es sein werden (Spezialinteresse: Toiletten). Ich kaufe allein ein, mache mir selbst Pizza und Dino-Nuggets und esse jeden Tag Nutella-Brot und am Wochenende sehr viele Süßigkeiten. Mama, du musst mir noch erklären, wie ich Geld verdiene und wie ich eine Reise selbst buchen kann. Und außerdem mache ich den Führerschein, wie meine große Schwester, und fahre mit dem Auto nach D. zum Einkaufen«.

Toni hat sich genau überlegt, wie er sich sein Leben vorstellt, und es wird schwierig werden, ihm klar zu machen, was davon in dieser Form möglich ist und was vielleicht nicht. Dies wird auch ein schmerzlicher Prozess sein, nämlich sich seiner eigenen Beeinträchtigung und der Einschränkungen durch den Autismus (auch im Vergleich zu Geschwistern) bewusst zu werden und diese zu akzeptieren. Toni ist ein Junge, der schon immer nach Selbstständigkeit gestrebt und gelernt hat, sich im Alltag gut zurechtzufinden. Er kann selbstständig einkaufen, fährt zwei Stunden allein mit dem Fahrrad durch die Gegend, würde am liebsten ohne Unterstützung all seine Lieblingsgegenstände im Internet bestellen, schreibt an seine Lieblingsmenschen WhatsApp oder ruft sie an. Es bleibt spannend, wie es für ihn in den nächsten Jahren weitergehen wird. Man kann davon ausgehen, dass er sich gut wird ablösen können und in seinem Rahmen ein zufriedenes und selbstständiges (betreutes) Leben führen wird.

Andere Menschen mit Autismus haben eine viel stärkere kognitive Beeinträchtigung und können sich nicht ausmalen oder vorstellen, wie sie eines Tages leben möchten. Sie benötigen die Entscheidung durch die Eltern bzw. gesetzlichen Betreuer*innen und werden in eine Einrichtung gebracht, wo sie leben und mglw. auch arbeiten können. Wie geht es ihnen damit? Wie geht es den Eltern? Im vorangegangenen Kapitel ist von Herrn B. erzählt worden (▶ Kap. 4.1), der sehr lange dafür gebraucht hat, die Veränderungen in seinem Leben zu akzeptieren, sich also von den Eltern und der häuslichen Umgebung zu trennen und an einem anderen Ort zu Hause zu fühlen. Man konnte Herrn B. damals als junger Mensch nicht fragen, wie er leben wollte, ob er zu dem Zeitpunkt schon ausziehen wollte oder vielleicht erst zwei Jahre später. Die Eltern haben entschieden, was das Richtige für ihn ist, ihn haben sie nicht hören können. Sie waren froh, einen der begehrten und raren Plätze in einer spezialisierten Einrichtung zu erhalten, und haben gleich zugegriffen. Den Eltern ist sehr schwergefallen mitzuerleben, dass ihr Sohn in den ersten Monaten solche Probleme hatte, sich einzuleben, und sie haben sich manches Mal gefragt, ob es die richtige Entscheidung war. Es gibt keine Einrichtung, die ein vollständiger Ersatz für die Familie ist. Eine Kooperation zwischen den Eltern und den übernehmenden Mitarbeiter*innen ist erforderlich, um eine ›sanfte Begleitung‹ zu ermöglichen. Vor allem ist sehr wichtig, einen guten und vertrauensvollen Kontakt zum/zur Bezugsbetreuer*in aufzubauen und zu pflegen.

Dazu gehört unbedingt gegenseitiges Vertrauen, als die Grundlage einer gelingenden Ablösung. Es ist notwendig, dass die aufnehmende Einrichtung sich über die Gewohnheiten, besonderen Rituale und Bedürfnisse des jungen Menschen informiert. Die zukünftigen Betreuer*innen sollten den Eltern hierzu unbedingt ihr Ohr schenken und versuchen, für den jungen Menschen in dieser gravierenden Veränderungssituation möglichst viele Hilfen und vertraute Rituale zu gewährleisten. »Das gibt's hier nicht« oder »da kann er sich schon mal dran gewöhnen« sind nicht die richtigen Aussagen. »Was tut ihm gut?«, »Womit können wir bei der Eingewöhnung helfen?« – das sind konstruktivere Sätze. Die Anpassung an die Erfordernisse, Gegebenheiten, Strukturen und Regeln der neuen Einrichtung erfolgt noch früh genug und wird dem Menschen einiges abverlangen. Sie wird umso besser funktionieren, je mehr die Eltern dem jungen Menschen vermitteln, dass alles gut ist. Auch wenn sie selbst unter großen Trennungsproblemen leiden, sollten sie versuchen, Sohn oder Tochter dies nicht spüren zu lassen. Es kommt entscheidend darauf an, wie die Eltern das Kind vorbereiten. Je mehr Optimismus sie ausstrahlen und je positiver sie hierüber sprechen, umso besser wird die Integration gelingen.

> Die Mutter von U., Bewohnerin des Hofs Meyerwiede in Langwedel bei Bremen, berichtet: »Das war eine schwerwiegende Entscheidung. Das erste Jahr war hart. Das war wirklich Trauerarbeit, wenn man so lange so ein Kind betreut hat zu Hause, aber ich weiß, für uns war es der richtige Schritt. Auf Hof Meyerwiede hat sich U. verändert. Früher ist sie immer negativ und unnahbar gewesen. Inzwischen hat sie sich geöffnet, geht auf Menschen zu. Und das ist eine ... das ist etwas Wunderbares. Wenn ein Kind, das sehr in sich bezogen war und ja auch mürrisch war, wenn das auf einmal lachen kann und, und lacht und auch über sich selbst lachen kann, was wirklich etwas ganz Tolles ist für einen Menschen mit Autismus und ja, jetzt einfach fröhlich ist« (Fernsehbeitrag Radio Bremen, buten un binnen, Okt. 2016).

Manchmal ist für die Eltern unvorstellbar, das ›Kind‹ mit 20 oder 25 Jahren in eine Einrichtung zu geben. Sie können sich nicht ausmalen, welchen Vorteil es für sie selbst haben kann. Im Laufe der Jahre sind sie immer bescheidener geworden, haben eigene Interessen und Wünsche zurückgestellt und nur für das behinderte Kind gelebt. Sie haben gar nicht gemerkt, was ihnen das abverlangt hat, haben all die Jahre funktioniert. Wenn Therapeut*innen oder Verwandte bzw. Freund*innen ihnen vorschlagen, allmählich an eine

Unterbringung des Kindes in einer Wohneinrichtung zu denken, macht sie das sprachlos und erschreckt sie mglw. Hilfreich ist in diesem Moment, mit beiden Eltern gemeinsam zu erarbeiten, was sich in ihrem Leben bzw. an ihrem Alltag ändern wird, wenn Tochter oder Sohn in einer Einrichtung untergebracht wird. Folgende Beispiele können dabei helfen:

Praxistipp zur Lebensgestaltung für Eltern nach dem Auszug des Kindes

* Besuch von Freund*innen bekommen, ohne dass der junge Mensch dazwischen umherläuft,
* shoppen gehen und nicht auf die Uhr schauen,
* zum Friseur gehen, ohne eine Betreuung zu organisieren,
* flexibel sein können und spontan etwas unternehmen,
* das beliebte Hobby wieder mehr in den Fokus rücken oder ein neues Hobby beginnen,
* am Wochenende ausschlafen,
* nachts durchschlafen,
* Urlaub an ganz neuen Orten verbringen,
* kochen, was die Eltern selbst mögen,
* weniger Gedanken machen zu den Themen Strukturen und Regeln,
* nicht mehr in ständiger Rufbereitschaft sein müssen,
* nicht mehr Gefahren abwenden müssen,
* sich auf das Wochenende oder den bevorstehenden Besuch des Kindes freuen, und dies nicht als belastende Verpflichtung ansehen,
* nicht mehr immer wieder anderen Menschen erklären müssen, was mit dem Kind los ist.

Noch etwas anderes sollte von den Eltern bedacht werden. Autistischen Menschen, die noch mit (z. B.) 40 Jahren zu Hause bei den Eltern leben, wird die Chance genommen, sich abzulösen und ein eigenes, unabhängiges und erwachsenes Leben zu führen. Wenn sie im hohen Alter in eine Einrichtung kommen, weil die Eltern krank oder verstorben sind, fällt es ihnen viel schwerer, sich an das Leben ohne Eltern oder vielmehr an ihr eigenes Leben zu gewöhnen, und sie brauchen viel Zeit, um über den Verlust hinwegzukommen und sich unabhängig von den Eltern wahrzunehmen. Es wird ihnen ein wichtiger Aspekt des Erwachsenseins genommen, wenn sie sich nicht ablösen dürfen. Wenn es plötzlich und unerwartet dazu kommt, dass der Mensch in eine Einrichtung übersiedeln muss, kommt es oft zu Problemen, denn eine Vorbereitung auf die Veränderung konnte nicht stattfinden.

> Vor einigen Jahren traf ich Frau S. (ca. 45 Jahre alt) wieder, die seit einiger Zeit in einer Wohnstätte lebte und in der benachbarten Tagesförderstätte arbeitete. Ich war zu einer Beratung in die Tagesförderstätte bestellt worden, da Frau S. seit einiger Zeit zunehmend aggressiv wurde und die Mitarbeit verweigerte. Ein Vierteljahr vorher hatte die Polizei Frau S. aus ihrem Elternhaus geholt, in dem sie seit ihrer Geburt mit ihren Eltern gelebt hatte. Der Vater war schon vor Jahren verstorben, und Mutter und Tochter lebten dort seitdem allein. Frau S. hatte mehrere Tage neben ihrer toten Mutter zugebracht, bis sich die Betreuer*innen der Förderstätte gewundert hatten, dass sie nicht mehr erschien, und auch die Busfahrerin niemanden zu Hause antraf. Frau S. kam von jetzt auf gleich in die Wohnstätte, ohne irgendeine Vorbereitung auf diese gravierende Veränderung. Hiervon und vom Tod ihrer Mutter war sie anscheinend so traumatisiert, dass sie sich in sich selbst zurückzog und Verzweiflungsausbrüche bekam, wenn ihr jemand zu nahe kam. Sie brauchte mehrere Monate, um sich einzuleben und mit der Situation zurechtzukommen. Es half ihr sehr, dass die Betreuer*innen sie verstanden und sie auch in ihrer Trauer begleiten konnten (▶ Kap. 6.3).

Es gibt auch autistische Menschen, die nicht ausziehen wollen. Sie sagen, dass sie zu Hause alles haben und es prima ›läuft‹. Ein Auszug würde Veränderungen bedeuten, neue Räume, Menschen und Wege, das möchten sie nicht. Außerdem ist ein Umzug mit Arbeit, Kraft, Ausgaben etc. verbunden, und das muss aus ihrer Sicht auch nicht sein. Welche Möglichkeiten haben Eltern und Therapeuten in dieser Situation? Im Folgenden Vorschläge, die individualisiert werden sollten.

Praxistipp zur Erleichterung des Auszugs

* Regel bestimmen: Alle Menschen ziehen von zu Hause aus, wenn sie erwachsen sind. Die Wohneinrichtung ist dann dein Zuhause.
* Wir möchten, dass du ausziehst.
* Wir haben zwei Möglichkeiten für dich zur Auswahl. Wir schauen sie mit dir zusammen an. Wenn du möchtest, darfst du entscheiden, wo du gern hinmöchtest.
* Vorteile auflisten (visualisieren) wie: Erwachsensein, Freiheiten, neues Zimmer, neue Sachen (oder auch: Deine Möbel kannst du mitnehmen).
* Du bist dann z. B.: näher am Park, in der Nähe des Supermarkts, der Weg zur Arbeit ist kürzer usw.
* Es gibt dort: eine Schaukel, einen Snoezelenraum, eine Heißluftfriteuse ...
* Wenn du umgezogen bist, bekommst du zum Einzug die neue Musikanlage, bestimmte Bettwäsche, I-Pad o. Ä.
* Du bekommst einen Plan/Kalender von uns, wann du am Wochenende zu uns zu Besuch kommen darfst. Dein Zimmer bei uns wird so sein wie jetzt.
* Wir sind sicher, dass es dir gefallen wird und dass du dich gut einlebst. Wir freuen uns auf deinen neuen Start.

4.3 Wohnmöglichkeiten für autistische Menschen

Die Unverletzlichkeit der eigenen Wohnung ist im Grundgesetz verankert. Wohnen bedeutet aber nicht nur Versorgung und Unterkunft, sondern auch Geborgenheit, Eigenständigkeit, Privatheit und Gemeinschaft, die Möglichkeit des Rückzugs und der Öffnung nach außen. Um Menschen mit Beeinträchtigung eine umfangreiche Teilhabe zu ermöglichen, müssen ihnen entsprechend ihrer Bedürfnisse und Interessen personelle, technische und finanzielle Hilfen angeboten werden. Dies ist die Voraussetzung, um selbstständig und individualisiert zu wohnen.

Lebensgemeinschaften

Deutschlandweit gibt es sogenannte Lebensgemeinschaften für Betroffene. Einige dieser Einrichtungen sind von Autismus-Regionalverbänden initiiert worden, manche von anderen Trägern, die unterschiedliche Angebote machen und dabei auch spezielles Wohnen für Menschen mit Autismus anbieten. Einige dieser Einrichtungen, z. B. den Weidenhof der Stiftung Irene‹ oder den ›Hof Meyerwiede‹ in Niedersachsen, gibt es bereits seit über 30 Jahren. In einer solchen Lebensgemeinschaft erfolgen Wohnen, Arbeiten sowie Freizeitgestaltung an einem Ort. Die Menschen leben in kleinen Gruppen von sechs bis sieben Bewohner*innen, jeder und jede im eigenen Zimmer. Es gibt Gemeinschaftsräume wie Küche und Wohnzimmer, großzügige Außengelände mit Sitzgruppen, Spielplatzgeräten und anderen Bewegungsmöglichkeiten. Häufig sind noch weitere Räumlichkeiten wie ein Snoezelenraum, ein Kunstraum, ein Gymnastikraum und Pflegebäder vorhanden. Gearbeitet wird, je nach Vorliebe oder Stärken des/der jeweiligen Bewohner*in, in einrichtungseigenen Werkstätten wie Töpferei, Weberei, Seidenmalerei, Holzwerkstatt, Fahrradwerkstatt, Brotbäckerei, Küche, Wäscherei etc. Produkte werden bspw. auf Basaren verkauft, also Konfitüren, Kräuteröle, Handtücher, Schals, Kissen u. v. m. Die Arbeit findet an vier oder fünf Tagen in der Woche statt. Aufgrund der räumlichen Nähe ist eine individuelle Gestaltung des Arbeitstages durchführbar, z. B. die Art der Arbeit, die tägliche Arbeitszeit oder den Arbeitsplatz betreffend. Freizeitgestaltung ist vor Ort möglich, es gibt aber auch Angebote von Ausflügen, Schwimmbadbesuchen, Urlauben etc. Der Vorteil dieser Lebensform ist, dass die Menschen nicht zwischen verschiedenen Orten wechseln müssen. Die Probleme, die durch Transporte von der Wohnstätte zur Arbeit und zurück entstehen könnten, treten gar nicht erst auf. Der Betreuungsschlüssel ist höher als in anderen Einrichtungen. Alle Mitarbeiter*innen haben umfangreiche Erfahrungen im Bereich Autismus und können neue Kolleg*innen selbst autismusspezifisch einarbeiten. Die Ziele in der Arbeit bzw. im Umgang mit einem bestimmten Menschen können recht einfach weitergegeben werden, da dieselben Mitarbeiter*innen die Bewohner*innen sowohl im Bereich Wohnen als auch bei der Arbeit und in der Freizeit begleiten. Die Betreuer*innen erleben die Bewohner*innen in unterschiedlichen Lebensbereichen und können so kleinschrittig auf die individuellen Belange reagieren. Das hilft auch dabei, Stimmungsschwankungen oder Krankheiten rechtzeitig zu erkennen und frühzeitig darauf zu reagieren. Außerdem wird so jedem/jeder Bewohner*in die Unterstützung und Aufmerksamkeit zuteil, die für den/die Einzelnen angebracht und notwendig ist.

In solchen Einrichtungen ist autismusspezifisches Verhalten alltäglich, und es wird ihm keine unangemessene Bedeutung beigemessen. Es wird nur darauf geachtet, dass es nicht zu Lasten der Mitbewohner*innen geht, d. h. das Gruppenleben nicht zu sehr beeinträchtigt. Der Grad der Behinderung bei den einzelnen Bewohner*innen ist unterschiedlich: Hier wohnen solche mit einer schweren kognitiven Beeinträchtigung, Menschen, die nicht sprechen, Menschen mit sehr zwanghaftem, aggressivem und selbstverletzendem Verhalten, aber auch solche, die nur wenig kognitiv beeinträchtigt sind, gut sprechen, soziale Kompetenzen aufweisen, keine für die

Gruppe belastenden Verhaltensweisen zeigen. Diese Menschen sind alle ›unter einem Dach‹ untergebracht, es wird allerdings für die Unterbringung genau geguckt, wer zu wem passt, wie sich die Menschen ergänzen können, und wie eine gute Gruppenkonstellation erreicht werden kann. Autistische Menschen bauen Beziehungen zu anderen Menschen und damit auch zu anderen Autist*innen auf:

»Die Gruppenmitglieder wachsen im Laufe der Zeit zu einer Gemeinschaft zusammen. Sie nehmen sich mit ihren Stärken und Schwächen wahr und kennen und respektieren untereinander ihre Eigenheiten und Eigentümlichkeiten. Autistische Menschen sind bindungsfähig, sodass auch Freundschaften entstehen können. Diese gestalten sich aber oftmals anders als gemeinhin gewohnt« (Homepage Weidenhof, Kapitel: Der Weidenhof – ein Wohn-, Arbeits- und Lebensort).

Macht es der Entwicklungsstand erforderlich oder möglich, versuchen manche der Einrichtungen, die Wohnform individuell dem Bedarf anzupassen. So leben im Bereich Hitzacker einige autistische Menschen, wenn sie selbstständiger sind, in sogenannten Trainingswohnungen oder in einer nahegelegenen Wohnung im betreuten Einzelwohnen. Viele der Menschen leben in diesen Einrichtungen bereits seit deren Gründung, und es ist davon auszugehen, dass sie dort auch ihren Lebensabend verbringen werden.

Auf der Homepage von Autismus Deutschland e. V. findet sich eine Liste der speziellen Wohneinrichtungen, dort kann man je nach Region Einrichtungen finden. Des Weiteren gibt es auf der Homepage die Möglichkeit, Wohnangebote oder Wohngesuche einzustellen. Allerdings ist davon auszugehen, dass die Suche nach einer geeigneten Einrichtung jahrelang dauern kann, denn die Wartelisten sind lang, und es gibt nach wie vor viel zu wenige Angebote.

Wohnstätten für Menschen mit unterschiedlichen Behinderungen

Wohnstätten für Menschen mit unterschiedlichen Behinderungen gibt es von verschiedenen Trägern in jeder Stadt und nahezu jedem Landkreis. Der Betreuungsschlüssel in diesen Einrichtungen ist ein anderer, und die Gruppengröße liegt eher bei acht Personen. Autismusspezifische Konzepte fehlen meist, dafür gibt es bereits in vielen Einrichtungen ein Grundwissen über Autismus sowie die Bereitschaft, externe Beratung einzukaufen. Außerdem werden Methoden wie TEACCH (▶ Kap. 3.4) und Unterstützte Kommunikation genutzt, in größeren Einrichtungen gibt es häufig eine Beratungsstelle für Unterstützte Kommunikation. Die Arbeitsmöglichkeiten, also der Besuch einer Tagesförderstätte bzw. einer WfbM findet, von Ausnahmen abgesehen, bei dieser Wohnform nicht auf dem Gelände statt, sondern an einem anderen Ort. Das bedeutet für den Menschen mit Behinderung, dass er sich jeden Tag für eine bestimmte Anzahl von Stunden nicht zu Hause, sondern an einem anderen Ort in einer anderen Struktur befindet. Die Interaktion zwischen den Bewohner*innen ist oftmals eine andere als in den autismusspezifischen Einrichtungen, da Menschen mit anderen Beeinträchtigungen oftmals sozialer, kommunikativer, kreativer und ›verträglicher‹ sind. Allerdings fehlt häufiger das gegenseitige Verständnis, d. h., der/die Bewohner*in mit Autismus ›nervt‹ die Mitbewohner*innen durch die Stereotypien, Rituale, ungewöhnlichen Verhaltensweisen und das geringe Interesse an sozialer Interaktion, während der Mensch mit Autismus sich von Interaktionsangeboten, Wünschen, Reizen, Aktivitäten etc. überfordert fühlt. Hierdurch kommt es immer wieder zu Konflikten.

Ambulante Wohnformen bzw. Hilfen

Ambulante Wohnformen und Hilfen orientieren sich am individuellen Hilfebedarf und den Wünschen des Menschen mit Beeinträchtigung. Der autistische Mensch hat eine eigene Wohnung und erhält ambulante Unterstützung von einigen Stunden in der Woche bis zu rund um die Uhr. Dieses Wohnangebot ist in der Regel ein Einzelangebot, d. h. der Mensch lebt allein in dieser Wohnung. In Bayern gibt es das erste Konzept von betreutem Wohnen in sogenannten »Tiny Houses«, also ca. 40 qm großen freistehenden Häuschen, die zentral über ein

Betreuungsbüro organisiert und unterstützt werden. Eine Assistenz erfolgt üblicherweise in Form ambulanter, sozialpädagogischer Betreuung, Pflege an der Person, Hilfen bei der Haushaltsführung sowie im sozialen Bereich. Die aktive Beteiligung der Eltern bei der Umsetzung einer Assistenz beim Wohnen ist notwendig. Es gibt auch für Menschen mit Autismus in stärkerer Ausprägung diese Angebote, deren Vorteil die Individualität der Betreuung ist. Allerdings findet die Tagesbeschäftigung (Tagesförderstätte oder WfbM) an einem anderen Ort statt, was eine persönliche Anpassung der Aufgaben bzw. der Aufgabenmenge und ein Einstellen auf persönliche Befindlichkeit schwierig macht. Dazu kommen häufig die heikle Beförderungssituation zur Arbeit sowie unvermeidbare Veränderungen im Betreuerstamm. Außerdem sind Freizeitaktivitäten erschwert, weil sich Kontaktpersonen nicht im Umfeld befinden und der Mensch mit Autismus stärker auf seine Familienangehörigen und die Betreuer*innen angewiesen ist.

In der eigenen Wohnung und Wohnumgebung können u. a. folgende Assistenzangebote stattfinden:

* Aktivierung zur Teilnahme am öffentlichen Leben,
* Förderung der Selbstständigkeit und Autonomie innerhalb und außerhalb der häuslichen Gemeinschaft,
* Hilfen bei der Entwicklung eigener Bedürfnisse und Interessen,
* Anleitung bei der alltäglichen Lebensführung und Verbesserung der Selbstständigkeit,
* Unterstützung bei der Herstellung sozialer Kontaktmöglichkeiten,
* Unterstützung und Begleitung bei der eigenständigen Gestaltung der Freizeit,
* Hilfen bei der Gesundheitsförderung und -erhaltung.

Wohngemeinschaften

In einer Wohngemeinschaft lebt eine bestimmte Anzahl beeinträchtigter Menschen zusammen, die sich Assistenzleistungen einkaufen, die individuell für jeden/jede Bewohner*in bestimmt und finanziert werden. Die Anzahl an Mitbewohner*innen kann dabei ab zwei Personen bestehen, die sich mglw. schon kennen (gemeinsame Schulzeit, gleiche Arbeitsstelle etc.). Manchmal gibt es Projekte, in denen behinderte und nichtbehinderte Menschen in einer Wohngemeinschaft zusammenwohnen, die Anzahl hiervon nimmt zu. Zu bedenken ist, dass für einen autistischen Menschen Stabilität und Verlässlichkeit sehr wichtig sind, sodass gut überlegt werden muss, inwieweit man sich auf ein ›Experiment‹ mit ungewissem Ausgang einlässt. Eine renommierte, seit längerer Zeit bestehende Wohnstätte hat eindeutig den Vorteil, dass von einer lebenslangen Wohnmöglichkeit auszugehen ist, was für einen Menschen mit Autismus eine wichtige Perspektive ist.

4.4 Erfordernisse an Wohnstätten

Für Eltern von autistischen Menschen ist es häufig ein großes Problem, das Kind in ›fremde Hände‹ abzugeben. Nur sie selbst wissen am besten, was für ihr Kind gut ist, was es braucht und wie man es ihm schön machen kann. »So 100-prozentig wie zu Hause wird es niemals laufen«. Dennoch ist irgendwann der Zeitpunkt gekommen, wo das Kind ausziehen sollte. Manchmal ist dies auch der Rat von Pädagog*innen oder Angehörigen, manchmal merken jedoch auch die Eltern, dass sie den täglichen Anstrengungen nicht mehr ausreichend gewachsen sind. Nun gilt es, das ›Kind‹ oder auch sich selbst davon zu überzeugen, dass der Auszug in nächster Zeit sinnvoll und notwendig ist. Wenn man Eltern von autistischen Menschen fragt, wie sie sich das Zuhause ihres Kindes vorstellen bzw. was sie sich dafür wünschen, geht es zunächst um die Einrichtung. Viele Eltern möchten eine individuelle Gestaltung des Zimmers mit Möbeln und Einrichtungsgegenständen, sie geben dem Kind Dinge mit, die für dieses im Elternhaus besonders wichtig waren (Autos, Bücher, Steinesammlung etc.). Da das Kind häufig nicht selbst sagen kann, was für es wichtig ist, übernehmen die Eltern die Gestaltung und lassen dort ihre Erfahrungen einfließen.

Manchmal kommt es vor, dass der autistische Mensch mit dem Einzug neue Verhaltensweisen zeigt, die darauf hindeuten können, dass etwas nicht in Ordnung ist. So wirft er bspw. Dinge weg, die ihm extra mitgegeben wurden, zieht die Bettwäsche ab, stellt die Bilderrahmen mit Fotos der ganzen Familie vor die Tür, kratzt die gelbe Tapete von den Wänden usw. Dann ist es wichtig, zu analysieren, worin dieses Verhalten begründet sein kann und die Ursachen abzustellen. Deshalb ist es unbedingt vonnöten, dass die aufnehmende Einrichtung sich die besondere Wahrnehmung bzw. Denkweise von autistischen Menschen erklären kann und versucht, sich daran anzupassen.

Herr W., 62 Jahre alt, zieht nach dem Versterben seiner Mutter in eine Wohnstätte für Menschen mit Behinderung. Eines der wichtigsten Themen mit der externen Beraterin ist, wie damit umgegangen werden sollte, dass Herr W. kaum Gegenstände in seinem Zimmer ertragen würde. Er würde Bekleidung, Gegenstände zur Beschäftigung und Bilder an den Wänden wegräumen bzw. wegnehmen. Die Betreuer*innen seien sich unsicher, ob sie dies akzeptieren oder Herrn W. dazu überreden sollten, die Sachen in seinem Zimmer zu lassen. Sie seien bereits dazu übergegangen, einige von Herrn W.s Sachen in einem anderen Raum zu deponieren, und hätten beobachtet, dass ihn dies merklich entspannt hätte. Dennoch gäbe es immer wieder Unstimmigkeiten im Team, ob es richtig sei, Herrn W. zu gestatten, Sachen vor die Tür zu stellen.

Den Mitarbeiter*innen wurde durch die Beraterin versichert, dass es genau richtig ist, Herrn W. seine persönliche Zimmergestaltung zu ermöglichen, damit er sich in die fremde Umgebung weiter einleben und wohlfühlen kann.

Dass Mitarbeiter*innen sich mit dem Thema Autismus bereits beschäftigt haben und grundlegendes Wissen hierzu erwerben konnten, ist neben der individuellen Gestaltung des Zimmers ein wichtiger Baustein der positiven Eingliederung. Die Bereitschaft des Trägers, sich im Problemfall externe Beratung einzukaufen, ist ebenfalls ein notwendiges Qualitätsmerkmal. In jeder Einrichtung sollte es ein Qualitätsmanagement geben, das von Geschäftsführung und Leitungen erstellt wurde und an die Mitarbeitenden weitergegeben wird. Ein weiteres ›Kontrollgremium‹ sind der Bewohnerbeirat sowie Eltern-, Angehörigen- und Betreuerbeiräte, die je nach Bundesland unterschiedliche Aufgaben wahrnehmen und über Mitbestimmungs- bzw. Mitgestaltungsbefugnisse verfügen.

In den meisten Einrichtungen, die nicht speziell für Menschen mit Autismus konzipiert wurden, werden soziale, interaktive bzw. gemeinschaftliche Aktivitäten als bedeutsam angesehen und vielfach wird erwartet, dass die Bewohner*innen sich hieran beteiligen. Die Erfahrung zeigt, dass Menschen mit Autismus gemeinschaftliche Aktivitäten eher vermeiden wollen und Unternehmungen oder Ausflüge bevorzugen, die mit ihnen einzeln durchgeführt werden, d. h. ein/eine Betreuer*in mit einem autistischen Menschen. So kann ein individueller, an die Bedürfnisse und Eigenarten des/der Einzelnen angepasster ›schöner Tag‹ gestaltet werden, der beiden Seiten in positiver Erinnerung bleibt. Sehr eindrucksvolle Beispiele hierzu finden sich auf der Internetseite des Hofs Meyerwiede (http://www. hof-meyerwiede.de).

Eine festliche Kaffeetafel, ein Sommerfest mit vielen Besucher- *innen oder eine gemeinsame Fahrt in den Tierpark können bei den Mitbewohner*innen und Betreuer*innen sowie beim Betroffenen selbst eher zu einer großen Enttäuschung führen, da sich für den Menschen mit Autismus zu viele Menschen und unüberschaubare Veränderungen ergeben und nicht genau das passiert, was für ihn oder sie wichtig wäre.

Eine andere zentrale Voraussetzung für gutes Gelingen sind die Strukturen in einer Einrichtung. Für Menschen mit Autismus ist vonnöten, dass der Tagesablauf, der Dienstplan der Mitarbeiter*innen und Ereignisse außerhalb der Tages- und Wochenstruktur vorhersehbar sind. Ein vermeidbares, aber häufiges Problem ist, dass der

Dienstantritt eines/einer neuen Mitarbeiter*in zunächst einmal die meisten Strukturen, Regeln usw. verändert – sicherlich gut gemeint und voller Überzeugung, für die Menschen mit Autismus jedoch eine Katastrophe. Wenn ein/eine neue*r Mitarbeiter*in ins Team kommt, haben die Menschen mit Beeinträchtigung erst einmal viel damit zu tun, diese/diesen kennen- und einschätzen zu lernen. Es kommt erst nach einiger Zeit zu einer Gewöhnung und Akzeptanz. Wenn jedoch die Betreuungskraft nicht nur neu anfängt, sondern auch noch versucht, den Rahmen in der Gruppe bzw. in der Einrichtung zu verändern, kann es zu schwerwiegenden Krisen bei den Bewohner-*innen kommen. Hier ist unbedingt erforderlich, dass Veränderungen in Strukturen und im Regelwerk erst nach einer Eingewöhnungszeit und, wenn überhaupt, kleinschrittig und mit Einigung im Gesamtteam erfolgen.

Die autistischen Bewohner*innen vergewissern sich selbst immer wieder, dass alles in Ordnung ist, indem sie häufig hintereinander dasselbe fragen.»Kommt meine Mama heute Nachmittag zu Besuch?« Dies wird nicht nur einmal gefragt, sondern 50 Mal, obwohl klar ist, dass heute Mittwoch ist, und die Mutter jeden Mittwoch zu Besuch kommt. Dabei ist egal, wie alt der Mensch mit Autismus ist, auch die Erwachsenen stellen immer wieder dieselben Fragen. Sie mögen das vertraute Ritual, sie suchen nach der Sicherheit, welche die erwartete Antwort auslöst, und sie mögen den Nervenkitzel, den sie bei ihrem Gegenüber verspüren, das nach der zehnten Frage allmählich genervt reagiert. Es ist schwierig, diese stereotypen Fragen zu begrenzen. Helfen können der Plan, auf den verwiesen wird, und die Ankündigung, man würde die Frage nur einmal beantworten und dann sei Schluss. Jedoch brauchen beide Seiten hierbei viel Geduld.

Veränderungen im Tagesablauf sind unbedingt anzukündigen und zu erklären. Eine Methode, mit der Veränderungen plausibel gemacht werden können, ist die der Social Story (nach Carol Gray).

Praxistipp zum Aufbau einer Social Story
Eine Social Story (▶ Abb. 8) beschreibt eine soziale Situation in Form einer kurzen sozialen Geschichte so, dass dem Menschen

• deren Regeln,
• der Ablauf,
• die Anforderung an das eigene Verhalten verständlich werden.

Die Social Story ist eine begrenzte Lern- oder Kurzgeschichte, sie folgt dem Prinzip der kleinen Schritte und wird aus der Perspektive des Menschen geschrieben (›ich‹-Form). Der Titel beschreibt die übergeordnete Bedeutung der Geschichte, z. B. auch in Frageform. Gegenwart und Zukunft sind die bevorzugten Zeitformen. Der Text sollte unbedingt durch Bilder oder Symbole ergänzt werden. Die Geschichte ist aufgegliedert in einen Anfang, den Hauptteil sowie den Schlussteil, der positiv formuliert werden sollte. Entsprechend der kognitiv beeinträchtigten Klientel ist die Geschichte einfach zu verstehen und konkret formuliert.

Mit einer Social Story lassen sich Gefühle, Gegebenheiten, aber auch Gesetzmäßigkeiten beschreiben und dadurch verständlich, vorhersehbar und bearbeitbar machen. Social Storys dienen auch zur Vorbereitung auf soziale Interaktionen bzw. zur Vermittlung sozialer Verhaltensregeln. Hier sollen insbesondere soziale Kompetenzen verbessert werden, indem schwierige oder verwirrende Situationen klarer dargestellt werden. Die Geschichten sollen lehrreich sein und Lösungen begreifbarer machen mit dem Ziel, Verwirrung aufzuklären, Angst abzubauen und sozialen Hindernissen vorzubeugen. Dadurch sollen Selbstbewusstsein und Selbstvertrauen gestärkt und Sicherheit im Alltag vermittelt werden.

Mein/e Betreuer/in Frau/Herr＿＿＿＿＿＿ geht in Rente

In meiner Einrichtung gibt es Betreuer, die ich gut kenne.	
Das finde ich gut.	
Manchmal ist ein bestimmte/r Betreuer/in nicht mehr da.	
Das finde ich blöd und es macht mich traurig.	
Betreuer gehen weg, weil sie in Rente gehen.	
Rente bedeutet, sie arbeiten nicht mehr.	
Sie sind zu Hause und machen andere Dinge.	
Sie sind nicht gestorben.	
Ein anderer Betreuer/in kommt in meine Einrichtung.	
Ich versuche, mich an ihn/sie zu gewöhnen.	

Abb. 8: Social Story: Mein/meine Betreuer*in geht in Rente (METACOM Symbole © Annette Kitzinger)

4.5 Suche nach einer geeigneten Einrichtung

Wie bereits beschrieben ist es so, dass Wohnheimplätze rar sind, und Eltern mit langen Wartezeiten rechnen müssen. Es kann manchmal mehrere Jahre dauern, bis ein Platz frei wird. Dies hat u. a. damit zu tun, dass die Betreuten in den Wohnstätten immer älter werden und in der Regel erst nach dem Tod eines/einer Bewohner*in ein Platz frei wird. Es wurden auch bisher nicht genügend spezialisierte Wohnstätten für autistische Menschen eingerichtet, und Erweiterungsbauten dauern lange. Daher ist es sinnvoll, frühzeitig nach einer Einrichtung zu suchen und kurzentschlossen zuzugreifen, wenn ein Platz in Aussicht gestellt wird. Bevor dies soweit ist, sollten sich die Eltern als gesetzliche Betreuer*innen Gedanken darüber machen, was für sie am zukünftigen Zuhause für ihr Kind bedeutsam ist, und sich entsprechende Fragen oder Bedingungen notieren. Diese sollten die Gesprächsbasis für ein Vorgespräch liefern. Es ist wichtig, alles anzusprechen, was einem an Fragen durch den Kopf geht, und keine Rücksicht auf die mögliche Reaktion oder das Erstaunen des Gegenübers zu nehmen (Beispiel: Frage nach dem Umgang mit Sexualität bzw. Selbstbefriedigung).

Es ist auf der anderen Seite erforderlich, die Informationen über das Kind nicht zu verfälschen, d. h. authentisch zu berichten, welche Probleme es geben kann. In diesem Zusammenhang geht es auch um die positiven und schwierigen Seiten des Kindes, d. h. sein Wesen, seine besonderen Fähigkeiten und Interessen, aber auch problematische Situationen, besondere Bedürfnisse oder Bedarfe. Für das Gelingen des Wohnens ist erforderlich, dass die aufnehmende Einrichtung weiß, worauf sie sich einlässt. Schwierige Verhaltensweisen zu verschweigen ist ein schwerwiegender Fehler, der mglw. dazu führt, dass der junge Mensch nicht in dieser Einrichtung bleiben kann, nach kurzer Zeit wieder nach Hause geschickt wird oder in die nächste Einrichtung wechseln muss.

Praxistipp mit Fragen für eine Wohnstättenunterbringung

* Gibt es eine gute Vertrauensbasis, sodass sich Wohnstätten Leitung und Betreuer*innen auf meine Tochter/meinen Sohn einstellen können?
* Wie sieht die Mithilfe beim Ablösungsprozess aus?
* Wie wird die Kommunikation zwischen Eltern und Heimleitung gewährleistet?
* Wie definiert die Heimleitung die Rolle der Eltern?
* Wie wird die Zusammenarbeit zwischen Betreuer*innen und Eltern gewährleistet?
* Wer ist meine Kontaktperson und was geschieht beim Wechsel der Bezugspersonen?
* Wie wird im Falle von Meinungsverschiedenheiten oder Konflikten vorgegangen?
* Wer legt die Förderziele fest, und wie werden diese kommuniziert?
* Gibt es Förder- und Beschäftigungsangebote (wie Sport, Sprachförderung, Ergotherapie)?
* Gibt es regelmäßige Elterntreffen und Informationen an die Eltern?
* Welche Kommunikation erfolgt zwischen Wohnstätte und Arbeitsplatz? Wie häufig findet diese statt?
* Wie wird die Privatsphäre der Bewohner*innen gewährt?
* Wie wird im Alltag mit dem Thema Sexualität umgegangen?
* Wo ist Selbstbestimmung der Bewohner*innen möglich?
* Besteht die Gewähr dafür, dass die Anordnungen des/der behandelnden Fachärztin*arztes von den Betreuer*innen mitgetragen werden?
* Wer begleitet die Bewohner*innen zum/zur Ärztin*Arzt oder zu Therapien außerhalb der Institution?
* Wie gestaltet sich die Freizeit? Z.B. das Weiterführen des persönlichen Hobbys?

- Gibt es Anlässe, an denen die Eltern, Angehörige, Freund*innen, Bezugspersonen teilnehmen oder mitwirken können?
- Gibt es Urlaubsfreizeiten?
- Wer hilft, wenn ich mein Kind übers Wochenende nicht mehr nach Hause holen kann?
- Was geschieht, wenn die Bewohner*innen älter werden? Können sie auch den Lebensabend in der Institution verbringen?

Im Anschluss an den ersten Besuch in der Wohneinrichtung sollten Eltern sich offen darüber austauschen, ob die Institution ihren Vorstellungen entsprochen hat. Manchmal ist es gut, eine nahestehende Person zu einem ersten Kontakt mitzunehmen oder auch die Für und Wider der Einrichtung mit Außenstehenden zu erörtern. Eventuell ist die Reaktion des Kindes auf die Besichtigung der Einrichtung ein ›Zeiger‹, dies hängt jedoch vom Einzelfall ab. In einigen Wohnstätten wird angeboten, dass zunächst ein Probewohnen an Wochenenden oder für einen begrenzten Zeitraum erfolgen kann. Diese Möglichkeit sollte unbedingt angenommen werden. Eltern bzw. Angehörige können sich überzeugen, dass der junge Mensch dort zurechtkommt, der Mensch mit Autismus bekommt eine Vorstellung von seinem baldigen Zuhause, und die Einrichtung hat den/die zukünftige*n Bewohner*in vorab schon ein bisschen kennenlernen können.

Der Übergang in ein neues Zuhause und einen neuen Lebensabschnitt ist für den behinderten Menschen, aber auch seine Herkunftsfamilie, ein wichtiger Schritt, der jedoch allen Beteiligten abverlangt, sich gut hierauf vorzubereiten, der Veränderung Zeit zu geben, Misserfolge bzw. zunächst auftretende Probleme zu akzeptieren und erst einmal geduldig abzuwarten, bis Ruhe eingekehrt ist – bevor der Schritt bezweifelt oder gar rückgängig gemacht wird.

4.6 Feierabend, Wochenenden und Urlaub

Menschen mit Autismus haben häufig andere Ansprüche an die Zeit außerhalb der Arbeit, ob es nun Feierabend, die Wochenendgestaltung oder ein Urlaub ist. Es wird gern an Gewohntem festgehalten, d. h. an einem festgelegten Tag erfolgt der Besuch der Mutter innerhalb der Woche, regelmäßig werden Wochenenden mit den Eltern nach einem bestimmten Plan verbracht, Urlaubsfahrten finden zu einem bestimmten Ziel zusammen mit den Eltern statt. Manchmal verändern sich diese Rituale im Laufe der Jahre, und die Kontakte werden seltener, bspw. weil die Eltern älter werden oder Geschwister eine eigene Familie haben. Für den autistischen Menschen ist es sehr schwierig, sich auf diese Veränderungen einzustellen, und dies braucht Zeit.

Feierabend

Der Feierabend dient dazu, sich zu entspannen und stereotypen und selbststimulierenden Tätigkeiten nachzugehen bzw. sich mit Spezialthemen und -interessen (Steine sammeln, Züge anschauen, Wasser und Schaum vermischen, Türknäufe angucken, kleine Schnipsel aus Glanzpapier herstellen, Dinosaurierbilder anschauen u. v. m.) zu beschäftigen. Meist ist der autistische Mensch durch seine Arbeit bzw. tägliche Beschäftigung schon so sehr in Anspruch genommen, dass er Freizeitaktivitäten innerhalb der Gruppe wie einen Einkaufsbummel, einen Spaziergang oder einen Schwimmbadbesuch eher als Stress wahrnimmt und daher ablehnt.

Auf der anderen Seite ist eine ›unstrukturierte Freizeit‹, also herumzusitzen und Stereotypien nachzugehen, häufig der Auslöser für Langeweile. Diese kann zur Entwicklung von problematischen Verhaltensweisen wie Selbstverletzung oder Provokation führen. D. h., Stereotypien sind einerseits eine willkommene Beschäftigung für Menschen mit Autismus, da sie helfen, den Stress des Tages abzubauen und etwas zu tun, was zu Entspannung und Wohlbehagen führt. Auf der anderen Seite kann Unbeschäftigtsein bzw. sich nur mit stereotypen Themen zu beschäftigen, zu einem Zustand von Desorientierung und Unterforderung führen. Es ist daher sinnvoll, von Seiten der Betreuer*innen oder Bezugspersonen regelmäßig Beschäftigungsangebote zu machen. Dies können auch einfache Übungen aus dem Bereich des TEACCH (▶ Kap. 3.4) sein, die von autistischen Menschen oft sehr geschätzt werden, wenn sie nicht ›Arbeit‹ bedeuten, sondern bestimmten Vorlieben von Farbe oder Material entgegenkommen (▶ Abb. 9; ▶ Abb. 10).

Abb. 9: Obst etc. sortieren

Es ist erforderlich, bei jedem Menschen genau hinzuschauen und zu prüfen, wie viel Freizeitbeschäftigung er in welcher Art und Weise

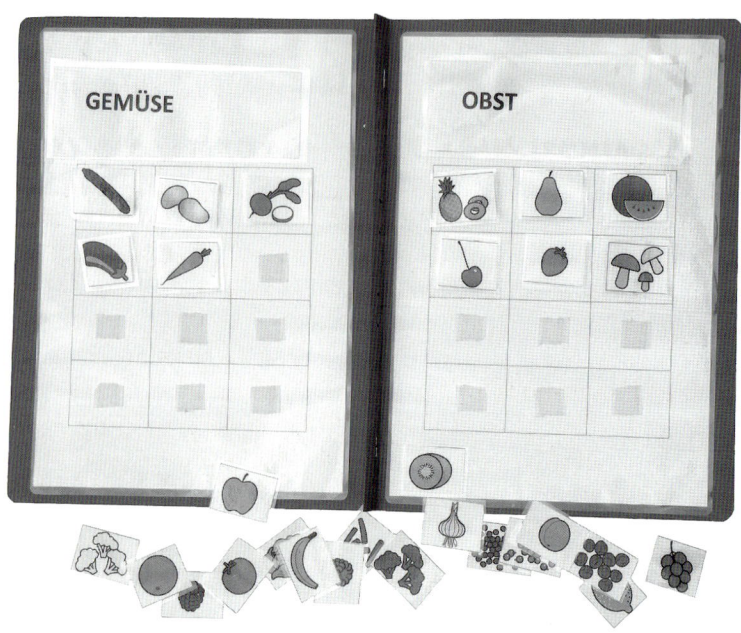

Abb. 10: Klettmappe (Obst/Gemüse) (METACOM Symbole © Annette Kitzinger)

wann braucht. Bei dem einen reicht es, ihm jeden Nachmittag ein Angebot zu machen, das bspw. den Hauswirtschaftsbereich betrifft (Socken einander zuordnen, Geschirrspüler leerräumen, Rohkost fürs Abendbrot schneiden). Bei einer anderen sollte eine längere Aktivität ermöglicht werden (Spaziergang, Musikhören, Fahrradfahren, Maltherapie, Snoezelen usw.), beim wiederum nächsten ist gelegentlich ein spezielles Angebot notwendig, also ein Schwimmbadbesuch, Eis essen, Badminton. Es ist hilfreich, als Betreuer*in/Bezugsperson (wenn möglich) mit dem Menschen zusammen eine Liste zu erstellen, in der Freizeitthemen der Person gesammelt werden. In diese Liste gehören auch Punkte wie Entspannungsmöglichkeiten bzw. Stressreduktionsmittel. Bei jedem Angebot ist zu prüfen bzw. mit einzubeziehen, inwieweit eine Begleitung und Unterstützung notwendig bzw.

gewünscht ist, da die personellen Ressourcen in Einrichtungen nicht alles möglich machen.

Wochenenden

Wochenenden sind auch für Menschen aus dem Autismus-Spektrum Zeit zum Ausschlafen, Ausruhen und selbst Zeit einteilen. Allerdings berichten Mitarbeiter*innen aus Wohneinrichtungen, dass der/die autistische Bewohner*in bspw. am Wochenende um 6 Uhr aufstehen und nach dem Frühstück fragen würde, anstatt es zu genießen, länger schlafen zu können. Auch hier sind die Menschen jedoch verschieden, und es gilt, Tagesablauf und Beschäftigungsangebote möglichst individuell zu gestalten. Außerdem ist immer notwendig, über einen ›Plan B‹ zu verfügen, falls eine Wochenendaktivität wegen Krankheit, des Wetters oder Personalmangels nicht ausgeführt werden kann. Grundsätzlich sollten geplante Wochenendaktivitäten in den Wochenplan der Person eingefügt werden.

Urlaub

Urlaubsreisen mit Familienangehörigen sind häufig eine große Belastungsprobe, vor allem für die Eltern und erwachsenen Geschwister. Die speziellen Bedürfnisse des Menschen mit Autismus und seine/ihre Probleme mit der Veränderung und all den kleinen und großen Hürden des Reisens (Zugverspätung, volle Abteile, Staus, Umleitungen, unbekannte Räume, anderes Essen, warten müssen usw.) bedeuten für alle Beteiligten eine große Herausforderung. Manchmal werden Reisen in kleinen Gruppen, organisiert durch die Wohnstätte, gut angenommen. Diese funktionieren umso besser, je mehr die besonderen Bedürfnisse des beeinträchtigten Menschen berücksichtigt werden. Ob bei Wochenendausflügen oder Urlaubsreisen, es sollte immer das Thema ›Abbruchmöglichkeiten‹ eingeplant werden.

4.7 Selbstständigkeit

Beim Thema Selbstständigkeit gibt es wie bei allem anderen große Unterschiede.

> Toni (Diagnose Frühkindlicher Autismus, 15 ½ Jahre alt) zieht in den Sommerferien ins Gartenhaus und kocht selbst für sich (macht sich Pizzen und Hähnchennuggets in der Heißluftfritteuse), und er hat einen eigenen kleinen Kühlschrank. Er kauft allein ein, geht täglich selbstständig duschen, macht nachmittags sein Sportprogramm, d. h. eine Stunde Radfahren am Deich. Andere Menschen mit Autismus dagegen brauchen »15 Jahre, bis sie gelernt haben, sich die Zähne zu putzen« (Aussage eines Betreuers einer Wohnstätte). Sie benötigen Hilfen beim Toilettengang, beim Aussuchen der Kleidung, der Rasur und dem Schmieren eines Brots.

Manchmal jedoch staunt man, welche Entwicklungsfortschritte auch bei älteren Menschen aus dem Autismus-Spektrum möglich sind. Diese ergeben sich aus dem Menschen heraus oder aufgrund der intensiven Förderung durch Betreuer*innen oder Bezugspersonen. Die meisten Fortschritte haben mit Förderung zu tun, mit täglichem Üben, und erst nach unzähligen Wiederholungen ist der Mensch dazu in der Lage, es selbst zu machen.

Praxistipp zur erfolgreichen Selbständigkeitsförderung

+ Geduld bei den Betreuer*innen,
+ Anleitung in kleinsten Schritten,
+ Lob für (je nach Bewohner*in) jede noch so kleine Veränderung und Verbesserung,
+ helfen, wo Hilfe benötigt wird, warten, wo die selbstständige Ausführung, z. B. des Ausziehens der Socke, möglich ist,

- visuelle Hilfen anbieten (Foto, Symbol oder farbliche Markierung für das persönliche Möbelstück, also den eigenen Arbeitsplatz, Stuhl, Essplatz, Freizeitbereich),
- Plan erstellen, wie etwas gemacht werden kann (bspw. den Tisch im Gruppenraum abwischen, Kaffee kochen usw.),
- Vertrauen, dass der Mensch noch etwas lernen kann.

4.8   Soziale Beziehungen und Freundschaften

Im DSM V, der aktuellen Version des Diagnostic and Statistical Manual of Mental Disorders (englisch für »Diagnostischer und statistischer Leitfaden psychischer Störungen«) werden die sozial-interaktiven Probleme der autistischen Menschen (für Kinder, Jugendliche und Erwachsene) folgendermaßen bezeichnet:

Soziale Kommunikation (Qualitative Einschränkungen der sozialen Interaktion und Kommunikation)

1. Defizite der sozial-emotionalen Reziprozität (z. B. ungewöhnliche soziale Annäherung; keine normale geregelte, wechselseitige Konversation; verringertes Teilen von Interessen, Emotionen und Affekt; Initiierung oder Erwiderung sozialer Interaktionen können fehlschlagen)
2. Defizite der non-verbalen Kommunikation (z. B. verbale und nonverbale Kommunikation sind schlecht integriert; weniger oder kein Augenkontakt bzw. Körpersprache; Einschränkungen beim Verstehen und Einsetzen von Gestik und Mimik; Fehlen von Gesichtsausdruck und non-verbaler Kommunikation)
3. Defizite in der Entwicklung, dem Erhalten und Verständnis von Freundschaften (z. B. Schwierigkeiten, Verhalten an den sozialen

Rahmen anzupassen, sich in Rollenspiele hineinzuversetzen, Freunde zu finden bzw. Interesse für Gleichaltrige aufzubringen)

Was bedeutet diese Aufzählung – rein praktisch? Die betroffenen Menschen leben häufig in ihrer eigenen Welt, sind nicht interessiert daran, Gedanken, Gefühle, Interessen oder auch Alltägliches mit anderen Menschen zu teilen. Sie gehen vielmehr ihren eigenen Vorlieben, Marotten oder zwanghaften Beschäftigungen nach, dabei rücken die Bedürfnisse oder Befindlichkeiten anderer Menschen in den Hintergrund.

> Frau R. (27 Jahre) trägt seit Jahren dieselbe Weste, im Sommer, im Winter, das ganze Jahr. Wenn diese aus irgendwelchen Gründen (notwendige Wäsche) nicht zur Verfügung steht, oder, weil der Betreuer im Wohnheim der Meinung ist, dass es heute draußen viel zu warm sei, eine Weste zu tragen, reagiert Frau R. sehr beunruhigt. Sie fängt an, lautstark zu diskutieren, kreischt mitunter immer lauter, springt auf, läuft aufgeregt umher usw. Ihre Mitbewohner*innen bitten sie dann, leise zu sein, und sie nicht zu stören, aber sie sieht nur noch sich und ihr Problem. Ein/eine Betreuer*in muss mit ihr den Raum verlassen und sie beruhigen.
>
> Frau R. erkennt nicht die Belastung, den Ärger und die Not der Mitbewohner*innen, kann keinerlei Rücksicht nehmen und ›den anderen zuliebe‹ leiser sein, sondern ›muss‹ ihrer Frustration massiv Luft verschaffen. Inzwischen meiden die Mitbewohner*innen sie, weil sie sich vor den Ausbrüchen fürchten.

Die Erfahrung von Mitarbeiter*innen aus Wohneinrichtungen, in denen autistische Menschen leben, ist in der Regel, dass die Menschen mit Autismus ›ihr eigenes Ding‹ machen und wenig im Kontakt mit anderen Menschen sein wollen. Manchmal gibt es aber auch überraschende Momente, in denen sie sich plötzlich in der Gruppe aufhalten möchten. Dieses können Esssituationen sein, ein Spaziergang, abendliches Fernsehen oder gemeinsam in der Sonne auf dem Hof stehen.

Praxistipp zum Umgang mit dem fehlenden Interesse an sozialen Beziehungen bzw. Situationen

* Zwingen Sie den autistischen Menschen nicht, an Aktivitäten in der Gruppe teilzunehmen.
* Bieten Sie ihm an, dabei zu sein, also schließen Sie nicht von vorneherein aus, dass er oder sie das möchte.
* Gestatten Sie gelegentlich ›Nischen‹, d. h. z. B. Essen an einem separaten Tisch oder im eigenen Zimmer.
* Respektieren Sie, dass der Mensch an manchen Tagen die Nähe zu anderen Bewohner*innen nicht gut ertragen kann, an anderen schon – nehmen Sie hierauf Rücksicht.
* Versuchen Sie Menschen mit ähnlichen Interessen zusammenzubringen, aber ärgern Sie sich nicht, wenn es nicht funktioniert.
* Begrenzen Sie eine positive Situation vorzeitig, bevor es zu einer Eskalation kommen kann.
* Kündigen Sie ›unvermeidbare‹ soziale Situationen an (z. B. weihnachtliche Feier im Wohnzimmer) und stellen Sie frei, ob er oder sie teilnehmen möchte.
* Akzeptieren Sie, dass der Mensch mit Autismus einen Feiertag oder einen freien Tag anders und mglw. allein verbringen möchte und setzen Sie nicht Ihre eigenen Maßstäbe für bestimmte Events.
* Fördern Sie soziale Verhaltensweisen wie helfen, teilen, Regeln beachten.
* Bieten Sie Beschäftigungen wie bspw. Puzzeln an, bei denen Sie damit rechnen, dass sich ein/eine andere*r Mitbewohner*in dazusetzen oder helfen ›darf‹.

4.9 Förder- und Therapieangebote im Alltag

So wie gesunde, ›neurotypische‹ Menschen können auch Menschen aus dem Autismus-Spektrum als Erwachsene Neues erlernen, Fortschritte machen und sich verändern. Dies betrifft die Fähigkeiten sowie das Verhalten – es gibt jedoch keine allgemeingültige Regel, wieviel möglich ist. Mögliche neu erworbene Fähigkeiten können motorische Fertigkeiten wie Fahrradfahren, eine bestimmte Aufgabe im Wohnalltag absolvieren (Kaffee kochen, Bett beziehen etc.) sein, es können auch die eigenen Kommunikationsfähigkeiten verbessert werden. Ein erwachsener Mensch kann bspw. lernen, einen Talker zu benutzen – auch wenn er oder sie diese Fähigkeit nicht in der Kindheit erworben hat. Damals fehlten ihm/ihr die kognitiven Grundlagen, es gab einen Mangel an Fördermöglichkeiten, keiner hat es ihm/ihr zugetraut oder er/sie hat keine sichtbaren Fortschritte gemacht.

Praxistipp zum Aufbau neuer Fähigkeiten

- Klarer Auftrag oder Aufgabe,
- Beibehalten der Routine,
- reizarme Umgebung (Entfernen störender Reize, z. B. optisch oder akustisch),
- Lernen in kleinen Schritten,
- individualisiertes Material,
- einfache Anweisungen,
- angemessene Hilfen,
- wirksame Verstärker (Belohnungen),
- Nutzen der besonderen Fähigkeiten und Interessen der Person.

Moritz (25) kann gut zuordnen und ist feinmotorisch sehr geschickt. Ziel ist es deshalb, dass er abends den Tisch deckt. In einem ersten Schritt bekommt er immer um 18 Uhr die Aufgabe: »Moritz, Tisch decken«. Der zuständige Betreuer hat die Situation so vorbereitet, dass sich in der Nähe des Esstisches keine störenden Utensilien befinden. Es liegen bereits Sets, Teller, Tassen und Gabeln am jeweiligen Platz. Moritz soll zunächst nur die Messer decken, d. h., er bekommt die Aufgabe, auf jeden Platz ein Messer zu legen. Die richtige Position von Geschirr und Besteck ist mithilfe einer schwarzen Schablone auf jedem Set dargestellt. Der Betreuer befindet sich direkt neben Moritz und hilft ihm, wenn es ein Problem gibt. Wenn Moritz alle Messer verteilt hat, darf er sich hinsetzen, und das Abendbrot beginnt. In einem nächsten Schritt deckt er zusätzlich die Gabeln, dann die Teller usw. Die Handlung wird also von hinten aufgebaut, sodass er jeden Abend ein Erfolgserlebnis hat. Die Belohnung ist immer, dass das Essen beginnt, wenn Moritz fertig mit Aufdecken ist. Irgendwann kann er die ganze Aufgabe selbstständig absolvieren.

Wenn er nicht kooperiert, d. h., sich der Aufgabe entzieht, muss er sich an einen separaten Tisch setzen und warten, bis die Mitbewohner*innen an ihren Plätzen sitzen. Das ist für ihn eine unangenehme Situation, weil er gern der Erste sein möchte, der Essen bekommt.

Es gibt verschiedene Therapie- bzw. Fördermethoden, die in der Arbeit mit erwachsenen Menschen mit Autismus-Spektrum-Störungen Anwendung finden. Im Folgenden eine Übersicht über die gängigen Methoden.

Kommunikative Verfahren/Unterstützte Kommunikation

Da nur die Hälfte der erwachsenen Menschen mit Frühkindlichem Autismus sprechen bzw. so kommunizieren kann, dass Wünsche geäußert, Befindlichkeiten mitgeteilt oder etwas erzählt werden kann, ist es notwendig, den nichtsprachlichen Menschen Hilfsmittel an die Hand zu geben, mit denen sie sich verständigen können. Außerdem ist es erforderlich, kommunikative Ressourcen bei den sprachlichen Autist*innen aufrechtzuerhalten.

Sprachliche Fähigkeiten aufrechterhalten

Häufig wird von Mitarbeiter*innen in Werkstätten und Wohnstätten berichtet, dass die erwachsenen Menschen mit Autismus ihre Sprache im fortgeschrittenen Alter verlieren bzw. deutlich reduzieren. Dies entsteht u. a. aus altersbedingten neurologischen Abbauprozessen und komorbiden Erkrankungen wie Depressivität oder Epilepsie. Eine andere Erklärung ist, dass die Menschen nicht mehr so gefordert werden, weil Betreuer*innen oder auch Angehörige den Eindruck haben, dass der Mensch sich sehr anstrengen muss, um etwas zu sagen, oder weil er die Sprache verweigert. D. h., dass ein unerwünschtes Verhalten (nicht zu sprechen) verstärkt wird, was auf die Dauer zum Sprachverlust führt bzw. führen kann. Therapien, die im Kindes- bzw. Jugendalter regelmäßig durchgeführt wurden und den Menschen mglw. erst einmal dazu befähigt haben, überhaupt zu sprechen, unterbleiben.

Es ist unbedingt notwendig, die sprachlichen Ressourcen so lange wie möglich zu erhalten, den Menschen also immer wieder dazu aufzufordern, zu sagen, was er oder sie bspw. möchte, und ihn/ihr unverzüglich hierfür zu belohnen (indem er/sie das erhält, was er/sie sich gewünscht hat). Es ist auch sinnvoll, Sprache bspw. beim Betrachten von Fotos oder beim Erzählen von Erlebtem zu nutzen. Wichtig ist dabei, sich vor Augen zu führen, dass es für den autistischen Menschen besser ist, verbal zu kommunizieren, als Sprache aufzugeben – sprachliche Äußerungen machen den Alltag in den Bereichen Beschäftigung und Wohnen einfacher.

Unterstützte Kommunikation (UK)

Bei Menschen, die trotz aller Bemühungen unaufhaltsam ihre sprachlichen Fähigkeiten verlieren oder niemals gesprochen haben, ist es unbedingt notwendig, Alternativen anzubieten, wie die Methodenvielfalt der UK sie anbietet. Hier werden den Menschen Möglichkeiten eröffnet, mithilfe von Objekten, Fotos, Symbolen, Gebärden oder Schrift Bedürfnisse mitzuteilen. Inzwischen kommunizieren autistische Menschen auch vielfach mit technischen Kommunikationshilfen wie Computern und Smartphones, die die Wünsche, abgebildet in Form von Fotos oder Symbolen, für sie aussprechen. Der Umgang mit diesen Hilfsmitteln ist überaus wichtig, funktioniert allerdings nur, wenn ein/eine Mitarbeiter*in ausgebildet wurde, die jeweilige Methode anzuwenden und systematisch aufzubauen. Es benötigt Zeit, Anlässe und Gelegenheiten, den Menschen mit Autismus zu fördern und die Kolleg*innen mit einzubeziehen, denn der Mensch mit Autismus soll langfristig mit jedem/jeder Mitarbeiter*in, den Mitgliedern der Herkunftsfamilie und mglw. auch Mitbewohner-*innen kommunizieren können. Es sind also eine gute Zusammenarbeit und ein regelmäßiger Informationsaustausch notwendig.

Körpertherapeutische Verfahren

Bei Menschen mit Autismus kommt es in der Regel zu erheblichen Auffälligkeiten bzw. Problemen in der Wahrnehmungsverarbeitung. Das führt häufig dazu, dass die Menschen Wahrnehmungsreizen gegenüber empfindsamer sind als andere Menschen. Kleidungsstücke werden als zu kratzig, Umgebungsgeräusche als zu laut, Essensgerüche als zu intensiv, Lichter oder Farben als zu grell empfunden. Diese Liste ließe sich beliebig fortsetzen und ist je nach Person unterschiedlich. Neben der übermäßigen Empfindlichkeit suchen autistische Menschen häufig nach bestimmten Reizen, wie exzessiv an etwas zu riechen, sich starke Tiefenreize zu verschaffen, lange in eine helle Lampe zu starren, ungenießbare Dinge (Steine, Sand, Blätter etc.) zu essen, durch engstehende Büsche zu laufen, an denen sie sich verletzen können, usw. Die Erfahrung zeigt, dass die Betroffenen gut mit den Reizen zurechtkommen, die sie sich selbst verschaffen bzw. zufügen und weniger gut mit denen, die von außen kommen. Dies scheint daran zu liegen, dass für sie nur das akzeptabel oder auszuhalten ist, was sie selbst bewirken, nicht aber das, was um sie herum passiert. Zwei Angebote zur Verbesserung bzw. Regulation der Wahrnehmung und zur Reduzierung der Wahrnehmungsüberflutung werden im Folgenden beschrieben, weil sie sich als fördernd erwiesen haben.

Wahrnehmungsangebote

Die Erfahrung zeigt, dass autistische Menschen an sensorischen Reizangeboten sehr interessiert sind. Es handelt sich um Reize zur propriozeptiven (Muskeln und Gelenke, also das Innere des Körpers), vestibulären (Gleichgewicht halten beim Schaukeln, Drehen, Beschleunigung erfahren und einschätzen, die Lage im Raum erfassen u. v. m.) und taktilen Wahrnehmung (Oberflächensensibilität der Haut, Tast- und Empfindungssinn). Autistische Menschen reagieren hierauf positiv, verlangen nach diesen Reizen und empfinden sie vielfach als beruhigend. Es ist allerdings auf das Verhalten bzw. die Reaktion der Person zu achten, da es zu einer Überreizung kommen kann (Übelkeit, Unruhe, selbstverletzendes Verhalten etc.).

Praxistipp zum Angebot von Wahrnehmungsreizen
Vestibuläre Wahrnehmung (Gleichgewichtswahrnehmung):

- Schaukeln, insbesondere in einer Nestschaukel, Hängematte oder Hollywoodschaukel,
- Kreiseln (großer Kreisel auf dem Außengelände bzw. Spielplatz, Drehstuhl, sich um die eigene Achse drehen, Karussell),
- Hüpfen (Trampolin, Bett), Herunterspringen,
- Schwimmen,
- sich (über den Boden oder von einem Hang) rollen.

Propriozeptive (Tiefen-)Wahrnehmung (▶ Kap. 3.6):

- Massage,
- Beschweren (Rumpf, Extremitäten etc.) mit Sand-, Reissäcken,
- Druck und Zug,
- aktive Bewegung wie klettern, springen, kriechen,

* Einbeziehung des gesamten Körpers, einschließlich der Extremitäten.

Taktile Wahrnehmung (Fühlen und Tasten):

* Hantieren mit unterschiedlichen Stoffen,
* Matschen mit Rasierschaum,
* Sand rieseln,
* Wasserspiele.

Vor einigen Jahren wurde ich zur Beratung in eine Wohnstätte für jüngere Menschen mit geistiger Beeinträchtigung eingeladen. Es ging um Herrn E. Dieser zeigte schwerste selbstverletzende und fremdaggressive Verhaltensweisen. Die Beobachtung zeigte: Immer, wenn bei Herrn E. minimale Zeichen durch Körpersprache oder Laute zu erkennen waren, die auf ein aggressives Geschehen hinauslaufen könnten, ›warfen sich‹ mehrere junge, starke Betreuer auf ihn und fixierten ihn durch ihre Körperkraft auf dem Bett oder auch auf dem Boden. Herr E. genoss diese ›Behandlung‹ sichtlich, da er immer auf starke Stimulationen aus war.

Die therapeutische Empfehlung meinerseits lautete: Herrn E. sollten im Alltag in Situationen, in denen er sich freundlich und angepasst verhielt, Angebote im Bereich der Tiefenwahrnehmung (Propriozeption) gemacht werden. Herr E. genoss insbesondere sehr das Überrollen mit der Therapierolle, und er schätzte es auch, von einem Betreuer ausgiebig massiert zu werden. Diese Stimulationen sollten jedoch keinesfalls in einem Moment erfolgen, wo er sich aggressiv verhielt. Das fremdaggressive Verhalten konnte damit reduziert werden, und es trat ebenfalls eine deutliche Verbesserung im Bereich des selbstverletzenden Verhaltens auf.

Entspannungsverfahren

Für die meisten Menschen ist der Einstieg in das Erleben von Entspannung zu Beginn einfacher über die Wahrnehmung des eigenen Körpers und dessen Rhythmen – hier bietet sich besonders die Atmung mit dem einfachen Spüren des Wechsels zwischen Ein- und Ausatmung an. Körperorientierte Entspannungstechniken wie die Progressive Relaxation, Yoga oder Qi Gong haben ihren Schwerpunkt in der Körperwahrnehmung, während Autogenes Training oder Meditation eine gewisse Vorstellungs- und Symbolisierungsfähigkeit voraussetzen. Symbolisierung meint hier die Fähigkeit, abstrakte Begriffe in konkretes Körpererleben umzusetzen. Wie bereits beschrieben ist es wichtig, Ereignisse bzw. Situationen, die das ›Fass des Stresses‹ (▶ Kap. 3.6) zum Überlaufen bringen, möglichst zu vermeiden bzw. zu entschärfen. Angebote zur propriozeptiven Stimulation tragen insbesondere bei stärker beeinträchtigten Menschen zur Entspannung und Reduzierung von Stress und inneren Konflikten bei. Andere Instrumente zum Stressabbau sind bspw. draußen sein und umherlaufen oder schaukeln, baden, sich im Snoezelenraum aufhalten, Musikhören, an einem Ort sein, der als behaglich empfunden wird (z. B. das eigene Zimmer), malen oder einer stereotypen Beschäftigung nachgehen. Bekannt ist auch das sogenannte ›Stimming‹. Man versteht darunter ein ›sich selbst stimulierendes Verhalten‹. Konkret kann das z. B. das Wiederholen von Bewegungen sein, wie hin- und herschaukeln des Oberkörpers, auf und ab laufen, sich drehen, mit dem Fuß wippen, mit den Händen flattern, mit dem Kopf vor und zurück wackeln, auf der Stelle hüpfen oder Geräusche machen. Manchmal drehen die Betroffenen Gegenstände, klopfen oder werfen etwas umher, riechen an den Händen, wischen mit ihrem Speichel usw.

Bei leichter beeinträchtigten Menschen ist das Angebot von Entspannungsverfahren wie Achtsamkeitstraining, Yoga oder Progressive Muskelentspannung möglich. Dabei wird nach einer bestimmten Vorgabe eine Handlungsanweisung vorgesprochen, die zu einer verbesserten, ruhigen Atmung führen soll und das Bewusstsein auf den eigenen Körper lenkt: Wo bin ich entspannt, wo ist

Anspannung, wie kann ich loslassen? Anleitungen hierzu in Leichter Sprache gibt es in »Einfach entspannen. Das tut mir gut« (Lebenshilfe Rheinland-Pfalz 2013).

Praxistipp für eine einfache Entspannungsübung
Manchmal brauchst du eine kurze Pause. Du drückst den Pausenknopf. Kurz zu Atem kommen. Fühlen, was in dir und deinem Körper los ist. Du hast den Pausenknopf gedrückt. Du schließt die Augen. Du legst die Hände auf (oder neben) die Oberschenkel. Du atmest ruhig.

Du hältst kurz an. Geht es dir gut oder nicht so gut? Du musst nichts daran ändern. Du willst nur merken, ob es dir gut geht oder nicht so gut. Du bist aufmerksam und du bist freundlich dabei zu dir selbst. Du bist freundlich zu deinem Atem.

Du gibst Acht auf deinen Atem. Du merkst, atmest du schnell oder langsam? Du achtest darauf, dass dein Brustkorb sich hebt und senkt. Du achtest darauf, wie du dich fühlst. Tut dir was weh? Fühlt sich etwas besonders gut an?

Wo in deinem Körper ist es ganz ruhig? Wo ist etwas angespannt? Und welchen Stellen geht es in deinem Körper besonders gut?

Jetzt streckst und reckst du dich und machst weiter, was du vorher getan hast. Jetzt kannst du den Pausenknopf nochmal drücken und jetzt ist die Pause zu Ende. Du kannst da weitermachen, wo du vorher aufgehört hast. Du wünschst dir einen schönen Tag (aus: Arens-Wiebel 2019, S. 200/201).

Wichtig ist in jedem Fall, im Team zu erarbeiten bzw. mit der autistischen Person zu besprechen, was ihr guttut. Am besten erstellt man eine Liste mit drei oder vier Entspannungsmöglichkeiten und hängt diese im Zimmer des/der Bewohner*in auf. Dann kann jede/jeder Betreuer*in dort nachschauen (auch mit der autistischen Person zusammen), was im Fall von Stress und Unruhe helfen könnte. Parallel dazu ist es ratsam, eine zweite Liste anzufertigen mit Dingen, die für diesen Menschen nicht gut sind, um Stress abzubauen (▶ Abb. 11).

Was mir hilft zur Entspannung

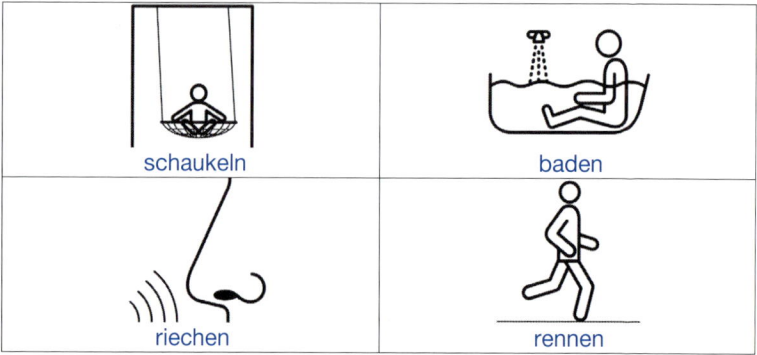

Was mir nicht hilft, wenn ich gestresst bin

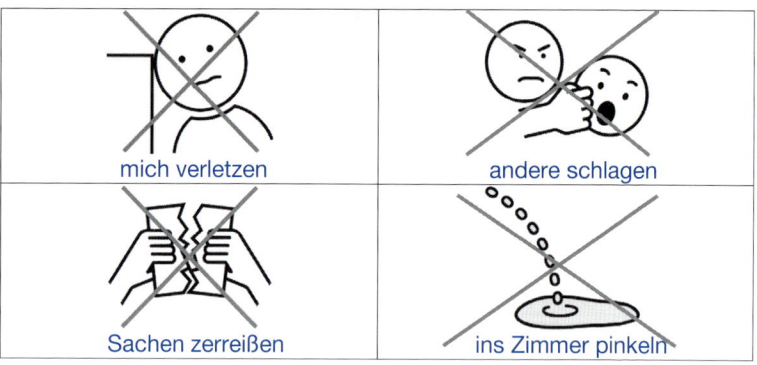

Abb. 11: Entspannung – was hilft und was nicht? (METACOM Symbole © Annette Kitzinger)

Weitere Behandlungsverfahren

Bei Erwachsenen werden Therapien wie eine Autismustherapie in der Regel behördlicherseits nicht mehr finanziert, weil vorausgesetzt wird, dass in Wohn- oder Arbeitsstätte genügend Angebote vorhanden sind bzw. der Etat der jeweiligen Einrichtung dafür vorgesehen ist, (niederschwellige) therapeutische Angebote anbieten zu können. Manchmal jedoch gelingt eine Kostenübernahme, wenn auch nur für einen begrenzten Zeitraum. Bei Indikation einer ambulanten Therapie (bspw. Abbau von Ängsten, Aufbau von Kommunikation, Verbesserung der Selbstständigkeit) durch ein entsprechendes Therapiezentrum sollte daher zumindest der Versuch unternommen werden, eine Kostenzusage zu erhalten. In manchen Wohnstätten sind bestimmte therapeutische Angebote zur Verbesserung der Lebensqualität verankert, und es sind dort ausgebildete Therapeut*innen wie Kunsttherapeut*innen, Musiktherapeut*innen, Ergotherapeut*innen etc. beschäftigt. Viele Menschen aus dem Autismus-Spektrum sind sehr musikalisch und lieben es zu singen, zu trommeln bzw. Geräusche und Musik am eigenen Körper zu erfahren, bspw. mithilfe einer Klangliege. Hier ergeben sich, bei entsprechend geschultem und interessiertem Personal, Ansatzpunkte, um fördernde Angebote zu machen. Kunsttherapeut*innen bieten Malwerkstätten im Einzel- oder Gruppensetting an, denn der Umgang mit Farben sowie einzelnen Werkstoffen wie Wasserfarben, Pappmache oder Ton macht manchen der Menschen große Freude. Wie im Bereich der Musik können sie hiermit Gefühle bzw. Stimmungen ausdrücken, sich mit ihrem eigenen Tempo und ihren persönlichen Vorstellungen oder Stärken mitteilen und ihren Spaß haben.

Tiergestützte Therapien werden von autistischen Menschen unterschiedlich wahrgenommen. Manche haben große Freude an Hunden, und es motiviert sie vor allem, wenn sie einem Hund einen Befehl geben können oder sich an diesen anlehnen, ihn berühren, seine Atmung spüren usw. können. Andere nehmen gern am therapeutischen Reiten teil, genießen die Stimulation auf dem Pferderücken und bauen ihre taktile Empfindlichkeit beim Striegeln und Streicheln ab. Auf dem Pferd können zudem viele Übungen zur Körperkoordination erfolgen, auch mit Partner*innen zusammen, und so ergeben sich Situationen oder Effekte, die sich gut auf die Motorik, die Wahrnehmung, das Sozialverhalten und nicht zuletzt die Kommunikation auswirken.

Behandlung mit Medikamenten

Medikamente können helfen, Symptome zu lindern. Allerdings ist immer damit zu rechnen, dass der autistische Mensch paradox auf ein Medikament reagiert, d. h. bspw. auf ein beruhigendes Medikament mit Unruhe und umgekehrt. Dies ist bspw. bei chirurgischen Eingriffen anzukündigen bzw. zu bedenken. Es gibt Hinweise darauf, dass atypische Antipsychotika Verhaltensauffälligkeiten reduzieren, wie z. B. ritualisierte, selbstverletzende und aggressive Verhaltensweisen. Andere Medikamente werden manchmal zur Kontrolle bestimmter Symptome verwendet, als Stimmungsstabilisatoren bzw. Mittel gegen Selbstverletzung und aggressives Verhalten, und Stimulanzien sowie andere ADHS-Medikamente gegen Unachtsamkeit, Impulsivität und Hyperaktivität (MSD Manual, Zugriff am 09.11.2020). Bei Eltern bzw. gesetzlichen Betreuer*innen stehen Medikamente häufig in einem schlechten Ruf. Es ist von ›Ruhigstellen‹ die Rede:»Er bekommt das Medikament nur, weil die Betreuer*innen sich weniger anstrengen möchten.« Oder:»Es weiß doch keiner, wie es ihm wirklich damit geht«, heißt es bspw. und Eltern brechen die Unterbringung ab, weil sie die Medikamentengabe nicht möchten. Eine gute Vermittlung der Notwendigkeit einer medikamentösen Unterstützung ist, diese als ›Krücke‹ zu erklären, also als ein Hilfsmittel, mit dem der Mensch besser integrierbar ist und weniger leidet. Dazu gehört der Hinweis, dass auch der/die Betroffene durchaus merkt, wie viele Probleme er oder sie hat und wie häufig es schwierig mit ihm/ihr ist – und auch, wenn ihm/ihr sich dies nicht kognitiv erschließt, so weiß er/sie doch um seine/ihre Sonderstellung. Wichtig ist dabei in jedem Fall eine regelmäßige Überprüfung durch eine/einen versierte*n Fachärztin*arzt für Psychiatrie, bspw. in Form einer regelmäßigen Visite in der Einrichtung. Eine autismusspezifische psychiatrische Versorgung in Behinderteneinrichtungen ist allerdings im Moment noch ein Wunschgedanke, da spezialisierte Fachkräfte in diesem Bereich fehlen.

Gestaltung des Tagesablaufs

Wie schon beschrieben bedeuten Struktur und Vorhersehbarkeit für den Menschen mit Autismus eine wichtige Voraussetzung, um durch den Alltag zu kommen, ob in der Tagesförderstätte oder in der WfbM, in der Wohnstätte bzw. beim betreuten Wohnen. Der TEACCH-Ansatz kann helfen und wurde in Kapitel 3.4 bereits ausführlich beschrieben (▶ Kap. 3.4).

Praxistipp zu Ideen für die Alltagsgestaltung in der Wohnstätte

- Dienstplan der Mitarbeiter*innen mit Fotos und Schrift versehen, für alle sichtbar aufhängen und stets aktualisieren. Bezüglich abwesender Mitarbeiter*innen ist es sinnvoll, bei den Fotos z. B. farblich zu kennzeichnen (farbige Wäscheklammer), warum jemand nicht im Haus ist (Frau S. hat Urlaub = grün, Frau M. ist in Elternzeit = gelb, Herr Sch. und Frau G. sind krank = rot),
- Personen, die nur gelegentlich im Haus sind, wie Fußpflege oder Krankengymnastik, mit aufnehmen,
- Wochenplan der Gruppe erstellen, ggf. unter Zuhilfenahme einer Digitalanzeige darstellen, wann z. B. die Kaffeepause oder das Abendbrot ist,
- Tages- oder Wochenplan für den/die einzelne*n Bewohner*in,
- abweichende Ereignisse für den/die Einzelne*n visualisieren, um Überraschungen zu vermeiden (deine Schwester kommt Mittwoch statt deiner Mutter, Freitag ist ein Feiertag, und daher geht es nicht in die Werkstatt usw.),
- täglich Beschäftigungsangebote machen, um Langeweile zu verhindern; diese individuell anpassen, soweit personell möglich,
- Regeln aufstellen und visualisieren und Alternativen zu Regelverstößen (sogenannten »Alternativplan«) erstellen,
- bestimmte Aktivitäten, die der/die Einzelne gern machen möchte, begrenzen, wie im folgenden Beispiel beschrieben.

Florian möchte während des Nachmittags immer wieder allein nach draußen in den Garten gehen und dort umherlaufen, schaukeln oder einfach am Tor stehen. Kaum ist er ein paar Minuten draußen, kommt er wieder herein. Das zieht jedoch ein personelles Problem nach sich, weil er Hilfe beim An- und Ausziehen der Bekleidung benötigt. Die Mitarbeiter*innen sind sich einig, dass sie es schaffen, wenn Florian jeden Nachmittag zweimal nach draußen geht. Er erhält daher zwei Gutscheine, die er jeweils an eine/einen Betreuer*in geben kann, wenn er raus möchte. Sobald er einen Gutschein abgegeben hat, bleibt ein weiterer, um nochmals rauszugehen. Wenn beide Gutscheine eingelöst sind, kann er an diesem Tag nicht mehr nach draußen gehen. Die Gutscheine (▶ Abb. 12) werden ihm am nächsten Tag wieder neu ausgehändigt, wenn er von der Arbeit kommt.

Ein Alternativplan bedeutet, dass dem Menschen mit Autismus aufzeigt wird, auf welches Verhalten etwas Positives folgt, und was passiert, wenn er ein unerwünschtes Verhalten zeigt. »Wenn ich meine Mitbewohnerin störe, bekomme ich Stress und muss mit meiner Betreuerin arbeiten (was ich nicht mag). Wenn ich meine Wäsche nicht abliefere, wie die Regel es vorschreibt, habe ich nichts Sauberes zum Anziehen und muss in schmutziger Bekleidung zur Arbeit. Wenn ich anfange zu schreien, werde ich in einen Extra-Raum geschickt und muss mich dort beruhigen, dafür kann ich keine Musik hören und Kaffeetrinken. Wenn es jedoch gut läuft mit mir, darf ich den Geschirrspüler ausräumen (in diesem Fall eine Belohnung), kann meinen sauberen Lieblingspullover anziehen, oder ich kann Musik hören und Kaffee Tisch trinken.« Dem Menschen wird über eine visualisierte Darstellung aufgezeigt, wohin sein oder ihr Verhalten auf die eine oder andere Art führt, und er/sie erfährt, dass es an ihm/ihr liegt, wie der Tag weitergeht. Diesen Alternativplan (▶ Abb. 13) kann ein/eine Betreuer*in mglw. zusammen mit der beeinträchtigten Person erarbeiten.

Es gibt im Übrigen viele Tätigkeiten, die die Bewohner*innen im Alltag der Wohneinrichtung übernehmen können. Dies sind alle

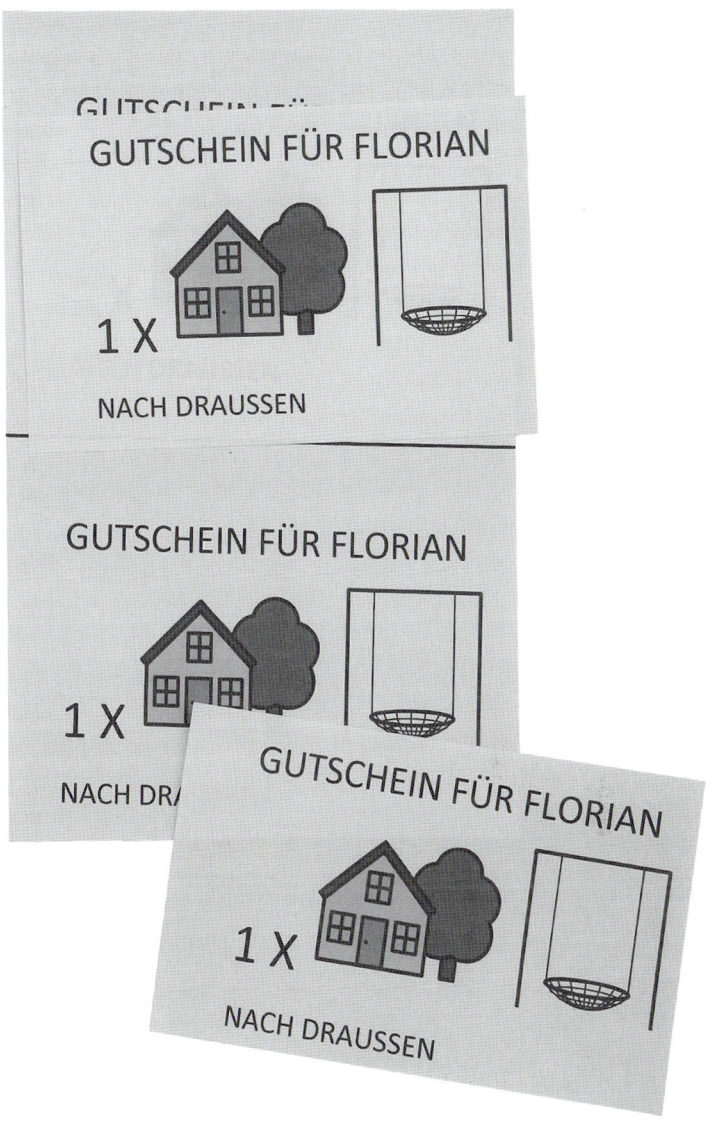

Abb. 12: Gutscheine für den Garten (METACOM Symbole © Annette Kitzinger)

Beachten, dass ich nicht im Zimmer meiner Mitbewohner aufräumen darf

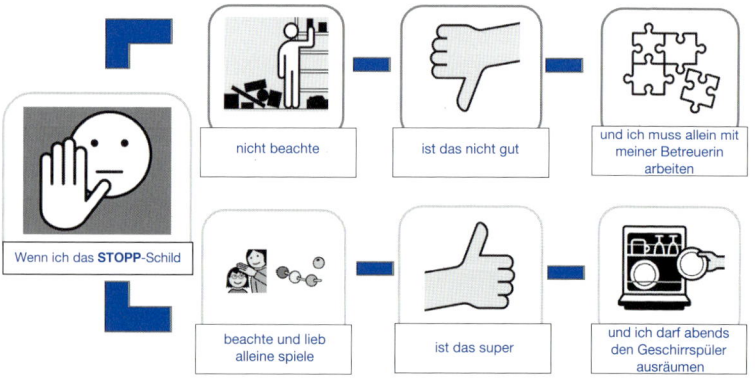

Abb. 13: Alternativplan (METACOM Symbole © Annette Kitzinger)

Aufgaben im Bereich Wäschepflege (auch das Sortieren von einem Korb voll unterschiedlicher Socken zu Paaren gehört dazu), Essenszubereitung einschließlich Tischdecken und Geschirrspüler ausräumen, saubermachen (über das hinaus, was professionelle Reinigungskräfte erledigen), Betten beziehen und morgens ordentlich machen, Topfpflanzen betreuen, im Garten helfen, das eigene Zimmer aufräumen, helfen Pläne auszudrucken, zu laminieren und auszuschneiden u. v. m.

4.10 Umgang mit Verhaltensproblemen

Verhaltensprobleme bei Menschen mit Autismus kommen häufig vor. Bei Beratungen in Wohnstätten werden viele Themen genannt:

> ◆ Herr S. (49) steht jeden Morgen um 6 Uhr auf und möchte um 6:30 Uhr frühstücken. Dies auch an Wochenenden und im Urlaub, wo alle anderen länger schlafen möchten.

- Herr O. (63) steht bei jeder Mahlzeit auf und sucht bestimmte Dinge zusammen, die ihm beim Essen wichtig sind, nämlich ein Fläschchen mit Gewürzsauce, Pfeffer- und Salzstreuer sowie eine Serviette. Es gelingt nicht, ihn davon abzuhalten.
- Frau M. (28) beruhigt sich nur, wenn unermüdlich auf ihre stereotypen Fragen eingegangen wird. Sie beansprucht hierdurch eine/einen Betreuer*in für sich allein.
- Herr L. (42) erträgt keine oder kaum Kleidung am Körper und möchte am liebsten nackt umherlaufen.
- Herr C. (41) beschmiert regelmäßig die Wände der Toilette mit Kot.
- Frau V. (19) will die Haare nicht waschen und nicht schneiden lassen.
- Frau K. (24) brummt den ganzen Tag sehr laut.
- Frau K. (24) isst sehr langsam. Für eine Mahlzeit benötigt sie zwei- bis dreimal länger als die anderen.
- Herr J. (22) verlässt die Einrichtung tagsüber oder abends und geht zu jeder Jahreszeit mit Bekleidung im See schwimmen. Danach kommt er mit durchnässter Bekleidung wieder nach Hause.
- Frau U. (31) läuft in der Wohnstätte umher und gibt jedem einen kräftigen Knuff, der ihr über den Weg läuft. Wenn es ihr untersagt wird, reagiert sie wütend, fängt an zu schreien und manchmal zu treten.
- Herr F. (34) wirft regelmäßig Geschirr und Nahrungsmittel vom Tisch. Nichts ist vor ihm sicher, und er macht das in großer Geschwindigkeit.
- Herr N. (40) zieht plötzlich die Hose herunter und zeigt sein entblößtes Geschlechtsteil. Dies geschieht insbesondere, wenn Besucher*innen die Wohnstätte betreten.
- Frau R. (37) will ihr Zimmer gar nicht mehr verlassen.
- Frau A. (57) schläft kaum noch und ›geistert‹ nachts im Wohnheim umher.
- Frau W. (27) isst zwanghaft geöffnete Kekspackung und dgl. leer, macht sich andererseits jedoch sehr große Sorgen wegen ihres

Gewichts und ihrer Einstellung zu gesunder Ernährung. Sie betreibt exzessiv Sport und, wenn sie Süßes gegessen hat, kontrolliert sie ihren Körper täglich im Spiegel, ob sie zugenommen hat.
- Herr V. duscht sich nicht richtig und hat starken Köpergeruch.

Dies sind Beispiele aus meiner langjährigen Beratungstätigkeit in Wohnstätten. Die Liste ließe sich beliebig fortsetzen.

Zunächst einmal sind pädagogische Maßnahmen als individuell anzusehen und nicht zu verallgemeinern. Zu sehr steht der Einzelfall mit all seinen Facetten im Mittelpunkt des Handelns – wenngleich sich bestimmte Verhaltensweisen bzw. Probleme von ihrer Entstehungsgeschichte, dem Zweck, dem Nutzen für den/die Betroffene*n oder der Intensität her ähneln. Um angemessen mit Problemen umzugehen und sie nicht eskalieren zu lassen, ist es wichtig, Autismus zu verstehen und sich nicht persönlich angegriffen zu fühlen, wenn einmal etwas schiefläuft oder eine Maßnahme nicht so gelingt, wie man sich das erhofft hat.

Einfordern von Ritualen

Rituale sind wichtig für Menschen mit Autismus und deshalb strukturieren diese ihren Essplatz, bestehen auf Einhaltung von bestimmten Zeiten oder Tagesabläufen, verlangen stereotype Antworten oder Handlungen, wenn sie sich sortieren oder beruhigen müssen. Betreuer*innen sollten sie in ihrem Bestehen auf Ritualen unterstützen, wenn es möglich ist, da diese ihnen helfen, sich im Alltag besser zurechtzufinden.

Herr S. kann um 6:30 Uhr frühstücken, wenn er dabei leise ist. Es wird angestrebt, dass er sich die Utensilien selbst zusammensucht, das ist auch für seine Selbstständigkeit gut. Herr O. wird kurz vor der Mahlzeit aufgefordert, alles zusammen zu holen, was er hierfür zusätzlich benötigt. Er ist erst mit Anfang 60 in die Wohnstätte gezogen, weil die Mutter verstorben war, mit der er bis dahin zusammengewohnt hatte. Aus dieser Zeit sind Rituale übriggeblieben, und sie sollten Herrn O. nicht genommen werden. Es ist nur besser, wenn er vor dem Essen alles zusammensucht, um die anderen nicht zu stören. Frau M. sollte eine stereotype Frage nur zweimal beantwortet werden. Danach wird ihr vorgeschlagen, etwas anderes anzunehmen, was sie beruhigen kann. Sie wird bspw. fest in eine Decke eingewickelt, nach draußen geschickt oder sie bekommt ein Kaugummi (der Mund wird bewegt, ohne dass sie sprechen muss). Oder sie erhält einen Ersatz, mit dem sie sprechen kann, also eine Handpuppe, einen »Sorgenfresser« oder ein Kuscheltier. Eine solche Maßnahme funktioniert nicht von vorneherein, sondern muss geübt werden.

Umgang mit Wahrnehmungsauffälligkeiten

Die Wahrnehmungsprobleme autistischer Menschen habe ich bereits in den vorangegangenen Kapiteln beschrieben. Die Auffälligkeiten können sich in den verschiedenen Wahrnehmungsbereichen manifestieren und zu teilweise massiven Beeinträchtigungen bzw. Verhaltensproblemen führen. Nackt umherlaufen zu wollen (Herr L.) geht im eingeschränkten Rahmen (im eigenen Zimmer) vielleicht noch, für weitere Wege bzw. den Aufenthalt im Gruppen- oder Arbeitsbereich ist eine Minimalbekleidung (kurze Hose mit Gummizugbund und weites T-Shirt) die Regel. Deren Erhaltung muss grundsätzlich eingefordert werden. Probleme taktiler Art (Frau V.), also die Ablehnung, die Haare zu waschen und zu schneiden, treten vor allem im Kindesalter auf, können sich aber auch ins Erwachsenenalter fortsetzen. Was helfen kann, ist die Verbindung von taktiler und propriozeptiver (Tiefen-)Wahrnehmung. Dazu wird der/die Betroffene bspw. in eine Decke eingewickelt, wenn die Haare geschnitten werden. Auf die Schultern kann ein schwerer, mit Bohnen oder dgl. gefüllter Sack gelegt werden, der Stabilität gibt. Abgeschnittene Haare werden direkt entfernt (kitzeln und könnten eingeatmet werden). Wichtig ist auch, eine vertrauensvolle Bindung zwischen Friseur*in und behinderter Person, d. h., der/die Friseur*in ist bekannt und die Prozedur findet immer am selben Ort in einem festgelegten Ritual statt. Manche Autist*innen haben Probleme mit den Geräuschen, also dem Schnippen der Schere in der Nähe des Ohres oder dem Summen einer Haarschneidemaschine. Dann sollte dieses Gerät gemieden, ein Gehörschutz oder Musik angeboten werden, die die Geräusche übertönt. Im Anschluss ans Haareschneiden bietet es sich an, etwas zu machen, was für den Menschen eine Belohnung darstellt.

Kotschmieren (Herr C.) ist ein Verhalten, von dem häufiger aus Wohnstätten berichtet wird. Kotschmieren ist einerseits als Provokation zu sehen. Andererseits bereitet es dem Menschen Freude, die Exkremente zu verteilen, weil er oder sie gern herumschmieren möchte, also eine Beschäftigung sucht. Manch eine*r genießt die Aufmerksamkeit, wenn er/sie im Anschluss mit einem/einer Betreuer-*in den Raum schrubben muss, jemand anderes mag mglw. den intensiven Geruch. Möglichkeiten, mit Kotschmieren umzugehen, können folgende sein: Bestrafung (mit kalter Dusche abgebraust werden, das kann jedoch bei manchen Menschen als Belohnung wirken), Ersatz anbieten wie mit Rasierschaum oder Fingerfarbe schmieren, mit Pappmaschee arbeiten oder in einer Kiste mit nassem Sand wühlen. Es ist auch denkbar, ein Angebot intensiver Gerüche wie Fichtennadelschaumbad, Kaffee, Eukalyptus, Orangenaroma etc. zu unterbreiten. Für nächtliches Kotschmieren bietet sich an, Schlafanzüge zu nutzen, die am Rücken verschlossen werden, und die von der Person selbst nicht zu öffnen sind. Wenn das Kotschmieren durch Langeweile ausgelöst wird, kann das Angebot von strukturierten Beschäftigungen wie Klettmappen- oder Schuhkartonaufgaben, Haushaltstätigkeiten, Puzzeln, draußen sein usw. helfen. Den Menschen in die Reinigungsprozedur mit einzubeziehen ist kein sinnvolles Vorgehen. Er ist auch keine wirkliche Hilfe dabei.

Marotten

Die meisten Menschen mit Autismus haben ihre besonderen Bedürfnisse und Stereotypien, und es ist schwierig, sie davon abzuhalten. Frau K. könnte dazu angehalten werden, leiser oder in ihrem Zimmer zu brummen. Es wird aber nicht gelingen, sie daran zu hindern. Daher müssen alle (in einem gewissen Maße) damit leben. Dass sie so langsam isst, hat auch Ursachen in ihrer Kindheit (daher ist so wichtig, die Biografie des jeweiligen Menschen zu kennen), wo sie nur wenige, ausgesuchte Lebensmittel essen durfte, weil sie unter diversen Nahrungsmittelunverträglichkeiten litt. Sie hat dabei gelernt, langsam zu essen, wohl auch weil ihr die dargebotenen Lebensmittel nicht gut schmeckten. Sinnvoll ist aber dennoch, ihre Essenszeit zu begrenzen, d. h. ihr zu gestatten, z. B. eine Stunde zu essen, dieser Zeitrahmen wird auf einem Time-Timer dargestellt. Zehn Minuten, bevor die Zeit abgelaufen ist, wird sie hieran erinnert, nach einer Stunde muss sie den Teller wegbringen. Wenn sie bei dieser Mahlzeit nicht satt geworden ist, wird sie bei der nächsten Mahlzeit umso mehr Hunger haben und (hoffentlich) schneller essen. Wichtig ist darüber hinaus, organisch abzuklären, ob der Zahnstatus gut ist, und ob eventuell eine Krankheit im Bereich der Speiseröhre oder des Magens vorliegen kann (Schluckstörung, Reflux), was auch zu einem abnormen Essverhalten führen kann.

Herr J., der gerne im See badet, empfindet sein Leben im Moment als langweilig, da er aus verschiedenen Gründen keiner Tagesbeschäftigung nachgeht. Er sucht nach ›Nervenkitzel‹ bzw. nach besonderen Wahrnehmungserfahrungen, und kaltes Wasser gehört für ihn dazu. Es gelingt nicht, ihn daran zu hindern, in den kalten See zu steigen. Besser ist es, das Verhalten als ein besonderes Merkmal von Herrn Js. Persönlichkeit zu akzeptieren – zumal er bei seinen Ausflügen bisher nie krank geworden ist. Es sollte jedoch eine Vereinbarung getroffen werden, wie er sich auf sein Badeerlebnis vorbereiten kann, also Ersatzbekleidung und Handtuch einpacken und in der Wohneinrichtung Bescheid geben, wenn er losgeht. Alternativ wird ihm angeboten, zu duschen, auch mit kaltem Wasser, wenn er

119

das Bedürfnis nach dieser intensiven Stimulation hat. Wenn möglich, kann eine Begleitperson mit ihm bzw. einer Kleingruppe zusammen ins Schwimmbad gehen.

Provokationen

Autistische Menschen sind häufig auf der Suche nach ›dem Kick‹, d. h., sie wollen, dass eine Reaktion auf ihr Verhalten erfolgt, am liebsten etwas Aufregendes und Besonderes passiert. Sie versuchen, mit ihrem Verhalten zu erreichen, dass dies geschieht und gehen dabei äußerst kreativ vor. Das Repertoire reicht von einem kleinen Anstoßen, Anrülpsen, Beschimpfen bis hin zu massiven Verhaltensweisen, also auf jemanden losgehen, Dinge zerstören, sich selbst verletzten usw. Diese Verhaltensweisen entstehen auch, weil jemand sich unwohl fühlt, eine Situation nicht versteht oder überfordert und gestresst ist. Sie werden jedoch auch häufig gezeigt, um ›Spaß‹ zu haben, zu testen, wie der andere reagiert, und ob die Reaktion heute eine andere ist als gestern.

Was können Betreuer*innen tun? Eine Möglichkeit ist, das Verhalten zu ignorieren, d. h., der Person die Aufmerksamkeit zu entziehen. Wenn auf ein Verhalten keine Reaktion erfolgt, tritt eine Löschung auf, das Verhalten wird seltener und wird irgendwann nicht mehr gezeigt. Wichtig ist dabei, den Menschen mit Autismus für Momente oder Zeiten, wo kein provokantes Verhalten auftritt, zu loben und sich ihm besonders zuzuwenden. Bei manchen Provokationen, wie im Beispiel mit dem ›Anknuffen‹ beschrieben wird, ist es gut, eine Verhaltensalternative zu vermitteln. Frau U. soll bspw. ›High Five‹ geben oder eine Hallo-Gebärde machen, statt andere Menschen zu knuffen. Dann wird sie positiv dafür verstärkt, dass sie eine angemessene Form der Kontaktaufnahme wählt. Herr F. kann lernen, was passiert, wenn Geschirr und Nahrungsmittel vom Tisch geworfen werden. Einmal werden die Utensilien vom/von der Betreuer*in aufgehoben. Dies wird angekündigt. Wenn es wieder passiert, ist die Mahlzeit zu Ende. Hierfür wird viel Geduld abverlangt, da davon auszugehen ist, dass Herr F. erst einmal vermehrt werfen wird, auch um zu kontrollieren, ob die Reaktion eintritt, die er kennengelernt hat. Um deeskalierend zu wirken, ist es sinnvoll, unzerbrechliche Materialien zu benutzen. Es hilft Herrn F., wenn die Umrisse der Gegenstände, die er für die Mahlzeit benötigt, auf den Tisch aufgeklebt wurden, damit sichtbar ist, wo was hingehört. Versuchsweise könnte ein Time-Timer eingesetzt werden, um minimale Einheiten (zwei Minuten), in denen nicht geworfen wurde, darzustellen und zu belohnen, bspw. mit etwas, was Herr F. gerne mag. Einmal täglich darf er unbeschwert mit Dingen werfen, dies aber an einem festen, hierfür bestimmten Ort. Hier wirft er aber nicht mit Geschirr, sondern mit anderen Dingen, mit dem Appell: »Hier darfst du werfen«.

Als Schulkind hat Johannes jede Gelegenheit genutzt, Dinge aus Glas, Porzellan und Keramik zu zerschmeißen. Sobald er einen Raum betrat, erfasste er blitzartig, wo sich etwas Zerbrechliches befand, schraubte eine Glühbirne aus der Lampe, ergriff einen Blumentopf, entdeckte das Glas auf der Fensterbank usw. Die Eltern konnten nirgendwo mit ihm hingehen, da sofort etwas Aufregendes passierte. Das Verhalten von Johannes mutete provokant und zwanghaft an. Nach ausführlicher Beratung mit Autismus-Fachleuten erhielt Johannes schließlich im Wohnhaus der Eltern einen Raum, wo er Leergut in einen abgetrennten Teil werfen durfte. Der Vater sammelte hierfür in der gesamten Nachbarschaft leere Flaschen und Gläser. Ungefähr ein Jahr lang zerschlug Johannes hier täglich Flaschen etc., danach wurde das Bedürfnis immer schwächer, bis es kein Thema mehr war.

Ab dem Zeitpunkt konnte man überall mit ihm hingehen, ohne dass etwas passierte, d. h. auch auf Feiern oder in Porzellangeschäfte.

Bei Provokationen, die eine große Wirkung auf Außenstehende haben, die sich plötzlich hiermit konfrontiert sehen, kann nur mit massiven negativen Konsequenzen reagiert werden, die für den betroffen

Menschen sehr unangenehm sind. Herr N. wird sofort in sein Zimmer geschickt, wenn er die Hose herunterzieht, und muss sein Radio abgeben, das ihm sehr viel bedeutet. Es ist eine doppelte negative Konsequenz: isoliert werden und Verlust eines positiv besetzten Gegenstands. Wenn sich Herr N. am Eingang der Wohngruppe befindet, wo sich ein/eine Besucher*in nähert, wird er von den Betreuer*innen noch einmal an das erinnert, was jetzt wichtig ist: »Die Hose bleibt oben«. Es wird nicht das thematisiert, was er nicht tun soll, sondern das, was gewünscht ist.

Mangelnde Körperhygiene

Manche grundlegenden Erkenntnisse zu Autismus werden im Umgang häufig nicht berücksichtigt. Der/die Betreuer*in sagt dem autistischen Menschen bspw.: »Du musst mal duschen«. Was wird passieren bzw. wie wird es weitergehen?

Herr V. wohnt im ambulant betreuten Wohnen bei einem großen Träger der Behindertenhilfe. Dreimal wöchentlich kommt ein Pädagoge zu ihm, um zu kontrollieren, ob alles in Ordnung ist bzw. ihn bei bestimmten Aufgaben wie Bearbeiten der Post, Ordnung und Sauberkeit in der Wohnung, Versorgung (Einkauf) und sozialen Kontakten zu unterstützen und aktuelle Probleme, bspw. aus der WfbM, zu besprechen. Heute kommt der Betreuer mit einem besonderen Thema: Die Mitarbeiter*innen der WfbM haben ihn darauf aufmerksam gemacht, dass Herr V. wegen seines Körpergeruchs von seinen Kolleg*innen gehänselt w. Auch das Betreuerteam der Arbeitsgruppe sei der Meinung, Herr V. würde einen unangenehmen Geruch verbreiten. Mit der Aufforderung »du musst mal duschen« wäre Herrn V. nicht geholfen. Er ist der Meinung, dass er doch samstags und mittwochs duscht, so wie seine Eltern ihm das beigebracht hätten. Seinen eigenen Körpergeruch empfindet er nicht als störend (Wahrnehmungsproblem), und er versteht nicht, wieso dies für andere Menschen so ist

(Theory of Mind). Er weiß auch nicht, wie er sein Ritual, das sich über Jahre bewährt hat, abändern soll.

Herr V. braucht einen Plan (▶ Tab. 1). Dieser sollte von ihm zusammen mit dem Betreuer erstellt werden. Der Plan hat nicht die Regel ›alle zwei Tage duschen‹, da dies oft zu Missverständnissen und Durcheinander führt (warum dusche ich in der einen Woche montags, mittwochs, freitags und sonntags und in der darauffolgenden Woche dienstags, donnerstags und samstags?). Herr V. muss nun jeden Tag in seinem Waschplan markieren, dass er alles erledigt hat. Der Betreuer kontrolliert das bei jedem Besuch.

Tab. 1: Duschplan

	Waschen am Waschbecken	Duschen	Frische Unterwäsche	Frische Socken	Frisches T-Shirt/ Sweatshirt	Frische Jeans	Erledigt	HZ Betreuer
Meine Wasch- /Dusch und Bekleidungsregeln								
Montag		X	X	X	X	X		
Dienstag	X		X	X				
Mittwoch		X	X	X	X			
Donnerstag	X		X	X				
Freitag		X	X	X	X			
Samstag	X		X	X				
Sonntag		X	X	X	X			

Es wird dann noch erläutert, was im Einzelnen erledigt werden muss (was alles beinhaltet Waschen am Waschbecken? Aus welchen Schritten besteht Duschen? Welche Kleidungsstücke müssen wann bzw. wie oft gewechselt werden?).

Komorbiditäten

Manche auffälligen Verhaltensweisen legen die Vermutung nahe, dass eine Komorbidität, also eine Begleiterkrankung besteht (▶ Kap. 5.5.). Nicht mehr das Zimmer verlassen zu wollen (Frau R.), kann neben vielen denkbaren weiteren Symptomen auf eine depressive Erkrankung hindeuten, die durchaus auch bei autistischen Menschen vorkommen kann. Es ist wichtig, professionelle Hilfe einzuholen, wie sie bspw. ein MZEB (Medizinisches Behandlungszentrum), also eine ambulante medizinische Versorgungseinrichtung für Menschen mit Behinderung, anbietet. Genauso ist es bei Frau A., bei der u. a. die Wechseljahre und damit verbundene Schlafstörungen für ihre nächtlichen Ausflüge verantwortlich sein könnten. Auffälligkeiten wie bei Frau W., deren Symptome bzw. Verhaltensweisen für eine Essstörung sprechen können, sollten ebenfalls dringend von einer/einem entsprechenden Fachärztin-*arzt untersucht werden.

Für alle beschriebenen und weiteren Probleme ist es wichtig, dass die Lebensgeschichte bzw. Biografie (▶ Kap. 7.4) des Menschen mit Autismus erhoben und dokumentiert wurde. Die Eltern bzw. Geschwister sollten, wenn möglich, in die Beratung bzw. Interventionsplanung wegen Verhaltensproblemen mit einbezogen werden. Sie können häufig etwas dazu sagen, wie Maßnahmen im Kindes- und Jugendalter durchgeführt wurden, was besonders hilfreich war und welche besonderen Vorkommnisse oder Krisen es gab. Ein weiterer wichtiger Baustein ist die Zusammenarbeit mit Haus- und Fachärztinnen*ärzten für Neurologie und Psychiatrie. Im Vordergrund bzw. an wichtigster Stelle steht die Kooperation zwischen Wohnstätte und WfbM bzw. Tagesförderstätte. Hiervon profitieren die Systeme in der Regel in besonderem Maße, weil Informationen gesammelt und Missverständnisse aufgeklärt werden sowie gemeinsame Strategien und Ziele festgelegt werden können.

Praxistipp zum Austausch zwischen Wohnheim und Werkstatt

- ¼-jährliches Update,
- Mitteilungsheft (kann Mensch mit Autismus mglw. selbst transportieren),
- Welche Probleme treten auf, und wie kann der Umgang damit abgesprochen und vereinheitlicht werden?
- Absprache über Kommunikation, also welche Kommunikationsform benutzt der Mensch mit Autismus bei der Arbeit bzw. in der Wohnstätte, und wie können diese Erkenntnisse aneinander angepasst werden (alle nutzen bspw. dieselben Gebärden)?
- Absprachen über Materialien (was nimmt der Mensch gut an, was ist schwierig?),
- Austausch über die Fähigkeiten des Menschen, bspw. über Selbstständigkeit, um gleiche Anforderungen zu stellen und Absprachen zu treffen, wo dem Menschen geholfen werden soll und wo nicht,
- gegenseitige Information über Veränderungen wie Zunahme körperlicher Beschwerden, Änderungen im Verhalten, psychische Veränderungen (z. B. plötzlich aufgetretenes Weinen und Müdigkeit),
- gegenseitige Hospitationen.

5

Autismusspezifische Krisen

Eine Krise entsteht aus der Interaktion zwischen dem Menschen mit Autismus und der Lebensumwelt. Es gibt in der Regel ein auslösendes Ereignis wie bspw. den Übergang von einer Lebensphase in die nächste, unklare Verhältnisse, Betreuerwechsel, Verlust, ungeklärte Gefühle oder innere Bedingungen wie Krankheit/Schmerz. Daher sollten in der Krise nicht nur der betroffene Mensch, sondern auch die Bezugspersonen sowie die Bedingungen des Umfelds betrachtet werden. Die Ursachen für Krisen sind also störungs- und umweltbedingt.

5.1 Auslöser für Krisen

Im pädagogisch/psychologischen Bereich wird zwischen Krisen unterschieden, die durch ein alltägliches Ereignis, durch Lebensveränderungen oder durch kritische Situationen ausgelöst werden können. Laut Wüllenweber (2009) zeigen Erfahrungen aus der Praxis und Ergebnisse unterschiedlicher Untersuchungen, dass die Bewältigung von Lebensveränderungen Menschen mit geistiger Behinderung besonders schwerfällt. Schon ein gelegentlich wiederkehrendes, alltägliches Ereignis wie eine Geburtstagsfeier, ein Feiertag, Urlaub, Besuch der Eltern oder ein Ausflug kann dadurch zu einer Krise führen, dass etwas anders ist als sonst, mehr Menschen da sind, andere Gefühle entstehen oder der Tagesablauf durcheinandergerät. Beispiele für auslösende Lebensveränderungen sind Umzüge und Gruppenwechsel, Arbeitsplatz- oder Betreuerwechsel oder eine neue Busbegleitung. Manchmal muss der Blick für den Auslöser der Krise auf die gesamte Lebenssituation gerichtet werden. Hierfür wurde der Begriff der ›Relationalen Krise‹ etabliert. Es geht dann um eine Krise, die allein unter Einbeziehung der gesamten Lebenssituation verständlich wird. Bei dieser Form der Krise kann nicht – wie bei ereignis- oder entwicklungsbezogenen Krisen – eine Ursache als Auslöser festgemacht werden, sondern diese Art der Krise ist durch das Verhältnis verschiedener Aspekte, Strukturen und Personen zueinander zu erklären. Besonders wichtig in der Arbeit mit Menschen mit Beeinträchtigung ist es zu wissen, dass deren Reaktionen auf krisenauslösende Ereignisse bzw. Situationen mit erheblicher Verzögerung auftreten können.

Die Auslöser einer Krise können ebenso wie die daraus entstehenden Symptome bzw. Anzeichen vielfältig sein. Betreuer*innen oder Angehörige bemerken zunächst, dass der autistische Mensch plötzlich oder schleichend zunehmend Verhaltensweisen zeigt, die auf massive innere Konflikte hindeuten wie:

127

* Aggressivität, auch verbaler Natur (beschimpfen und beleidigen),
* selbstverletzendes Verhalten,
* Rückzug,
* Einstellen von Sprache,
* Weglaufen,
* häufiges Weinen, Jammern und Schreien,
* Verweigerung,
* Veränderung des Schlafverhaltens,
* Einnässen und Einkoten, Kotschmieren.

Die Symptome fallen auf, und im pädagogischen Alltag wird darauf hingearbeitet, diese zu minimieren. Die Symptome sind allerdings als Anzeichen für eine Krise und die Verzweiflung des Menschen zu verstehen. Es reicht daher nicht, die Auffälligkeiten zu betrachten und diese verändern bzw. beseitigen zu wollen. Es ist vielmehr wichtig, die Gründe in Augenschein zu nehmen, die die Krise ausgelöst oder begünstigt haben. Hierfür sollte eine genaue Analyse der auslösenden Faktoren oder Umstände, der momentanen Lebensbedingungen bzw. Lebensveränderungen sowie einer möglichen kritischen Lebenssituation (sexueller Übergriff, Tod eines Familienmitglieds, Unfall oder dgl.) erfolgen. Anne Häußler (2016) hat zur Erklärung des Krisenmodells bei Autismus das sogenannte »Eisbergmodell« modifiziert (▶ Abb. 14). Es wird ein Eisberg im Querschnitt dargestellt, der über eine Wasseroberfläche ragt. Was unter der Wasseroberfläche verborgen ist, kann nur erahnt werden, es ist jedoch sehr wichtig, auch diese Aspekte zu betrachten. Auf Autismus bezogen erscheinen über der Wasseroberfläche ›nur‹ die Verhaltensprobleme des Menschen, die den Betreuer*innen und Bezugspersonen große Sorgen bereiten. Unter der Wasseroberfläche jedoch finden sich die Merkmale bzw. Bedingungen, die mit der Autismus-Spektrum-Störung zu tun haben bzw. von dieser verursacht werden. Dies sind Kommunikationsprobleme, Wahrnehmungsbesonderheiten, Unsicherheit, Veränderungsängste, unerfüllte Bedürfnisse, Ängste, Sorgen, ungeklärte Gefühle, Überforderung, Schmerzen, Langeweile usw. Die folgende Zeichnung soll dies verdeutlichen (▶ Abb. 14).

Abb. 14: Eisbergmodell

Häufig wird nur auf das geschaut, was offensichtlich ist:

»Herr C. ist schon wieder auf den Betreuer losgegangen«. Hierauf wird unverzüglich reagiert (Herr C. wird für 30 Minuten in sein Zimmer geschickt). Was jedoch der konkrete Auslöser des aggressiven Verhaltens ist, also unter der Oberfläche liegt, wird nicht beachtet. In diesem Fall hatte Herr C. einen schwierigen Tag in der Tagesförderstätte, da sein Betreuer krank war. Das Mittagessen hat ihm nicht geschmeckt, und der Bus musste einen Umweg fahren. Zusätzlich kündigt sich bei ihm ein Harnwegsinfekt an, den er nicht verbalisieren kann. Vormittags hat seine Mutter ihren Besuch in der Wohnstätte für heute abgesagt, weil sie krank ist. Herrn C. wurde dies von seinem Bezugsbetreuer ca. eine halbe Stunde vor dem Besuch mitgeteilt, und dieser hat es scheinbar unberührt zur Kenntnis genommen. Eine Stunde später greift er den Betreuer an. Er wirkt sehr verzweifelt und aufgebracht. Für den Betreuer war nicht zu erkennen, wie schwierig der Tag bereits für Herrn C. war, denn nicht alle Informationen vom Vormittag konnten bei ihm ankommen. In jedem Fall wäre es besser gewesen, Herrn C. schon

> vor der Eskalation ›auf Augenhöhe‹ zu begegnen, also seine Enttäuschung zu spiegeln, Verständnis zu zeigen und ihm vor allem eine Alternative anzubieten. Diese beinhaltet etwas, was er gut findet bzw. akzeptieren kann.

Es ist möglich, dass die Betreuer*innen bestimmte Aktivitäten ausschließen müssen, weil diese im Moment personell nicht durchführbar ist. Es sollte jedoch immer einen ›Plan B‹ geben. Es wird nicht ausschließlich von Seiten der Betreuer*innen bestimmt, wie der Tag weitergehen wird, sondern Herr C. hat die Möglichkeit, einen Wunsch zu äußern. Die nachfolgende Social Story mag dies verdeutlichen (► Abb. 15).

Es ist allerdings notwendig, solche Handlungsstrategien bzw. Alternativen im Vorfeld in einer ruhigen Situation zu entwickeln. In der Krise selbst eine andere Lösung zu finden, ist schwierig. Der Mensch mit Autismus ist wahrscheinlich sehr erregt, kann nicht zuhören, versteht nicht, was der andere von ihm will und steigert sich in seine Aufregung hinein.

Wenn Mama nicht zu Besuch kommt

Mama besucht mich jeden Mittwoch.	
Manchmal ist Mama krank, oder das Auto ist plötzlich kaputt.	
Dann kann sie mich nicht besuchen.	
Ich weiß erst kurz vor dem Besuch, dass sie nicht kommt.	
Das macht mich traurig und ärgerlich.	
Meine Betreuer verstehen das und wollen mich trösten.	
Wenn Mama plötzlich nicht kommen kann, darf ich mir etwas anderes aussuchen.	
Dann ist der Tag trotzdem gut.	
Und Mama kommt ja nächste Woche wieder.	

Mama kommt nicht. Ich suche mir aus:

Abb. 15: Social Story: Wenn Mama nicht zu Besuch kommt (METACOM Symbole © Annette Kitzinger)

5.2 Verarbeitung der Autismus-Spektrum-Störung

Wie der/die Betroffene mit Autismus selbst seine/ihre Andersartigkeit wahrnimmt und ob er/sie darunter leidet bzw. sich hiermit auseinandersetzt, kann nicht verallgemeinert werden. Es sollte jedoch davon ausgegangen werden, dass sich auch schwerer beeinträchtigte Menschen Gedanken dazu machen, warum ihr Lebensweg anders verläuft als der gesunder, neurotypischer Menschen. »Warum lebe ich in einer Einrichtung mit anderen Menschen zusammen? Warum kann ich nicht eine Familie gründen? Wieso keinen Führerschein machen und nicht selbst bestimmen, wann und wohin ich in Urlaub fahre?« Wenn sie dies auch nicht in Worte fassen können, so bringt sie die Auseinandersetzung mit ihrer Beeinträchtigung mitunter durchaus in eine Lebenskrise, die sich bspw. dadurch äußert, dass sie traurig oder wütend werden. Im Verlauf meiner fast 40-jährigen Tätigkeit bei Autismus Bremen e. V. habe ich bei Eltern verschiedene Einstellungen und Vorgehensweisen hierzu erlebt von »das versteht sie/er sowieso nicht« bis hin zu »ich habe mit ihr/ihm darüber gesprochen und ihr/ihm erklärt, was mit ihr/ihm los ist«. Nach meiner persönlichen Meinung ist es wichtig, dem Menschen zu sagen, dass er oder sie Autist*in ist, auch wenn der Eindruck oder die Sorge besteht, dass er oder sie es nicht versteht. Die Diagnose zu erklären und zu benennen, ist fair und respektvoll. Allerdings kann ein stark beeinträchtigter Mensch sicherlich nichts mit dem Begriff ›Autismus‹ an sich anfangen. Für diese Betroffenen sollte frühzeitig damit begonnen werden, ihm/ihr seine/ihre Besonderheiten, Fähigkeiten und Interessen positiv zu spiegeln. »Du kannst super die Steine nach Farben sortieren«, »wie geschickt du mit den Bällen umgehst, das ist etwas Besonderes« oder »es ist großartig, wie du dich stundenlang mit deiner Blätterkiste beschäftigst«. Es gibt verschiedene Formen, autistische Menschen über ihre Beeinträchtigung zu informieren. Insbesondere Autor*innen von Kinder- und Jugendbüchern haben sich mit dem Thema auseinandergesetzt und bieten Bücher zur

Aufklärung über Autismus an – nicht nur für Geschwister, sondern auch für Betroffene. All diese Veröffentlichungen sind jedoch für stärker beeinträchtigte Menschen eher nicht brauchbar, da sie recht komplex sind. Für die Bearbeitung anderer Arbeitsbücher ist therapeutische Unterstützung notwendig, und sie sind sehr umfangreich. Für stark beeinträchtigte Menschen sollte eine Aufklärung in ›Leichter Sprache‹ erfolgen. Ein paar Ideen hierzu finden sich im Kapitel 5.9 (▶ Kap. 5.9).

Praxistipp zur Aufklärung eines schwer behinderten Menschen mit Autismus
Worum geht es?

- Es geht darum, sich selbst (und die anderen) zu verstehen.
- Das gilt für Betroffene und Begleiter*innen gleichermaßen.
- Ich sage dir deine besonderen Stärken (oder frage dich, welche dir wichtig sind). Deine Stärken erkenne ich und helfe dir dabei, sie anzuwenden und auszubauen.
- Ich spreche mit dir über deine Interessen oder Lieblingsbeschäftigungen.
- Ich gebe dir das Gefühl, dass du ein geschätzter und liebenswerter Mensch bist.
- Ich sage dir, was dir guttut (Strukturen, Vorbereitung von Veränderungen, Überschaubarkeit etc.).
- Ich sage dir, was ich mir von dir wünsche (dass du versuchst, ruhig zu bleiben, mir bei etwas hilfst, versuchst zu warten, mir zuhörst, wenn ich dich um etwas bitte usw.).
- Ich sehe und beachte deine besonderen Denk- und Wahrnehmungsweisen.
- Ich erkläre dir, woher dein Autismus kommt (Gehirn).
- Alles, was ich zu dir sage, gebe ich dir auch in visualisierter Form.
- Ich appelliere an dich, dass du selbst etwas dafür tun kannst, mit dem Autismus zurechtzukommen. Dafür musst du dich anstrengen.

Es ist sinnvoll, mit einem Menschen mit leichterer kognitiver Beeinträchtigung ein persönliches »Ich-Buch« anzufertigen, in dem die Stärken bzw. Fähigkeiten, aber auch Schwächen und Probleme, Interessen, Bedürfnisse und Wünsche dokumentiert und für ihn selbst, aber auch das Umfeld sichtbar gemacht werden. Dies ist ein erster, vorbereitender Schritt in Richtung der Biografiearbeit, auf die in Kapitel 7.4 weiter eingegangen wird (▶ Kap. 7.4).

5.3 Veränderungen

Es gibt Veränderungen, die im Laufe des Lebens notwendig sind. Dazu gehören die Einschulung, die Umschulung in eine weiterführende Schule, die Aufnahme einer Berufsausbildung bzw. die Eingliederung in eine Tagesförderstätte oder WfbM. Der Umzug in eine Einrichtung zum Wohnen erfolgt ebenfalls irgendwann, und bedeutet eine neue, weitreichende Veränderung. Dies sind alles Wechsel bzw. Übergänge, die gut vorbereitet werden können. Über die wichtigsten Regeln für die Vorbereitung von planbaren Übergängen habe ich bereits im Kapitel 3.2 geschrieben (▶ Kap. 3.2). Diese Hinweise sind entsprechend auf jeden Übergang anzuwenden. Mit angemessener Vorbereitung des Menschen mit Autismus, des Betreuungsteams der Institution, in die er oder sie wechselt, und intensiver, kooperativer Zusammenarbeit aller Beteiligten ist ein solcher Übergang häufig gut zu schaffen. Manchmal sind Neuerungen unvermittelt notwendig, weil bspw. Eltern versterben, und der autistische Mensch unverzüglich umziehen muss. Die Akzeptanz einer abrupten Veränderung ist ungleich schwieriger, da sie ohne Vorzeichen geschieht. Die Konfrontation hiermit bedeutet für einen Menschen mit Autismus Stress, und es ist möglich, dass ihn dies in eine Krise stürzt. Verhindern lässt sich eine solche plötzliche Veränderung manchmal nicht, es gilt jedoch, hiermit gut umzugehen und die Situation möglichst in Balance zu halten.

Hierfür kann man sich das Modell einer Balkenwaage vorstellen. Das Ziel ist, dass sich die beiden Waagschalen im Lot befinden. Wenn das der Fall ist, geht es dem Menschen gut. Fallen jedoch belastende Situationen in eine der Waagschalen, gerät der Mensch aus der Balance und in eine Krise, und es kommt bspw. zu Selbstverletzung, aggressivem Übergriff, Rückzug etc. Wenn die Waagschalen jedoch wieder ins Gleichgewicht gebracht werden, also als Ausgleich zu einem negativen Ereignis etwas Positives, Deeskalierendes in die andere Waagschale geworfen wird, kommt es zur Regulierung. Damit dies funktioniert, müssen Mitarbeiter*innen Autismus verstehen, vorhersehen können, was passieren kann, rechtzeitig gegensteuern und gelassen bleiben.

Frau L. befindet sich schon seit 30 Jahren in ihrer Wohnstätte, immer in demselben Zimmer. Da sie Veränderungen nicht toleriert und sehr sensibel auf diese reagiert, hat das Betreuungsteam immer versucht, diese von ihr fernzuhalten. Leider muss ihre langjährige Bezugsbetreuerin kurzfristig aus familiären Gründen kündigen. Keiner weiß, wie man es Frau L. erklären soll. Sie hat zwar in den letzten Jahren verstanden, dass ihre Betreuerin manchmal nicht kam, wenn sie krank war oder Urlaub hatte, und gelernt, das zu akzeptieren Aber nun wird sie nicht wiederkommen. Wie soll Frau L. das verstehen? Schließlich entschließt sich das Team, Frau L. sowie den anderen Bewohner*innen zu erklären, was passiert ist, indem ein Foto von dem kranken Kind der Betreuerin und dem Krankenhaus, wo das Kind jetzt liegt, herumgegeben wird. Frau L. wird die Lieblingstasse der Betreuerin geschenkt und ihr wird vermittelt, dass dies das Abschiedsgeschenk der Betreuerin für sie sei. Auch wenn alle davon ausgehen, dass Frau L. nicht vollständig begreift, was passiert ist, so sind sie erstaunt, wie gefasst sie auf die Nachricht reagiert. In den folgenden Wochen steht sie manchmal am Fenster, so als würde sie auf die Betreuerin warten, hält dabei den Becher in der Hand und schaukelt rhythmisch mit dem Oberkörper hin und her. Es scheint, als wolle sie sich selbst wieder ins Lot bringen.

Wichtig ist, sich klarzumachen, dass Menschen mit Autismus oft mehr verstehen als ihnen zugetraut wird. Auch wenn sie eine sprachliche Botschaft nicht vollständig begreifen, gehen sie doch bei emotionalen Schwingungen häufig mit und merken, dass etwas passiert ist, sich die Menschen im Umfeld Sorgen machen und über das Geschehene oder den Konflikt sprechen. Es gehört daher dazu, sie nicht wie Kinder, sondern wie erwachsene Menschen zu behandeln, ihnen zu erzählen, was los ist, und wie schwierig es ist, zu einer Lösung zu kommen. Dabei gilt es, sachlich zu sein und Gefühle zwar zu benennen, aber nicht übertrieben zu zeigen. Des Weiteren sollte nicht erwartet werden, dass der/die Betroffene Empathie zeigt, wenn er/sie von einer traurigen oder belastenden Nachricht erfährt. Menschen mit Autismus nehmen solche Nachrichten manchmal offenbar teilnahmslos hin oder reagieren gegenteilig, lachen bspw., wenn etwas Trauriges geschieht. Das hat mit der emotionalen Entwicklungsstufe zu tun (vgl. Sappok 2019) und mit den eingeschränkten Theory-of-Mind-Fähigkeiten. Dies sollten sich die Bezugspersonen vergegenwärtigen, damit sie sich nicht verletzt oder persönlich angegriffen fühlen.

5.4 Sexualität

Menschen mit Autismus kommen häufig erst später als Gleichaltrige in die Pubertät, diese dauert länger bzw. ihr Ende verschiebt sich nach hinten. Kognitiv beeinträchtigten Menschen fehlt in der Regel die Möglichkeit zu verstehen, was sich in oder an ihrem Körper verändert, d. h., weshalb das Körpergefühl ein anderes ist, wieso sie in wechselnde Stimmungen verfallen, warum bestimmte Gefühle oder Bedürfnisse entstehen, die es vorher nicht gab. Das Wissen über Sexualität ist bei autistischen Menschen deutlich eingeschränkt, dies berichten sowohl Eltern als auch Betreuer*innen. Autistische Menschen wissen häufig nicht, wie sie sich selbst vor sexuell übertragbaren Krankheiten und Missbrauch schützen können, und sie haben ein höheres Risiko, sexuell missbraucht zu werden (Sünkel, Barth 2018). Die Betroffenen bleiben in vielen Bereichen kindlich, haben aber trotzdem sexuelle Impulse. Langjährige notwendige Hilfen bei der Körperhygiene oder das Schlafen im Ehebett haben wenig Gefühl für Intimsphäre entstehen lassen, außerdem sind die Schamgefühle bei Menschen im Autismus-Spektrum deutlich reduziert. Nur ca. 13 % zeigen Scham oder Unbehagen, wenn sie nackt gesehen werden. Ungefähr 67 % reagieren gleichgültig auf die Nacktheit anderer Menschen (Schirmer 2012). Aus scheinbar kindlichem Verhalten (die Haare der Mutter kuscheln) entsteht manchmal ein ›handfestes‹ Problem, d. h., der erwachsene Sohn will nach wie vor die Haare der Mutter anfassen und an ihnen riechen, weil dies ihn beruhigt, ihm Wohlbehagen und ein gewisses Empfinden von ›Lust‹ verschafft. Mütter werden manchmal zum bevorzugten ›Sexualobjekt‹, da gleichaltrige Sozialkontakte und damit Sexualpartner*innen fehlen.

Selbstbefriedigung

Eltern autistischer Erwachsener sehen Sexualität und Selbstbefriedigung häufig als etwas an, »was es zu Hause nicht gibt«. Sie möchten auch nicht, dass ihr Kind auf die Idee kommt, sich zu befriedigen, möchten ›keine schlafenden Hunde‹ wecken. Dies auch, weil sie sich nicht vorstellen können, wie das Kind Sexualität leben bzw. ausführen könnte. Manche Menschen mit Frühkindlichem Autismus masturbieren regelmäßig, manche zeigen dabei auch ein sexuelles Interesse an einer Partnerin oder einem Partner. Viele Menschen mit Autismus und kognitiver Beeinträchtigung, insbesondere die mit einer sehr schweren geistigen Behinderung, sind allerdings nicht dazu in der Lage, sich selbst zu befriedigen, d. h. sie fassen sich mglw. an, es kommt jedoch nicht zu einem Orgasmus bzw. Samenerguss. Diese mangelnde Erfüllung eines basalen Bedürfnisses kann mitunter zu einem starken inneren Druck führen und damit insbesondere zu selbst- oder fremdverletzenden Verhaltensweisen. Um den Stress der Person zu reduzieren, ist es ratsam, sie dabei zu unterstützen herauszufinden, was für sie angenehm und stimulierend sein kann. Hierfür ist es wichtig zu wissen, dass viele autistische Menschen (ca. 90 %, Dreisigacker 2003, S. 13) bestimmte Objekte zur sexuellen Stimulation benutzen, denn mangelndes Vorstellungsvermögen, d. h. die Schwierigkeit, Fantasien zur sexuellen Erregung zu entwickeln, machen einen unmittelbaren Stimulus durch Objekte notwendig. Dies sind bspw.

* sensorische Stimuli (visuell, auditiv, olfaktorisch, taktil),
* bestimmte Materialien und Objekte (glatte, glänzende Oberflächen, Leder, Gummi, Puppen),
* bestimmte Personen oder Körperteile anderer Menschen (z. B. Haare, nackte Füße, Ohren),
* Gegenstände zur Selbstbefriedigung (Kopfkissen, Waschlappen, bestimmte Texturen, Töpfe, Lampen, Gürtel, Duschkopf, Metallkugeln o. Ä.),
* Fetische (Gullideckel, Glühbirne, Frotteewaschlappen, Apfel, Traktoren etc.).

So wie ein autistischer Mensch manchmal nicht zum Orgasmus kommt und hierdurch frustriert ist, ertragen andere das Empfinden des Orgasmus nicht, weil es zu intensiv oder zu wenig steuerbar ist. Sie erschrecken sich über das starke Gefühl und erleben es als bedrohlich. Auch dies kann zu selbstverletzendem Verhalten führen, weil der Mensch versucht, das Erregungsgefühl bspw. durch Schlagen auf das Körperteil zu unterbinden.

Unangemessenes Berühren von Mitmenschen

Menschen mit Autismus versuchen manchmal, ihre Mitmenschen unangemessen zu berühren oder bitten selbst darum, angefasst zu werden. Sie fassen an den Busen der Betreuerin oder auch einer unbekannten Person, versuchen, ihre Genitalien an Personen zu reiben, die dies nicht wünschen, oder stellen unangemessene Forderungen an ihre Mitmenschen. Hier ist es wichtig, die Motivation der Person zu klären, denn oft ist dieses Verhalten eher kindlicher Neugier geschuldet als sexuellen Bedürfnissen. Durch eine ruhige Reaktion und Antwort kann das Verhalten weniger interessant für die autistische Person werden. Exponierendes Verhalten wird häufig als sexuelles Verhalten gedeutet, dies muss aber so nicht sein. Das Verhalten des Mannes, der sich nach dem Urinieren umdreht oder mit heruntergelassener Hose herumläuft, entspricht eher kindlichem Verhalten statt sexueller Motivation. Auch hier ist wichtig, ruhig auf das richtige Verhalten hinzuweisen und nicht etwas in ein Verhalten hineinzudeuten, was so nicht zutreffend ist. Bei Erwachsenen ist es notwendig, dass Betreuerinnen im Kontakt zu Männern und Betreuer zu Frauen unbedingt Distanz wahren, auch weil eine Berührung oder Massage schnell missverstanden wird. Durch pflegerische Tätigkeiten ist die Intimität der autistischen Person in jedem Fall stark herabgesetzt, hierüber müssen sich Betreuer*innen im Klaren sein.

Sexualbegleitung

Herr G. (27) ist bereits mit 18 Jahren in eine Wohnstätte für Erwachsene mit geistiger Behinderung gekommen. Die Mutter als gesetzliche Betreuerin und ein Mitarbeiter der Wohnstätte kommen zu einem Beratungsgespräch und berichten, Herr G. verhalte sich in letzter Zeit »unleidig« und ausgesprochen angespannt. Manchmal hörten sie lautes Jammern aus seinem Zimmer. Dieses würden sie in diesen Momenten jedoch nicht betreten, weil sie Herrn G. seine Privatsphäre zugestehen würden. Nach einem längeren Austausch über mögliche Gründe werden Mutter und Betreuer nach ihrem Eindruck befragt, ob Herr G. sexuelle Bedürfnisse zeigen bzw. sich selbst befriedigen würde. Hierauf können Mutter und Betreuer keine Antwort geben. Es falle ihnen allerdings auf, dass er sich gern in unangemessenen Situationen in Höhe des Geschlechtsteils reiben würde, das würde ihm dann jedoch unter-

> sagt. Es steht die Vermutung im Raum, dass Herr G. mglw. versucht, sich sexuell zu stimulieren, aber nicht zum Erfolg kommt. Um diesen Verdacht abzuklären, wird der Einsatz einer Sexualbegleiterin vorgeschlagen, die Herrn G. behilflich sein soll. Im Vorfeld gilt es, mit Herrn Gs. Mutter als gesetzlicher Betreuerin, aber insbesondere in ihrer Rolle als Mutter, die Hürden zu klären, die es ihr schwer machen, ihrem erwachsenen Sohn eine eigene Sexualität zuzugestehen.

So wie in diesem Beispiel empfiehlt sich bei manchen Menschen der Einsatz von Sexualbegleiter*innen. Diese Begleiter*innen (Frauen und Männer) bieten Menschen mit Behinderungen Hilfestellungen zum Erleben ihrer Sexualität an. Zunächst wird die Möglichkeit eröffnet, eine unbekleidete Person anzuschauen und anzufassen. Im Anschluss erfolgt ein intimes, sinnliches und mglw. erotisches Erlebnis, das ein positives Körpergefühl vermitteln kann. Hierbei ist darauf zu achten, dass ein/eine solche*r Begleiter*in Grundwissen über Autismus besitzt, um angemessener mit der Person umgehen zu können und ihre besondere Wahrnehmens- und Erlebniswelt zu beachten. Eine Sexualbegleitung kann auch anregen, wie die Person sich befriedigen, also zum Höhepunkt kommen kann, indem sie bspw. bestimmte Berührungen, Hilfsmittel wie Vibratoren und dgl. anbietet.

Masturbation in der Öffentlichkeit

Aufgrund des fehlenden Schamgefühls, reduzierter Fähigkeit, auf die Gefühle anderer Menschen Rücksicht zu nehmen, und der eingeschränkten Sozialkompetenz kann es vorkommen, dass der autistische Mensch versucht, im Familienkreis, der Wohngruppe, am Arbeitsplatz oder auch in der Öffentlichkeit zu masturbieren. Manchmal hat die Masturbation vor anderen Menschen auch provozierenden Charakter. Es sollten möglichst sofort bestimmte Regeln aufgestellt und deren Beachtung eingefordert werden.

Praxistipp bei Masturbation in der Öffentlichkeit

* Verhalten unterbrechen,
* den autistischen Menschen an den angemessenen Ort/Zeit erinnern,
* mit etwas anderem beschäftigen, das beide Hände beansprucht (etwas tragen, schneiden, zusammenfügen etc.),
* mit etwas beauftragen, das hohe Aufmerksamkeit oder viel körperliche Bewegung beinhaltet,
* an einen geeigneten Ort der Privatheit führen (Bad, Dusche, Schlafzimmer).

Bei unangemessener Masturbation sollten Panik und Überreaktion vermieden werden. Die Bezugsperson sollte ruhig Anweisungen geben und diese konsequent verfolgen. Gerade bei exzessiver Masturbation ist wichtig, diese nicht zu untersagen, sondern Zeiten zum Masturbieren einzurichten und bspw. zu gestatten, dass die Person sich einmal in zwei Stunden auf die Toilette zurückziehen darf. Es ist ebenfalls sinnvoll herauszufinden, was die Person sonst noch gerne macht, um mglw. Alternativen anzubieten (Radtour, Trampolinspringen usw.). Manchmal wird auch aus Gründen masturbiert, die mit Langeweile oder Überforderung zu tun haben, oder auch, weil bisher keine Grenzsetzung erfolgt ist.

Sexueller Missbrauch

Untersuchungen zeigen, dass Menschen mit Behinderungen etwa viermal häufiger Opfer sexualisierter Gewalt werden als nichtbehinderte Menschen (Leitfaden des Runden Tisches »Sexualität und Behinderung« 2016, S. 6). Sexueller Missbrauch kann aufgrund zu geringer Distanz und fehlenden Misstrauens geschehen, auch ist ein Mensch mit Autismus eher wehrlos und manipulierbar. Hier sind Betreuer*innen bzw. Bezugspersonen gefragt, aufmerksam zu sein und sorgsam zu beobachten und zu analysieren, bevor ein falscher Verdacht geäußert wird.

Gerade bei Menschen mit Autismus ist es sehr schwer, die unterschiedlichen Symptome, die für ein Missbrauchsgeschehen sprechen könnten, als solche zu identifizieren, da manche hiervon zu der typischen Symptomatik von Autismus gehören. Anlass zur Sorge besteht immer, wenn ein Verhalten sich verändert, d. h. erstmalig auftritt, sich erheblich verstärkt oder neue, ungewöhnliche Verhaltensweisen auftreten. Anzeichen für sexuellen Missbrauch können bspw. die folgenden sein (nach Bosch/Suykerbuyk 2010).

* Körperliche Indikatoren: Bauch-/Kopfschmerzen, Beschwerden beim Wasserlassen oder Stuhlgang, Verletzungen, blaue Flecken, Schlafstörungen, Essstörungen, Selbstverletzung, Einfordern von Tiefenstimulation, insbesondere im Genitalbereich, Verweigern von pflegerischen Handlungen, Abwehr von Körperkontakt
* Kognitive Indikatoren: unzusammenhängende Berichte, Selbstgespräche, Missbrauchsberichte, sexuell gefärbte Äußerungen
* Soziale Indikatoren: Angst vor Berührung, sexualisiertes/grenzüberschreitendes Verhalten, Fixierung auf das andere Geschlecht, Einführen von Gegenständen in Vagina, Anus oder Penis bei sich oder anderen Personen, Flucht-/Vermeidungsverhalten, eigenartige/zerrissene Kleidung, Ruhelosigkeit, Rückzugsverhalten, entgrenztes/extrovertiertes Verhalten
* Emotionale Indikatoren: gleichermaßen Anklammern und Abwehren, ängstlichen Eindruck machen, fordern, Stimmungsschwankungen, regressives Verhalten.

Praxistipp mit Empfehlungen zum Vorgehen beim Vorliegen von Verdachtsmomenten auf sexualisierte Gewalt

* Ruhe bewahren, Hinweisen nachgehen und dem/der Betroffenen Unterstützung anbieten,

- die Person vor möglichen weiteren Übergriffen schützen,
- keine suggestiven und bohrenden Fragen stellen,
- Verhaltensveränderungen oder Äußerungen schriftlich festhalten,
- medizinisch vertrauliche Befundsicherung (falls möglich), auch zur Beweissicherung,
- Austausch mit Einrichtungsleitung und Kolleg*innen,
- Einholen von Beratung bei entsprechenden Stellen,
- besonnene Beratung und Entscheidung, ob eine Strafanzeige bei der Polizei gestellt werden soll,
- Betreuung und Beratung der betroffenen Person.

Es empfiehlt sich in jedem Fall, Hilfe zu holen, um den Prozess gut zu gestalten. Hierfür ist bspw. der ›Fonds sexueller Missbrauch‹ bzw. EHS (Ergänzendes Hilfesystem) mit Sitz in Berlin zuständig. Es gibt dort auch ein Krisentelefon und die Möglichkeit zum E-Mail-Kontakt. In allen Städten und Gemeinden gibt es Ansprechpartner*innen bzw. Stellen, die sich mit dem Thema sexueller Missbrauch gut auskennen und Hilfen anbieten.

Eine verständliche Aufklärung und geeignete Sexualerziehung der autistischen Menschen als Mittel in der Prävention von sexuellem Missbrauch sind ebenfalls sehr wichtig. Menschen mit kognitiver und kommunikativer Beeinträchtigung müssen lernen können, über ihre Erfahrungen mit erwünschter und unerwünschter Intimität zu sprechen und die Selbstbestimmung über ihren Körper wahrzunehmen. Hierfür gibt es geeignete Materialien (siehe Literaturverzeichnis), die immer individuell an die Person angepasst werden müssen.

5.5 Komorbiditäten

Bei Menschen mit Autismus besteht eine Häufigkeit von 70 bis 85 %, an einer komorbiden Störung zu erkranken (Interdisziplinäre S3-Leitlinie der DGKJP und der DGPPN, Autismus-Spektrum-Störungen im Kindes-, Jugend- und Erwachsenenalter, Teil 1: Diagnostik 2016). Anhaltend aggressives Verhalten sowie andere Verhaltensauffälligkeiten bzw. -veränderungen können z. B. auf eine psychische Störung hindeuten – müssen es aber nicht. Bei vielen Menschen mit Autismus ist Sprache als Kommunikationsmittel gar nicht oder nur eingeschränkt vorhanden. Dem beeinträchtigten Menschen fällt es daher in der Regel schwer, Beschwerden zu formulieren und Verhaltensmuster zu reflektieren. Er drückt seine Gefühle und sein Befinden über sein Verhalten aus. Dies gilt in besonderem Maße für diejenigen, bei denen die kognitiven Fähigkeiten deutlich reduziert sind. Hier ist das begleitende und betreuende Umfeld gefordert, Veränderungen wahrzunehmen, die Hinweise auf innere Not sein können. Neben der Beobachtung ist das Gespräch der Betreuenden untereinander wichtig, um Signale verstehen und Hilfen organisieren zu können. Jede Veränderung eines Verhaltens, d. h. Neuauftreten oder Verstärkung eines Verhaltensproblems, sollte beobachtet, dokumentiert und reflektiert werden, um mglw. rechtzeitig therapeutische Maßnahmen einzuleiten. Wenn vermutet wird, dass eine körperliche Ursache der Symptome ausscheidet, ist für die Diagnosestellung mehr Zeit und Einfühlungsvermögen nötig. Hieran muss auch eine therapeutische Versorgung angepasst werden.

In einer Studie (Noterdaeme, Wriedt 2010) wurde festgestellt, dass 19 % der Menschen mit Autismus sogar zwei Komorbiditäten aufweisen. Manche Komorbiditäten sind seit der Geburt vorhanden (bspw. die Intelligenzminderung), andere können im Laufe des Lebens hinzukommen. Bestimmtes komorbides Geschehen ist mglw. durch das Vorliegen der Autismus-Spektrum-Störung erklärbar, nämlich insbesondere Angststörungen sowie Aufmerksamkeitsstörungen. Als sich im Laufe des Lebens entwickelnde Komorbiditäten sind u. a. bekannt:

* depressive Störungen,
* Angststörungen,
* Epilepsie,
* Zwangsstörungen,
* Verstopfung und Ernährungsbesonderheiten,
* Schlafstörungen.

Depressive Störungen

Eine Betreuerin berichtet:»Es gab auch eine Zeit, wo es ihm nicht so gut ging. Aufgefallen ist eigentlich, dass der Klaus stark ge-schaukelt hat, sehr angespannt war, mit den Zähnen geknirscht hat, sehr schnell wütend wurde, sich in sein Zimmer zurückgezo-gen hat, mit dem Kopf an der Wand gelegen hat, keinen angucken konnte. Auf Ansprache hat er überhaupt nicht mehr reagiert, so-dass man nicht mehr an ihn herangekommen ist«.

Eine Mutter erzählt:»Ganz im Gegenteil zu ihrem sonstigen Naturell hat sie sich immer mehr in sich zurückgezogen. Dann hat sie 'ne langjährige Beziehung zu 'nem Freund Knall auf Fall beendet, und wir haben auch nie herausgefunden, warum sie die Entscheidung getroffen hat. Wenn sie hier bei mir war [...] hatte sie so 'nen vermehrtes Schlafbedürfnis und war auch oft richtig schlecht gelaunt. [...] Und dann fing sie auf einmal an und wurde richtig aggressiv. Das heißt, sie wurde aggressiv gegen Gegenstände, sie hat also mit Möbeln geschmissen, Stühle, Tische. Und dann hat es sich zugespitzt. Dann ist sie auf Mitbewohnerinnen losgegangen.« (Beides Filmausschnitte aus: Stille Not. Depressionen bei Men-schen mit geistiger Behinderung. 2016. Medienprojekt Wuppertal e. V.)

Bei beiden erwachsenen Menschen mit Behinderung wurde eine Depression diagnostiziert. Wichtige Merkmale für das Vorliegen einer depressiven Phase bei autistischen Menschen können sein:

* plötzliche oder allmählich zunehmende Veränderung von Verhalten und Stimmung,
* Appetitlosigkeit,
* Rückzug,
* Verweigerung,
* Aggressionen,
* selbstverletzendes Verhalten,
* gereizte statt niedergeschlagener Stimmung,
* reduzierte Selbstfürsorge (nicht mehr essen wollen, neue Rituale einfordern, Freizeitaktivitäten einstellen),
* vermehrt rückversicherndes Verhalten,
* erhöhtes oder stark reduziertes Schlafbedürfnis,
* verändertes Aktivitätsniveau.

Wenn diese Symptome neu und über einen längeren Zeitraum auftreten, ist es notwendig, sich an einen/eine erfahrene*n Psychotherapeut*in oder Psychiater*in zu wenden, der oder die sich mit erwachsenen Menschen mit geistiger Behinderung bzw. Autismus auskennt. Solche Fachleute arbeiten bspw. in Medizinischen Behandlungszentren (MZEB), von denen es inzwischen über 40 in Deutschland gibt. Soweit diese zur »Bundesarbeitsgemeinschaft MZEB« gehören, findet man sie auf der Karte der Bundesarbeitsgemeinschaft (https://bagmzeb.de/mzebs-finden/). Es gibt jedoch auch MZEBs, die nicht auf dieser Liste stehen, sodass zu empfehlen ist, im Umkreis des eigenen Standorts danach im Internet zu suchen.

Angststörungen

Menschen mit Autismus können so wie neurotypische Menschen bestimmte Ängste entwickeln. Bei kognitiv beeinträchtigten Menschen kommt das allerdings eher selten vor. Es kann sich dabei um die Angst vor bestimmten Tieren (Hunde, Insekten etc.), vor geschlossenen Räumen, vor Räumen mit Lüftungen oder dgl. handeln. Auch soziale Ängste können vorkommen, d. h. Angst oder Unsicherheit in einer sozialen Situation. Allerdings impliziert die Autismus-Spektrum-Störung die Vermeidung sozialer Situationen, sodass auch hier erst Grund zur Besorgnis besteht, wenn die soziale Angst plötzlich auftritt oder erheblich zunimmt. Eine Angststörung dieser Art kann den Menschen und seine Umwelt stark beeinträchtigen, weil sie bestimmte Begegnungen und Alltagssituationen unmöglich macht. Eine Angsterkrankung kann mithilfe von entsprechenden Medikamenten, aber auch mit einem verhaltenstherapeutischen Setting behandelt werden, die Erfolge sind aber in der Regel mäßig.

Epilepsie

Die Inzidenz des Auftretens einer Epilepsie bei erwachsenen Menschen mit Autismus beträgt laut einer Studie 20 bis 35 % (Noterdaeme 2015). Eine Epilepsie kann nicht nur im frühen Kindesalter plötzlich auftreten, sondern auch in der Adoleszenz sowie im frühen Erwachsenenalter. Es gibt verschiedene Anfallsformen und ganz unterschiedliche Symptome. Interessierte können sich hierzu bspw. auf der Webseite der Epilepsie-Vereinigung (https://www.epilepsievereinigung.de/krankheitsbild/) informieren. Das Risiko, eine Epilepsie zu bekommen, nimmt mit der Schwere der Intelligenzminderung und dem Vorhandensein einer körperlichen Behinderung zu. Unbedingt erforderlich sind eine Diagnostik und lebenslange Begleitung durch Fachärztinnen*ärzte sowie eine medikamentöse Einstellung. Zusätzlich sind Maßnahmen zur Tagesstrukturierung und insbesondere eines guten Schlaf-Wach-Rhythmus notwendig.

Zwangsstörungen

An einer typischen Zwangsstörung erkranken Menschen mit Autismus in der Regel nicht. Das Behinderungsbild impliziert jedoch Verhaltensweisen, wie sie auch bei Menschen mit Zwangsstörungen vorkommen. Dies sind Stereotypien, nichtfunktionale Routinen und

Rituale, zwanghafte bzw. marottenhafte Angewohnheiten mit bestimmten Objekten, Sammelzwänge, Ordnungszwänge u. v. m. Im Unterschied zu einer Zwangserkrankung (im eigentlichen Sinne) erleben autistische Menschen jedoch das Ausleben dieser wiederholenden, zwanghaften Handlungen nicht als quälend und lästig, sondern als angenehm und beruhigend. Wird eine zwanghaft anmutende Situation unterbrochen, kommt es allerdings zu Angstausbrüchen oder Wutanfällen.

> Benjamin, 20 Jahre alt, hat große Freude daran, der schweren Eingangstür zuzuschauen, wie sie sich ganz langsam schließt und mit einem besonderen Geräusch ins Schloss fällt. Wenn der Betreuer versucht, ihn daran zu hindern, bekommt Benjamin einen massiven Wutanfall, d. h., er schreit, schlägt sich an den Kopf und versucht, den Betreuer mit den Füßen zu treten. Wenn sein Begleiter ihm jedoch die Möglichkeit lässt, dieses Ritual zu erleben, ist er danach sofort bereit, weiterzugehen.

Erst, wenn ein autistischer Mensch deutlich unter der Ausübung des Zwangs (nicht an der Unterbrechung von außen) zu leiden scheint bzw. der Zwang so viel Zeit einnimmt, dass andere Tätigkeiten stark eingeschränkt oder nicht mehr möglich sind, ist eine Behandlung, mglw. medikamentöser Art, notwendig.

Praxistipp zu den pädagogischen Möglichkeiten zur Reduzierung zwanghafter Verhaltensweisen (nicht zur Behandlung einer Zwangserkrankung)

- Zeitliche Eingrenzung der Zwangsausübung (»Du kannst fünf Minuten die Hände waschen, dann verlassen wir zusammen dein Zimmer und gehen zum Taxi.«),
- Eingrenzung der Häufigkeit (»Drei Mal kontrollieren, ob die Tür verschlossen ist, reicht. Danach hängst du dir den Schlüssel um und gehst zum Essen.«),

- Eingrenzung des Ortes (»Du kannst in deinem Zimmer so lange Papier sammeln, bis eine Tüte voll ist. Wenn du neues Papier sammeln möchtest, muss du erst die Tüte leeren.«),
- Beobachten, in welchen Situationen die zwanghaften Handlungen besonders stark sind (wenn sich etwas verändert, es laut ist, langweilig), die Auslöser versuchen zu minimieren bzw. auszuschalten.

Bei den Komorbiditäten, also den Begleiterkrankungen von Autismus, gibt es solche, die mit einer medikamentösen Behandlung therapierbar sind und andere, die darüber hinaus psychologisch behandelt werden sollten. Eine psychotherapeutische Behandlung ist allerdings sehr sprachbasiert, d. h., es wird über Gefühle und Probleme geredet und Lösungs- und Veränderungsmöglichkeiten werden im Gespräch erarbeitet. Das erfordert ein hohes Maß an Autismus-Erfahrung bei den Therapeut*innen, wie dies bspw. in Autismus-Therapiezentren vorhanden ist. Darüber hinaus sind Kommunikations- und Konzentrationsfähigkeit notwendig, die Menschen mit Autismus häufig fehlen. Bei der Behandlung müssen deshalb Wege gefunden werden, eventuelle sprachliche Barrieren zu überwinden. Eine Hilfestellung können hier z. B. Piktogramme, aber auch Bezugspersonen geben. Betreuer*innen bzw. Bezugspersonen sollten in die Therapie mit einbezogen werden, insbesondere auch, um die erforderlichen Übungen in den Alltag zu übertragen.

Neben den psychischen Komorbiditäten gibt es die im Folgenden beschriebenen, die eher in den Bereich körperlicher Erkrankungen gehören. Sie können psychisch mit verursacht sein, also psychosomatischer Natur sein.

Verstopfung und Ernährungsbesonderheiten

Es gibt keinen Anhalt dafür, dass gastrointestinale Störungen (Störungen im Magen-Darm-Trakt wie Reizdarm, Reizmagen, Magen- und Darmbeschwerden) häufiger bei Personen mit Autismus-Spektrum-Störungen vorzufinden sind als in der Gesamtbevölkerung. Allerdings zeigt die Gruppe der Personen mit Frühkindlichem Autismus eine erhöhte Rate an Verstopfung, Ernährungsbesonderheiten und selektivem Essverhalten. Es ist gelegentlich zu beobachten, dass autistische Erwachsene Dinge essen, die nicht genießbar sind (Haare, Steine, Münzen, Exkremente usw.). Man nennt dies auch das ›Pica-Syndrom‹, das jedoch nicht nur im Bereich Autismus bekannt ist. Manche autistischen Menschen stopfen Essen in sich hinein, ohne richtig zu kauen, und essen viel zu viel. Sie trinken Gläser und Tassen leer, weil halbvolle Gefäße sie stören. Manche halten ihren Stuhlgang bewusst über Tage an, weil sie das Gefühl schätzen, welches hierdurch im Körper ausgelöst wird. Andere essen nur ausgewählte Lebensmittel, die eine bestimmte Anordnung auf dem Teller, eine spezielle Konsistenz oder Farbe haben müssen. Insbesondere bei Erwachsenen ist es schwierig, diese besonderen Essgewohnheiten zu verändern. Es gibt allerdings ein paar Tricks, die hilfreich sein mögen.

Praxistipp zum Training der Veränderung des Essverhaltens

* Alternativen zu Ungenießbarem anbieten wie Süßholz, Eiswürfel, Kiwis mit Schale, Bananenschalen, Esskastanien, Brausebonbons, sehr saure Gummibärchen, d. h. Lebensmittel mit besonderer Konsistenz bzw. Oberflächenbeschaffenheit und starkem Geschmackserleben. Dem Menschen klar machen, dass er diese Lebensmittel essen darf, andere Sachen dagegen auf keinen Fall (visualisieren!).

* Trinkgefäße auf dem Tisch mit Deckeln verschließen. Was die Person trinken darf, steht offen vor ihr/ihm. Es sind bspw. zwei gefüllte Gläser. Wenn er oder sie es schafft, sich an die Regel zu

halten, darf er/sie am Ende der Mahlzeit noch ein weiteres Glas leertrinken. Helfen kann auch, wenn er/sie Gläser in einer bestimmten Farbe (Lieblingsfarbe oder grün) bekommt. Nur aus diesen Gläsern darf er/sie trinken.

* Einen Plan macht, wann er/sie auf der Toilette ein großes Geschäft machen soll; mglw. mit leichtem Abführmittel nachhelfen. Ein Toilettentag hat ein entsprechendes Symbol. Immer, wenn auf dem Plan eine Toilette abgebildet ist (z. B. alle zwei Tage), wird er/sie dorthin geschickt, und der Aufenthalt wird positiv gestaltet, bspw. mit Musik oder einem Gegenstand, der sich für Stereotypien eignet. Wenn er/sie erfolgreich war, gibt es eine Belohnung, z. B. ein Eis. Vielleicht hilft auch ein entspannendes Bad oder dgl., um die Verdauung (außerhalb der Badewanne!) anzuregen. Wichtig ist, keinen Stress aufzubauen, weil dieser eher hemmend auf die Verdauungsfunktion wirken kann.

Schlafstörungen

Von Kindern mit Autismus ist bekannt, dass sie in den ersten Lebensjahren zu wenig, mit Unterbrechungen oder zu ungünstigen Tages- und Nachtzeiten schlafen. Auch Erwachsene mit Autismus schlafen häufig schlecht. Es kann zu unterschiedlichen Problemen kommen, d. h. zu einem unregelmäßigen Schlaf-Wach-Rhythmus, Einschlafstörungen, Durchschlafstörungen, Früherwachen und zu geringer Schlafdauer. Hierfür gibt es verschiedene Ursachen. Die Menschen nehmen oft unterschiedliche Medikamente ein, die zwar (wenn es sich um Beruhigungsmittel handelt) den Schlaf fördern, ihn jedoch auch beeinträchtigen können. Bei manchen bestehen Anomalien im zirkadianen Melatonin-Rhythmus. Auch durch weitere (komorbid) vorhandene Erkrankungen/Störungen (z. B. Sinnesstörungen, Adipositas, gastroösophagealer Reflux usw.) kann der Schlaf gestört werden. Ängste, Festhalten an inadäquaten Einschlafritualen,

Schwierigkeiten, soziale Hinweise zu verstehen, sowie ausdauernde abendliche Beschäftigung mit stereotypen Objekten oder Spezialthemen können ebenfalls zu erheblichen Einschlafproblemen führen.

> Jannik (20 Jahre alt) sitzt abends aufgeregt im Bett und betrachtet Fotos von Personen, die ihm wichtig sind. Er hat sie sich ausgedruckt und laminiert. Er spricht laut mit den Personen, lacht und albert herum. Diese Prozedur kann bis zu zwei Stunden dauern und stört seine Mitbewohner*innen sehr. Auch, wenn er überhaupt nicht damit einverstanden ist, werden diese Dialoge von den Betreuer*innen zeitlich begrenzt. Jannik darf 30 Minuten mit den Fotos (bzw. den Personen hierauf) kommunizieren (Einsatz des Time-Timers). Danach muss er sie bei der Nachtwache abgeben. Er bekommt nun seinen Stoffesel ausgehändigt, an dem er sehr hängt, und wird gebeten, ab sofort in seinem Zimmer leise zu sein, sich nur noch flüsternd mit dem Esel zu unterhalten und zu versuchen zu schlafen. Die Nachtwache verspricht, in 30 Minuten nach ihm zu sehen – das verschafft Jannik emotionale Sicherheit.

Große Schlafprobleme führen häufig zu vermehrtem Problemverhalten (wie Irritierbarkeit, Stimmungsschwankungen) und geringerer Konzentrations- und Arbeitsfähigkeit. Es ist daher wichtig, Schlafdauer und Schlafqualität pädagogisch/therapeutisch zu unterstützen, wie bspw. durch ein wie zuvor beschriebenes, festgelegtes Ritual, Angebote von Entspannung, Anwenden pflanzlicher Stoffe (Baldrian, Lavendel etc.) sowie vorübergehende medikamentöse Hilfe in Form von (zunächst leicht dosiertem) Melatonin.

Daneben ist wichtig, den Menschen tagsüber ›auszupowern‹. Hier können Bewegungsangebote und körperliche Arbeiten hilfreich sein. Bei Frauen im entsprechenden Alter ist zu bedenken, dass sie an Wechseljahresbeschwerden leiden können, die auch zu Schlaflosigkeit sowie Unruhe und vermehrtem nächtlichen Schwitzen führen können. Dies sollte mit der behandelnden Gynäkologin besprochen werden. Die Wechseljahre können darüber hinaus wie bei neurotypischen Frauen auch psychische Auswirkungen (Stimmungsschwankungen) mit sich bringen und körperliche Beeinträchtigungen wie Hitzewallungen und Schweißausbrüche, Scheidenjucken, Inkontinenzprobleme sowie Zwischenblutungen hervorrufen – diese Probleme haben zwar nichts mit Autismus zu tun, sind jedoch zu erwägen, wenn bestimmte Auffälligkeiten auftreten (Unruhe und Wutausbrüche, vermehrtes Anfassen im Genitalbereich, plötzliches Einnässen etc.).

5.6 Krankheit und Schmerz

Menschen mit Autismus sind nicht mehr oder weniger krank als neurotypische Menschen. Es gibt jedoch Faktoren, die bei ihnen zu mehr Beeinträchtigungen im Sinne von »Krankheitsempfinden« führen als dies bei neurotypischen Menschen der Fall ist. Wieso ist das so?

- Die Betroffenen nehmen häufig Psychopharmaka zur Beruhigung, Behandlung psychotischer und zwanghafter Symptome, Angstreduzierung, Schlafverbesserung und Therapie von Epilepsie ein. Hierdurch kann es zu Nebenwirkungen wie Gewichtszunahme, Mundtrockenheit, Magen- und Darmbeschwerden, Schlafstörungen, Kopfschmerzen, Blutdruckproblemen, Herzrhythmusstörungen u. v. m. kommen.
- Sie haben häufig ein reduziertes Gefahrenbewusstsein: Sie hantieren mit Werkzeugen, ohne die Verletzungsgefahr vorauszusehen, essen oder trinken unverträgliche Dinge, laufen, ohne auf den Verkehr zu achten, auf die Straße oder springen aus großer Höhe herunter – um nur einige wenige Beispiele zu nennen. All dies birgt die Gefahr von äußeren oder inneren Verletzungen.
- Es kommt bei Betroffenen zu selbstverletzenden Verhaltensweisen wie Knibbeln und Kratzen (Aufkratzen von Wunden), sich schlagen und beißen, mit dem Kopf gegen Möbel und dgl. schlagen, sich

verbrühen oder verbrennen, sich Gegenstände, die nicht hierzu geeignet sind, in Körperöffnungen stecken, u. v. m.
- Bei ihnen ist die Wahrnehmungsverarbeitung, d. h. das Erkennen, die Weiterleitung und die Interpretation von Wahrnehmungsreizen gestört. Das führt dazu, dass sie Schmerz häufig nicht richtig lokalisieren können, Schmerz weniger intensiv oder auch besonders intensiv wahrnehmen, manche Schmerzen als angenehm empfinden und sie sich daher immer wieder selbst zufügen.

Herr D., 23 Jahre alt, musste sich einer Hirnoperation unterziehen. Die Zeit im Krankenhaus war ausgesprochen schwierig, da er mit der Narkose, der Zeit nach der OP, der ungewohnten Situation, überraschenden ›Besuchen‹ von Ärzten und Pflegepersonal und insbesondere der veränderten Wahrnehmung seiner Kopfhaut (Glatze, Wunde, Nahtmaterial) nicht zurechtkam. Die ständige Anwesenheit einer Bezugsperson war nicht ausreichend, um die Situation für ihn zu verbessern. Schon im Krankenhaus und in der Zeit danach, als er wieder in die Wohngruppe integriert wurde, begann er, die Kopfwunde immer wieder zu betasten und den Schorf abzukratzen, sodass ihm wiederkehrend Blut über den Kopf floss. Es gab nichts, was ihn davon abhalten konnte, und die starke Stimulation schien ihm Wohlbehagen zu bereiten.

Menschen mit Autismus sowie mit schwerer geistiger Behinderung haben Probleme:

- Schmerz als solchen zu erkennen,
- Schmerz zu lokalisieren,
- Schmerz zu analysieren,
- auf ihren Schmerz sofort und nicht zeitverzögert zu reagieren,
- Betreuungs- und Bezugspersonen Schmerz verständlich zu machen.

Es hängt also von den Beobachtungen von Betreuungspersonen bzw. Angehörigen ab, eine Verletzung oder eine schwerwiegende Erkrankung zu erkennen und eine notwendige ärztliche Diagnostik und Behandlung zu veranlassen.

Praxistipp zu den Anzeichen für schwere Verletzungen und Krankheiten

- Abweichung von alltäglichen Verhaltensmustern,
- verminderte Aktivität/Rückzug,
- Nachlassen von Interessen,
- unerklärliche Zunahme selbst- oder fremdverletzenden Verhaltens,
- Einstellen oder Abwandlung von üblichen Stereotypien,
- ängstliches Verhalten,
- Mimik, Gestik oder Laute, die an Schmerz erinnern,
- verminderte Mobilität,
- Verweigerung von Nahrungsaufnahme etc.
- körperliche Anzeichen wie beschleunigter Puls, Blässe, Schwitzen, Übelkeit etc.

Frau K., 57 Jahre alt, mit Autismus und schwerer kognitiver Beeinträchtigung, war in der Einrichtung als jemand bekannt, die unermüdlich flatternde Bewegungen mit den Händen, verbunden mit brummenden Geräuschen, machte. Es hatte immer wieder Versuche gegeben, ihr diese Stereotypien abzugewöhnen, weil insbesondere Betreuer*innen sie als sehr anstrengend empfanden. Nichts half. Seit einiger Zeit war den Betreuer*innen aufgefallen, dass Frau K. immer seltener wedelte. Außerdem hatte sich die Tonlage beim Wedeln verändert, d. h., die Tonhöhe war kräftiger und schriller geworden. Bei einer Röntgenuntersuchung, die schließlich veranlasst wurde, stellte sich heraus, dass Frau K. an einer fortgeschrittenen Arthrose in den Handgelenken und einigen Fingergelenken litt. Das Wedeln hatte ihr in der letzten Zeit Schmerzen bereitet, und sie hatte es vermieden. Da das stereotype Verhalten auch immer zu einer Stressreduzierung bzw. Stressregulation geführt hatte, wurde Frau K. dabei begleitet, eine neue stereotype Betätigung aufzunehmen. Große Akzeptanz fand bei ihr ein sogenanntes »Nestelkissen«, befüllt mit Reis. Das Gewicht des Kissens erhöhte die Akzeptanz des zunächst unbekannten Gegenstands. Außerdem erhielt Frau K. regelmäßig die Möglichkeit, ihre Hände in kaltem Wasser zu bewegen, was sie ebenfalls sehr gern annahm.

Schmerzen jeglicher Art können bei Menschen mit Autismus vorkommen wie bei anderen Menschen auch. Manche Schmerzen treten häufiger auf, auch aufgrund der Verhaltensweisen, wie diese zuvor beschrieben wurden (Essverhalten, Unfälle, mangelnde Selbständigkeit, Schlafprobleme, Komorbiditäten, Alter usw.). Schmerzen, die häufig aufgeführt bzw. diagnostiziert werden, sind bspw. Zahnschmerzen infolge von Karies und Zahnstellungsfehlern, Muskel- und Gelenkschmerzen, durch Skoliose bedingte Schmerzen oder solche durch Spontanfrakturen, Bauchschmerzen aufgrund von Obstipation, Reflux (Rückfluss von Mageninhalt) oder Magenschleimhautentzündungen, Kopfschmerzen, Schmerzen infolge von Verschlucken, Menstruationsbeschwerden sowie Schmerzen infolge selbstverletzenden Verhaltens. Nachteilig auf das Verhindern bzw. frühzeitige Erkennen von gesundheitlichen Problemen wirkt sich auch aus, dass die Durchführung der meisten Vorsorgeuntersuchungen bei autistischen Menschen unmöglich erscheint. Während neurotypische Menschen ab einem bestimmten Alter an den unterschiedlichen Untersuchungen dieser Art (Mammografie, Darmspiegelung, Zahnkontrolle, MRT etc.) teilnehmen, sind Menschen mit Behinderung häufig hiervon ausgenommen. Eine sorgfältige Untersuchung wäre nur unter Narkotisierung möglich – diese wird wegen der Risiken und Belastungen jedoch vermieden, auch weil manche Autist*innen paradox auf Narkotika reagieren. So kann es bspw. zu einer Krebserkrankung kommen, die bei einem neurotypischen Menschen durch rechtzeitige Vorsorgeuntersuchung vermieden bzw. behandelt wird.

Schmerzen werden anscheinend von autistischen Menschen wahrgenommen wie von anderen Menschen auch, d.h., dass die frühere

Sichtweise eines ›reduzierten Schmerzempfindens‹ überholt ist (vgl. Martin 2016). Jeder Mensch mit Autismus hat Anspruch auf eine sorgfältige Schmerzdiagnostik und eine hilfreiche Behandlung sowie auf besondere Fürsorge und Trost, wenn er oder sie krank ist. Schmerzdiagnostik erfolgt üblicherweise durch eine gründliche körperliche Untersuchung, eine Schmerzanamnese, das Selbsturteil des/der Betroffenen, eine Fremdeinschätzung (z. B. durch einen Fragebogen) sowie ausführliche Beobachtungen.

Bei der Schmerzanamnese werden Informationen zur medizinischen Vorgeschichte wie operativen Eingriffen, vorherigen Erkrankungen, deren Intensität, der damit verbundenen Einschränkung für den Alltag sowie bisherige Behandlungen und deren Wirksamkeit erhoben.

Selbsturteil

Das Selbsturteil des oder der Betroffenen beinhaltet, Schmerzen zu lokalisieren und zu unterscheiden, wie stark ein Schmerz ist. Hierfür bieten sich Fotos wie bei der Oucher-Skala (Beyer 1984) an, bei der allerdings nur Gesichter von Kindern dargestellt werden. Die Gesichter-Skala (Faces-Pain-Scale-Revised, Hicks et al. 2001) zeigt insgesamt sechs gezeichnete Gesichter mit unterschiedlichen Schmerzzuständen (von neutral bis hin zu starkem Schmerz; ▶ Abb. 16). Im pädagogischen Alltag mit autistischen Menschen bieten sich auch Smileys an, da sie den meisten Menschen durch verschiedene Arbeitsmaterialien bekannt sein dürften. Im Internet finden sich viele brauchbare Skalen dieser Art. Es ist allerdings nicht nur erforderlich, dass der betroffene Mensch ein entsprechendes Symbol bzw. eine Farbe der Intensität von Schmerz zuordnen kann, als auch Schmerz in ein Größenschema einordnen kann, von klein (= kein Schmerz) bis groß (= starker Schmerz). Untersuchungen haben allerdings gezeigt, dass nur ca. 50 % der Menschen mit leichter Intelligenzminderung diese Einschätzung hinbekommen (S2k-Leitlinie zur Intelligenzminderung, Stand 12/14, 104).

Skala zur Schmerzerfassung bei geistig Behinderten

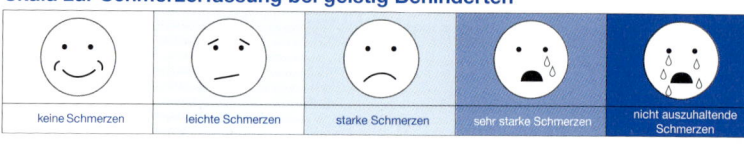

| keine Schmerzen | leichte Schmerzen | starke Schmerzen | sehr starke Schmerzen | nicht auszuhaltende Schmerzen |

Abb. 16: Schmerzskala (METACOM Symbole © Annette Kitzinger)

Praxistipp zum Trainieren der Schmerzlokalisation

Da die Schmerzlokalisation ein wichtiges Thema ist, ist es sinnvoll, diese mit der Person zu üben, und zwar zu einem Zeitpunkt, wo die Person beschwerdefrei ist. Es wird ein Spiel daraus gemacht. Der/die Betreuer*in nimmt einen kleinen Klebepunkt und klebt diesen mit festem Druck (sozusagen einem kleinen ›Pieks‹) auf die Haut des autistischen Menschen. Direkt im Anschluss fragt er/sie: »Wo tut es dir weh?« Der Mensch mit Autismus hat das Bedürfnis, den störenden Punkt zu entfernen und wird an die Stelle greifen, wo dieser klebt. Der Punkt wird nun auf dieselbe Art an verschiedenen Stellen des Körpers aufgeklebt, und jedes Mal wird die Frage, wo es wehtut, gestellt. Bei korrekter Antwort erfolgt eine starke verbale Bekräftigung. Der autistische Mensch wird irgendwann Freude an diesem Spiel empfinden und lernen, die Frage zu verstehen und adäquat hierauf zu reagieren. Irgendwann wird der Klebepunkt weggelassen, und die Frage nach dem Schmerz erfolgt nur noch durch Antippen. Das Spiel muss allerdings regelmäßig wiederholt werden. Wenn der/die Betroffene sich bspw. gestoßen oder den Fuß vertreten hat, ist unbedingt diese Frage zu stellen, damit er/sie nicht nur Freude an dem Spiel hat, sondern die Frage und das Zeigen der Stelle eine alltagsrelevante Bedeutung bekommen.

> **Praxistipp: Wie ein Mensch mit Autismus Schmerz kommunizieren kann**
>
> • Körpersprache:»Wenn es weh tut, drück meine Hand.«
> • Laute:»Wenn es weh tut, jaule wie ein Hund.«
> • Geste:»Wenn es weh tut, gib mir den roten Ball.«
> •»Wie doll tut es weh: wie leise Klangstäbe oder eine Handtrommel oder wie eine große Pauke?«

Fremdurteil

Bei stärkerer Beeinträchtigung muss das Schmerzgeschehen von Bezugspersonen, d. h. Eltern und/oder Betreuer*innen beobachtet und skaliert werden. Hierzu gibt es unterschiedliche Verfahren, die die Beobachtung eines Schmerzgeschehens bei einem Menschen mit starker kognitiver Beeinträchtigung erleichtern sollen. Allen voran ist hier die EDAAP-Skala (Link im Literaturverzeichnis) zu nennen, die von Dr. Michel Belot, Psychologe im Krankenhaus Hôpital de Lannemezan, Frankreich, entwickelt wurde. Diese Skala umfasst elf Kriterien für das Vorliegen von Schmerz, jedes Kriterium wird mit 0 bis 3, 4 oder 5 Punkten bewertet. Diese Kriterien umfassen folgende Inhalte:

• Somatische Äußerungen wie Veränderung bekannter Lautäußerungen, Einnahme einer Schonhaltung, Identifizierung schmerzhafter Körperregionen (bei der Pflege werden Bauchschmerzen deutlich), Schlafstörungen.
• Psychomotorische und körperliche Äußerungen wie Veränderung des Muskeltonus, schmerzverzerrte Mimik, Veränderung der Körperbewegungen, Abwehr von Interaktion z. B. bei der Pflege, Zu- oder Abnahme von Kommunikation, Wandel von Interessen an der Umwelt bzw. sozialen Situationen, Zunahme von Verhaltensproblemen.

159

Die Einschätzung der möglichen Schmerzen eines Bewohners/einer Bewohnerin benötigt mithilfe dieser Skala ca. fünf Minuten und sollte von mindestens zwei Personen durchgeführt werden, sobald der Verdacht auf ein Schmerzgeschehen besteht. Die Bewertung bezieht sich dabei auf das Verhalten der letzten zwei, vier oder sechs Stunden. Mithilfe der EDAAP-Skala wird nach Verabreichung eines Analgetikums (also Schmerzmedikaments) beobachtet, ob sich das Verhalten der Person verändert hat oder nicht. Zusätzlich zu der schmerztherapeutischen Behandlung ist auch eine fürsorgliche Betreuung durch Trost und eine schmerzreduzierende Gestaltung des Tagesablaufs bzw. Situationen am Tag wichtig. Hiermit geht die Frage einher: Was könnte jetzt für den Menschen wertvoll, bedeutsam und hilfreich sein? Dazu es ist erforderlich, dass Mitarbeiter*innen innehalten, spüren und hören, was sie gerade im Kontakt mit dem Menschen, den sie betreuen, erleben, und was das über dessen Bedürfnisse und Wünsche aussagt. Dabei gilt, dass je weniger kommunikative Möglichkeiten ein Mensch hat, je stärker seine Wahrnehmungsprobleme und je größer seine Schmerzen sind, umso wichtiger Strukturen, Rituale und das Loslassen von pädagogischen Ansprüchen sind.

Ein weiteres, alternatives Vorgehen kann das Angebot von Körperund/oder Atemübungen sein. Schmerzen haben oft eine Verbindung mit psychischen Zuständen, d. h., Angst, Panik und Stress. Es kann daher versucht werden, die erhöhte Körperspannung durch Entspannungsangebote in Form von »begleiteter Atmung« und »Atemstimulierender Einreibung« (Pflegetechnik mit rhythmischer Einreibung des Rückens mit Lotionen/Ölen) (Schlichting 2017 46) zu reduzieren. Darüber hinaus sind Stimulationen durch Wärmeanwendungen, Erleben von Schwere und Gewicht auf dem Körper sowie Vibrationsangebote wohltuend und damit schmerzregulierend. Auch eine Pause auf einem Wasserbett kann entspannend wirken. Für autistische Menschen, die dies mögen, können Aromatherapie bzw. aromapflegerische Angebote zur Anwendung kommen – nur ist im Vorfeld vorsichtig zu explorieren, ob es dem/der Betroffenen nicht unangenehm ist, diese Geruchsmischungen wahrzunehmen.

5.7 Arztbesuche und Krankenhausbehandlung

Arztbesuche

Wenn der Verdacht auf Schmerzen oder eine Erkrankung besteht, muss häufig ein Arztbesuch erfolgen. In manchen Einrichtungen besteht eine Kooperation mit einer/einem Allgemeinmediziner*in, der/die Hausbesuche durchführt. In der Regel jedoch muss ein/eine Betreuer*in mit der Person zum Arzt fahren – manchmal übernehmen dies auch Angehörige. Schon der Eintritt in die Arztpraxis ist häufig schwierig: helles Licht, viele Stimmen und Geräusche, Geruch nach Desinfektionsmittel. Auch wenn der Mensch mit Autismus schon einmal oder mehrfach in dieser Praxis war, ist dies nicht zur Routine geworden. Er oder sie hat Probleme, sich im Wartezimmer aufzuhalten, versteht nicht die Fragen des/der Ärztin*Arztes, will sich nicht anfassen lassen, keine Kleidungsstücke ausziehen usw. Die meisten Ärzt*innen sind mit dem Behinderungsbild Autismus nicht vertraut und wissen daher nicht, wie sie eine angemessene Untersuchung durchführen sollen. Hier hilft die Unterstützung von Familienangehörigen und Betreuer*innen. Darüber hinaus ist es sinnvoll, den/die Ärztin*Arzt (sofern er oder sie den beeinträchtigten Menschen noch nicht kennt) vorab zu informieren, was es mit der Autismus-Spektrum-Störung auf sich hat und ihm/ihr Wege aufzuzeigen, wie eine Untersuchung erfolgen kann. Im Vorfeld sollte darauf geachtet werden, dass eine Untersuchung zu einer Zeit (also bspw. am Ende einer Sprechstunde) stattfindet, zu der sich keine anderen Patient*innen im Wartezimmer aufhalten und die Wartezeit so kurz wie möglich gehalten werden kann. Es ist wichtig, dem/der Ärztin*Arzt im Vorfeld klar zu machen, dass ein geduldiger Umgang mit dem/der Patient*in, der ein größeres Zeitfenster als bei anderen Patient*innen mit einbezieht, ausgesprochen hilfreich und zielführend ist. Hierfür besteht aber leider nicht bei jedem/jeder Ärztin*Arzt Verständnis.

Von bspw. Zahnärzten*ärztinnen, die Menschen mit Behinderung behandeln, wird vorgeschlagen, den Zahnarztbesuch zu einem halb-

161

jährlichen Ritual zu machen, bei dem die Zähne untersucht und kleinere Behandlungsmaßnahmen direkt durchgeführt werden. Manche anderen Untersuchungen (wie MRT) sind nur mit Sedierung bzw. Narkose möglich. An dieser Stelle ist zu wiederholen, dass Menschen mit Autismus manchmal paradox auf Medikamente, so auch auf Narkosepräparate, reagieren können und hiervon aufgedreht statt beruhigt sind, sodass sie nicht schlafen. Es gibt allerdings Anästhesist-*innen, die sich mit der Narkose von Menschen mit Beeinträchtigung auskennen, diese finden sich bei Bedarf durch Internetrecherche.

Krankenhausbehandlung

Frau R., Mutter eines 40-Jährigen mit Autismus, schreibt:»Der Arzt hatte den dringenden Verdacht auf eine Blinddarmentzündung geäußert. Nun musste Fabian sofort ins Krankenhaus. Mein Mann und ich haben ihn begleitet. Fabian wusste und verstand überhaupt nicht, was los war. Er hatte zwar heftige Schmerzen, es fehlte ihm jedoch die Erfahrung, dass die Fahrt ins Krankenhaus zu seinem Besten sein würde. Die Situation war gänzlich neu für ihn. Die Untersuchung am Anfang machte neue Schmerzen, und die Prozedur bis zur Einleitung der Narkose war eine gewaltige Anstrengung für ihn und uns. Als er aufwachte, wollte er sofort nach Hause. Er fragte ständig nach, wie lange er noch bleiben müsse, verweigerte das Krankenhausessen und versuchte aufzustehen, wann immer es ging – und dies, obwohl er nach wie vor Schmerzen hatte. Auf eigenen Wunsch gingen wir schon einen Tag früher als angeraten nach Hause, und Fabian konnte sich bei uns von den Strapazen des Ereignisses erholen. Wir waren sehr froh, dass wir als Eltern dieses Ereignis begleiten konnten, denn eine Begleitung durch die Einrichtung, in der Fabian wohnt, wäre nicht ohne weiteres möglich gewesen«.

»Viele geistig behinderte Patienten lassen sich nicht ohne Weiteres einem Behandlungspfad zuordnen oder nach einem Schema untersuchen. Die übliche Vorgehensweise scheitert bereits bei der Anamnese, die häufig nicht möglich ist, sodass der Arzt auf eine Fremdanamnese angewiesen ist. Auch die körperliche Untersuchung, bei der etwa mittels Schmerzreizen versucht wird, richtungsweisende Befunde zu erheben, ist häufig erschwert, da der Patient völlig ungewöhnlich oder gar nicht darauf reagiert. Dies hatte zu der irrtümlichen Annahme geführt, dass geistig behinderte Patienten ein vermindertes beziehungsweise gar kein Schmerzempfinden haben. Neuere Studien zeigen, dass bspw. bei autistischen Patienten die Schmerzintensität sogar stärker wahrgenommen wird als in einer Vergleichsgruppe (Souders, Freeman, DePaul, Levy 2002, S. 28). Jeder klinisch tätige Arzt weiß, wie sehr Schmerzen einen Krankheitsverlauf negativ beeinflussen können – und dies häufig völlig unnötigerweise. Fehlende Krankheitseinsicht oder die Unfähigkeit, die Patientenrolle zu übernehmen, tragen ebenfalls dazu bei, dass die Krankheitsverläufe nicht immer komplikationsfrei sind« (Harinski 2007, S. 104).

Für einen Krankenhausaufenthalt, der längerfristig wegen einer Operation oder Behandlung notwendig wird, kann für den autistischen Menschen eine gewisse Vorbereitung stattfinden.

Praxistipp zur Planung eines Krankenhausaufenthalts

+ Was wird passieren?
+ Wer wird mich begleiten?
+ Was ist zu erwarten (bspw. Schmerzen)?
+ Wie lange muss ich im Krankenhaus bleiben?
+ Wie wird es danach weitergehen?
+ Was muss ich einpacken?
+ Was ist mir unbedingt wichtig mitzunehmen (Lieblingsschlafanzug, Lieblingsmusik und Kopfhörer, Gegenstand für Stereotypien oder von besonderem Interesse, Abspielgerät und bevorzugte DVDs, Fotos)?
+ Kann ich im Vorfeld das Krankenhaus besuchen und über die Station gehen?
+ Was kann ich im Anschluss Positives erleben (einen besonderen Ausflug, eine neue DVD, eine ganze Tüte saure Bonbons usw.)?

Wenn dagegen ein bedrohlicher Zustand entsteht, d. h. der Mensch mit Autismus einen Unfall erleidet oder ernsthaft krank ist, ist eine spontane Krankenhausbehandlung unumgänglich. Diese kann nicht vorbereitet werden, sondern sie stellt eine akute Situation dar, die spontan bewältigt werden muss. Sie gestaltet sich ungleich komplizierter. Von Seite der Wohneinrichtung her ist es in der Regel schwierig, dem Menschen mit Autismus einen erfahrenen Betreuer-*in bzw. eine Bezugsperson als Begleitung zur Verfügung zu stellen, weil dieser zusätzliche Personalaufwand nicht finanziert wird, und ein/eine Betreuer*in in der Regel nicht einfach abgestellt werden kann. Dass dies durch manche Wohneinrichtungen dennoch möglich gemacht wird, ist hoch anzuerkennen, denn selbstverständlich ist es auf keinen Fall. Wenn keine Familienangehörigen als Begleitung zur Verfügung stehen (bspw., weil sie arbeiten müssen, zu alt oder bereits verstorben sind), wird der betroffene Mensch im Krankenhaus häufig mit Medikamenten ruhiggestellt, damit das Pflegeteam mit ihm zurechtkommen kann.

Von staatlicher Seite aus umfasst die stationäre Behandlung im Krankenhaus allerdings auch die aus medizinischen Gründen notwendige Mitaufnahme einer Begleitperson (SGB V § 11). Eine Begleitperson kann als ›Übersetzer‹ unklarer Situationen fungieren und Hilfen zur Einübung z. B. therapeutischer Verfahren oder technischer Hilfen etc. geben. Es ist sinnvoll, dass der/die Patient-*in oder der/die zuständige gesetzliche Betreuer*in vor Krankenhausaufnahme bei der Krankenkasse einen Antrag auf Übernahme der Kosten für eine Begleitperson stellt. Beigelegt wird diesem Antrag eine ärztliche Stellungnahme, in der die medizinische/therapeutische Notwendigkeit für die Mitaufnahme einer Begleitperson aufgeführt ist. Seit 2012 ist es dem Krankenhaus außerdem möglich, die Kosten für besonders aufwendige Pflege bei Patient*innen gegenüber der Krankenkasse abzurechnen. Zur aktuellen und umfassenden Information zu diesem rechtlichen Thema sei auf die Lebenshilfe e. V., den BVKM und die Interessenvertretung ›Selbstbestimmt Leben‹ in Deutschland e. V. (ISL) verwiesen.

Was bedeutet es, zusammengefasst, für einen Menschen mit Autismus im Krankenhaus zu sein?

- In fremder Umgebung, orientierungslos,
- nicht verstanden werden und nicht verstehen, was eigentlich los ist,
- Schmerzen empfinden,
- Reizüberflutung ausgesetzt sein,
- Unsicherheit und Angst empfinden,
- Verhaltensprobleme zeigen wie schreien, sich wehren, Nahrungsaufnahme verweigern usw.

Praxistipp zur besseren Krankenhausversorgung

- Kompetenzen der Begleitperson in Anspruch nehmen und sie fragen oder machen lassen,
- Bezugspflegesystem aufbauen (also möglichst dieselben Pflegekräfte mit denselben ritualisierten Pflegehandlungen),
- Vertrauen aufbauen und Sicherheit geben,
- Orientierung fördern,
- Verständigung ermöglichen (z. B. Nutzung von UK sowie langsam und in einfacher Sprache sprechen),
- geduldig und ruhig bleiben und auftretende Probleme nicht persönlich nehmen,
- klare Strukturen vorgeben und unbedingt Zeit lassen,
- Einsatz erfahrener und gut qualifizierter Pflegefachkräfte.

5.8 Umgang mit Krisen

Im Jahr 2020 trat weltweit eine Notlage auf, die die Allgemeinbevölkerung, aber auch Menschen in Einrichtungen der Behinderten- und

Altenhilfe sowie viele Berufsgruppen in eine erhebliche Krisensituation gestürzt hat – die Pandemie durch Covid 19. Plötzlich mussten sich die Mitarbeiter*innen in Wohngruppen mit Kittel, Maske und Einmalhandschuhen ausstatten und vor allem Abstand halten. Besuche von Angehörigen mussten ausfallen oder gestalteten sich in Zeiten von Lockdowns gänzlich anders (auf Abstand, kürzer, mit Maske etc.), Besuche bei der Familie durften nicht erfolgen. Auch wenn es die Möglichkeit einer Impfung gibt, ist fraglich, wie viele autistische Menschen sich impfen lassen; ebenfalls stellt die Durchführung eines Corona-Tests für viele Betroffene eine unüberwindbare Hürde dar. Von allen Seiten gab und gibt es Informationen in Leichter Sprache, um den Menschen Corona zu erklären. Für manche Menschen mit Autismus sind diese verständlich, viele sind jedoch nicht dazu in der Lage, zu begreifen, was wirklich los ist und erleben, dass um sie herum plötzlich alles anderes ist und anders bleibt.

Eltern und Betreuer*innen berichten ganz unterschiedlich, was die Situation für die autistischen Menschen bedeutet. Die Kittel und Handschuhe seien nicht als ungewöhnlich wahrgenommen worden. Manche erwachsenen Menschen mit Autismus in Einrichtungen empfänden den Einsatz der Masken als Erleichterung, »weil sie nicht mehr so mühselig im Gesicht des anderen die Mimik lesen müssen«, andere würden die Masken der Betreuer*innen jedoch auch herunterreißen, weil sie eine Art Fremdkörper im Gesicht des Gegenübers bedeuteten. Für manche ist es eine Katastrophe, nicht mehr nach Hause zu können und keinen Besuch zu bekommen. Versuche, mit I-Pads oder dgl. einen Videokontakt zu gestalten, schlagen vielfach fehl. Die Tochter/der Sohn mit Autismus verfügt nicht über genügend Aufmerksamkeit, erkennt nicht die veränderte Stimme, versteht nicht, dass die Person in dem kleinen Gerät die Mutter ist. Der/die andere bekommt ein Smartphone geschenkt, um mit den Eltern WhatsApp auszutauschen, kann dies jedoch nicht allein bewerkstelligen, und meist ist das Smartphone aus Aufsichts- und Versicherungsgründen im Betreuerzimmer eingeschlossen.

Eltern berichten, dass es, als nach dem ersten Lockdown für einen begrenzten Zeitraum Besuche bei den Eltern wieder möglich wurden, zu einer schweren Krise mit Wutausbrüchen, Verzweiflungsanfällen und selbstverletzenden Verhaltensweisen gekommen ist. Andere Eltern erzählen, dass der Sohn oder die Tochter nach dem ersten Lockdown erstmalig nach vier Monaten wieder zu Hause zu Besuch gewesen war, und es so gewesen war wie immer. Die Folgen der Unterbrechung hätten die Eltern nicht gespürt, und das Kind anscheinend auch nicht. Es gibt Betreuer*innen, die berichten, dass sie bei manchen Betroffenen durchaus Erleichterung verspüren würden, keinen Besuch von den Angehörigen zu bekommen, jedenfalls hätten diese nicht mit Unzufriedenheit, Verhaltenseinbrüchen oder dgl. auf die fehlenden Kontakte reagiert. Ein Betreuer berichtet, wegen Corona würden die autistischen Menschen sehr von den Mitarbeiter*innen ›verwöhnt‹, es würden also täglich mehrere Spaziergänge gemacht und Aktivitäten innerhalb der Wohngruppe unternommen wie gemeinsam backen oder Musik hören. Teilweise kam beim ersten Lockdown das Personal aus der Tagesförderstätte mit in den Wohnbereich und hat dort Beschäftigungsangebote gemacht, dies sei für die Betroffenen entgegen aller Erwartungen jedoch kein Problem gewesen (denn eigentlich gehörten diese Betreuer*innen und diese Aufgaben nicht an diesen Ort). Schwierig sei in manchen Einrichtungen gewesen, dass Ausflüge, also ins Schwimmbad, zum Einkaufen oder ins Restaurant, nicht oder kaum möglich gewesen seien, weil die Betroffenen keine Masken tragen und keinen erforderlichen Abstand halten würden. Auch wenn sie in der Regel von der Maskenpflicht befreit seien, würden Außenkontakte vermieden, weil es immer wieder zu unerfreulichen Begegnungen mit anderen Menschen käme.

Auf der Homepage von Autismus Deutschland e. V. finden sich viele Informationen, insbesondere auch rechtlicher Art, zum Nachlesen. Bei METACOM-Downloads gibt es diverse Beispiele zu Hygieneregeln und Quarantäne, Erklärung von Covid 19, Verhalten bei Krankheitssymptomen u. v. m. Wie bei allen anderen positiven und negativen Entwicklungen oder Verhaltensweisen bei autistischen Menschen zeigt sich auch hier, wie unterschiedlich und damit einzigartig und kaum vorhersehbar die Reaktionen von Betroffenen sein können. Im

Einzelfall haben sich manche Eltern »ja schon gedacht, was passieren wird«, manche dagegen zeigen Erstaunen, wie gelassen Tochter oder Sohn mit dieser Krise umgeht.

Zusammengefasst gibt es viele Auslöser bzw. Ursachen für krisenhaftes Geschehen. Dies sind insbesondere

+ Veränderungen im Lebensumfeld (Betreuerwechsel, Gruppenwechsel, Renovierung der Wohngruppe und dgl.) und Wechsel der Bezugssysteme (nach Feierabend, Wochenende oder Urlaub in der Herkunftsfamilie),
+ Veränderungen im Tages- bzw. Wochenablauf durch covidbedingte Reduzierung der Tätigkeiten in Tagesförderstätte oder WfbM bspw. in einen vierzehntägigen Rhythmus,
+ Überforderung durch fehlende Struktur, fehlende Beschäftigung, Langeweile oder zu hohe Ansprüche,
+ Entwicklung von Krankheiten körperlichen und/oder seelischen Ursprungs,
+ Unterbrechung zwanghafter und ritualisierter Verhaltensweisen,
+ Kritik, pädagogische Sanktionen, Anforderungen oder Verbote im täglichen Umgang,
+ Gefühle von Bedrohtsein, Hilflosigkeit oder Angst,
+ Überforderung durch ungünstige Wahrnehmungseinflüsse,
+ Missverständnisse im Zusammenhang mit Kommunikation,
+ zu viele Wahl-, Auswahl- und Entscheidungsmöglichkeiten,
+ geringe Impulskontrolle,
+ inkonsequentes, rigides oder unterschiedliches Verhalten der Betreuungs- und Bezugspersonen,
+ Abänderung vorhandener Regeln bzw. plötzliches Einführen neuer Regeln und Strukturen,
+ zu starre oder zu willkürliche Regeln.

Trotz aller Bemühungen von Angehörigen bzw. Betreuer*innen kann es bei einem/einer Betroffenen zur Krise kommen. Diese kündigt sich manchmal durch vermehrte Unruhe, Veränderung der Lautierung, plötzliches Einnässen, Zunahme von Stereotypien/selbstverletzenden Verhaltensweisen oder Androhen von aggressivem Verhalten an. Manchmal geschieht der Beginn der Krise aber auch so plötzlich, dass alle sich erschrecken und keine Zeit haben, länger zu überlegen, was nun zu tun ist.

Beim Aufflammen bzw. dem akuten Beginn einer Krise ist das Wichtigste, Ruhe zu bewahren. Oberste Priorität hat, den/die Betroffene*n, aber auch Mitbewohner*innen und Betreuer*innen zu schützen. Hierzu ist es ratsam, den autistischen Menschen in einen Raum zu geleiten, in dem er/sie bzw. andere Menschen oder Mobiliar am wenigsten zu Schaden kommen können. Dort sollte ihm/ihr bspw. etwas angeboten werden, das ihn/sie beruhigt (eine schwere Decke, Musik etc.). In jedem Fall muss ein/eine Betreuer*in zuständig sein, der bei dem/der Bewohner*in bleibt und darauf achtet, dass nichts Schlimmes im Zimmer passiert. Bei Menschen, die häufig in Krisen geraten und dann bspw. Mobiliar zerstören, ist es notwendig, das Zimmer der betroffenen Person komplett reizarm zu gestalten (im Boden verankertes Bett mit festgeschraubtem Lattenrost, Matratze, Schaumstoffelemente, keine Bilder, kein Stuhl, kein Schrank etc., bruchsicheres Glas im Fenster, keine Fenstergriffe) bzw. einen solchen reizarmen Raum für den Krisenfall bereitzuhalten. Für Menschen mit selbstverletzenden Verhaltensweisen ist je nach Einzelfall der Schutz durch Kopfschutz oder Armmanschetten sinnvoll. Diese sind nicht als Bestrafung gemeint, sondern als Fürsorge für die Person. Gelegentlich ist es notwendig, Bedarfsmedikamente einzusetzen (▶ Kap. 4.9).

Auch wenn Regeln vorhanden sind und immer wieder genannt wurden, hilft das Betonen oder Durchsetzen der Regel im Krisenfall nichts. Der/die Betroffene, der/die sich in der Krise befindet, sollte nicht durch Anschreien, Vorwürfe im Anschluss an die Situation etc. bestraft werden, sondern für Momente, in denen er/sie friedlich und zufrieden ist, belohnt werden. Bei manchen Betroffenen ist es sinnvoll, die Problemsituation mit der Person mit Abstand noch einmal zu besprechen, auch um herauszufinden, was los war, und um vielleicht eine Idee zu entwickeln, wie in zukünftigen Situationen dieser Art verfahren werden kann. Es ist auch überlegenswert, den/die Mitarbeiter*in, der/die dem autistischen Menschen in der Krise am nächsten war, im Anschluss daran eine Pause zu geben oder ihn/sie nach Haus zu schicken. Krisen und ein angemessener Umgang hiermit erfordern von allen Beteiligten unermessliche Kräfte und Energie.

Für Mitarbeiter*innen ist es ein sehr wertschätzendes Zeichen, wenn die Angehörigen eines schwierigen, zu herausforderndem Verhalten neigenden Menschen Anerkennung und ein Dankeschön geben, anstatt sich desinteressiert oder kritisch zu verhalten (»Bei uns ist das noch nie passiert!«). Betreuer*innen in Wohnheimen mit Menschen mit oppositionellen, herausfordernden, selbst- und fremdverletzenden Verhaltensweisen sowie Impulskontrollstörungen machen eine sehr schwierige Arbeit, die Bezugspersonen nicht hoch genug schätzen können. Die Mitarbeiter*innen benötigen Supervision im Team, um Entlastung zu finden, in Krisen gemeinsam handeln zu können und sich selbst keine ›Schuld‹ im eigentlichen Sinne zu geben. Die Mitarbeiter*innen sollen aus Hilflosigkeit und Unsicherheit befreit werden, hierfür benötigen sie eine Erhöhung der Kompetenzen in Konfliktsituationen, auch in Form entsprechender Fortbildungen sowie eines Leitfadens zur Gefahrenabwehr. Notwendig für das Team ist Sicherheit durch Erfahrung eindeutiger institutioneller, sozialer und fachlicher Möglichkeiten und Grenzen.

Für das Team ist es elementar, ein gemeinsames Deeskalationskonzept zu entwickeln und für jeden und jede (auch die Reinigungskraft) zu kommunizieren. Dieses Konzept bzw. der Krisenplan enthalten, wer über das Auftreten der Krise informiert werden muss. Dies sind gesetzliche Betreuer*innen, Leitung der Einrichtung, der/die behandelnde Arzt*Ärztin usw. Es sollte ein Schema geben, bei welchem Verhalten welche Maßnahme angewandt und wann bspw. welche Bedarfsmedikation verabreicht wird. In diesem Plan muss auch enthalten sein, in welcher Form sich ein/eine Mitarbeiter*in gegen einen Übergriff wehren darf. Schutz des/der Mitarbeiters*in und der betroffenen Person stehen an oberster Stelle. Ein Krisenplan muss sichtbar und stets aktualisiert aufgehängt sein. In diesem Plan stehen auch Notrufnummern bspw. der Polizei.

Auf den/die einzelnen Bewohner*in bezogen, bei dem/der mglw. erstmalig eskalierende Verhaltensweisen auftreten, sollte zunächst definiert werden, was genau eine ›Krise‹ mit bzw. bei dieser/diesem Bewohner*in ist. D. h., am Anfang der Krisenbewältigung muss die Untersuchung der Ursache/n für die Krise stehen. Hier ist eine Verhaltensbeobachtung bzw. Verhaltensdokumentation notwendig, bei der wertneutral und objektiv notiert wird, was dem Verhalten vorausgegangen ist (Beschreibung der Situation), was für ein Verhalten der/die Betroffene genau gezeigt hat, welche Reaktion von Seiten des/der Pädagog*in (oder des/der Mitbewohner*in) darauf gefolgt ist, welche pädagogischen Konsequenzen sich anschlossen und wie die Reaktion des/der Betroffenen hierauf war. Dieses Vorgehen ist auch unter dem Begriff ›ABC-Schema‹ bekannt (▶ Tab. 2). Wenn sich bspw. herausstellt, dass die Krise immer dann entsteht, wenn die betroffene Person am Zimmer einer Mitbewohnerin vorbeigeht, die sie jedes Mal wütend beschimpft, müssen Möglichkeiten geschaffen werden, dies zu verhindern (Tür schließen, Räume tauschen, Regeln für Mitbewohnerin aufstellen usw.).

Ein aggressives oder selbstverletzendes Verhalten wird durch positive (aber auch negative) Aufmerksamkeit aufrechterhalten, hierzu gehören auch körperliche Zuwendung, Trost, Rücknahme von Anforderungen sowie Vermeiden bestimmter symptomauslösender Situationen. Entsprechend können im Vorfeld einer Krise, also zur Prävention, die aufrechterhaltenden Bedingungen verändert werden, indem ein Verhalten ignoriert wird (aber nur, wenn keine ernsthafte Verletzungsgefahr besteht). Dies funktioniert aber nur bei herausfordernden Verhaltensweisen, die bewusst eingesetzt werden, bspw. um eine bestimmte Reaktion des Gegenübers zu provozieren. Hat sich das Verhalten verselbständigt bzw. automatisiert, ist also von der autistischen Person nicht mehr selbst kontrollierbar, ist das Ignorieren sinnlos. In jedem Fall sollten positive Intervalle, also symptomfreie Zeiten oder Situationen, belohnt werden, bspw. durch intensive kommunikative und interaktive Zuwendung. Eine weitere Möglichkeit ist, inkompatible Verhaltensweisen aufzubauen. Wenn der/die Betroffene einen Stapel Holz oder ein Tablett trägt, kann er/sie nicht auf einen/eine Mitbewohner*in oder Kolleg*in losgehen und sich nicht selbst verletzen.

Tab. 2: ABC-Schema bei Krisen

Datum/ Wochentag/ Zeit	Ort	Auslöser problematischen Verhaltens	Problemverhalten bestand aus	Reaktion Bezugsperson/ Betreuer auf Verhalten	Verhalten von Frau B. danach	Sonstiges	Hand- zeichen Betr.
13.09. Montag 9.00 h	Gruppen- raum	Frau B. sitzt auf Sofa. Paul kommt an ihr vorbei und gibt hohen Laut von sich.	Frau B. springt auf und haut Paul massiv auf den Kopf.	Paul getröstet. Zu Frau B. hin- gegangen und gefragt, warum sie Paul gehau- en hat.	Sich auf Sofa gesetzt und in Decke eingewi- ckelt.	2 Gruppen- mitglieder sind heute krank, graues Wetter.	ABC
9.53 h	draußen	Frau B. reißt sich los und läuft mehrere Schritte weg, Betreuer ruft laut Namen.	Rast auf Betreuer zu und greift und kneift kräftig in Unterarme.	Schimpft, reißt Arme weg.	Rennt weg, setzt sich auf den Boden, stopft Grasbü- schel in den Mund.	"	ABC
9.57 h	draußen	Betreuer geht zu Frau B. und fordert sie auf aufzustehen.	Tritt den Betreuer.	Betreuer schimpft mit ihr und geht dann weg.	Bleibt sitzen und isst mehr Gras.	"	ABC

Tab. 2: ABC-Schema bei Krisen – Fortsetzung

Datum/ Wochentag/ Zeit	Ort	Auslöser problematischen Verhaltens	Problemverhalten bestand aus	Reaktion Bezugsperson/ Betreuer auf Verhalten	Verhalten von Frau B. danach	Sonstiges	Handzeichen Betr.
11.00 h	Weg ins Haus	Wird gebeten aufzustehen. Betreuerin gibt ihr die Hand.	Schreit Betreuerin an und droht auf sie loszugehen.	Betreuerin breitet die Arme aus, in die sie kommen soll.	Geht in die Arme, freut sich und genießt den Körperkontakt.	Ein Müllauto steht lärmend vor der Einrichtung.	ABC
12.00 h	Gruppenraum	Aufforderung der Praktikantin: Setzt euch an den Tisch zum Essen.	Setzt sich einfach irgendwo an den Tisch zum Mittagessen.	Hauptamtliche Betreuerin geht zu Frau B. und fordert sie auf, sich auf ihren Platz zu setzen.	Schreit und wirft Set samt Teller vom Tisch.	"	ABC
12.05 h	Gruppenraum	Soll Sachen wieder aufheben.	Schreit und geht auf Betreuerin los.	Wird auf einen Stuhl in der Ecke des Raums gesetzt.	Schreit weiter.	Es regnet inzwischen heftig.	ABC
12.30 h	Gruppenraum	Durfte sich an ihren Platz setzen.	Greift quer über den Tisch in die Schüssel und holt sich mit der Hand Essen.	Praktikantin lacht und lässt sie gewähren.	Isst vergnügt weiter.	Regen	ABC

Das oberste Ziel ist, Krisen zu vermeiden. Hierfür ist notwendig, Folgendes zu untersuchen:

- Was bedeutet großen Stress für die Person?
- Was sind die Auslöser für Krisen (Person, Lärm, bestimmte Situation?)?
- Wie zeichnet sich der Beginn einer Krise ab?
- Was ist gut und stressabbauend für die Person?
- Was reduziert also ihren Stresspegel?

Noch einer weiteren wichtigen Frage sollte nachgegangen werden: »Wann geht es der Person gut?« Im Umgang mit manchen autistischen Menschen gelingt es bestimmten Betreuer*innen, den/die Betroffenen allein durch Anwesenheit oder kurzes Zureden zu beruhigen. Welche*r Betreuer*in ist darin gut?

> In einer meiner Beratungen war es ein Betreuer, der sehr ruhig war und eine freundliche Stimme hatte, er trug einen Pferdeschwanz, war groß und schlank. Keiner konnte sich wirklich erklären, warum es der Bewohnerin mit Autismus sofort besser ging, wenn er seinen Dienst antrat.

Manchmal sind auch außergewöhnliche Strategien erfolgreich, wie das folgende Beispiel zeigt.

> Frau Sch., 56 Jahre, Bewohnerin einer großen Behinderteneinrichtung, gerät in eine Krise, wenn besondere Ereignisse wie Feierlichkeiten anstehen. Sie kommt mit der veränderten, erwartungsfrohen Stimmung und den kleinen Umgestaltungen im Haus nicht gut zurecht. Eine Betreuerin hat die Idee gehabt, Frau Sch. anzubieten, ihr die Haare schön zu machen, wenn sie merkt, dass diese wegen des bevorstehenden Ereignisses unruhig wird. Sie wäscht ihr dann intensiv die Haare, eine Kopfmassage eingeschlossen, föhnt sie ausgiebig, gestaltet eine hübsche Frisur. Frau Sch. hilft das sehr dabei, sich zu sortieren und zu beruhigen, und

der Effekt hält mindestens einen Tag an. Es wird von den Betreuer-*innen so wahrgenommen, dass auf diese Art und Weise Frau Sch.s Frustrationstoleranz erhöht wird, sodass sie sich dem Tagesgeschehen wieder besser anpassen und ihre Nervosität reduzieren kann.

Wichtig ist zu eruieren, welchen Beschäftigungen eine Person selbstständig nachgehen kann, um sich zu entspannen, also z. B. draußen herumlaufen, im Zimmer schaukeln, Perlen sortieren, Knöpfe rieseln lassen etc. Das Ziel ist, der Person zu zeigen, dass sie dazu in der Lage ist, positives Verhalten (hier: sich selbst beschäftigen, ruhig sein, im Zimmer bleiben; ▶ Kap. 4.9) zu zeigen. Für dieses selbstregulierende Verhalten sollte sie gelegentlich belohnt werden.

5.9 Aufklärung der Mitbewohner*innen und Kolleg*innen über Autismus

In gemischten Einrichtungen, wo Menschen mit Autismus und anders Behinderte unter einem Dach leben, ist es sinnvoll zu erklären, was Autismus ist und woher er kommt. Ob das auch bezüglich andere Behinderungsbilder so geschehen sollte, mag dahingestellt sein. Letztendlich ist jeder Mensch auf seine Art einzigartig. Menschen darüber aufzuklären bzw. mit ihnen zu überlegen, was an ihnen oder auch Mitbewohner*innen besonders ist, was sie gut können und was weniger gut, ist eine wichtige Aufgabe in Einrichtungen der Behindertenhilfe. Vor allem jedoch geht es darum, die besonderen Verhaltensweisen, aber auch individuellen Bedürfnisse der anderen zu verstehen, zu erfahren und zu lernen, hiermit entspannter umzugehen. Diese Aufklärung beinhaltet auch eine Reflexion des/der Einzelnen zu seiner/ihrer Person, seinem/ihrem Ich und seiner/ihrer Herkunft. Es ist ein wichtiger Teil von Biografiearbeit

(▶ Kap. 7.4). Angeregt durch die Bildungskurse für Menschen mit geistiger Behinderung von Luisa Borgmann (2020), in denen geistig Behinderte über Demenz bei einer/einem Mitbewohner*in oder Kolleg*in aufgeklärt werden, habe ich mich mit der Thematik ›Autismus begreifen‹ – Aufklärung geistig behinderter Erwachsener über Autismus (bei einem/einer Mitbewohner*in/Kolleg*in) beschäftigt und Materialien, die ich ursprünglich für die Seminararbeit mit Mitarbeiter*innen der Behindertenhilfe oder Eltern von autistischen Kindern erstellt hatte, für die Verwendung mit geistig behinderten Erwachsenen umgestaltet.

Menschen, die mit einem autistischen Menschen zusammenleben oder zusammenarbeiten, machen sich häufig Gedanken darüber, warum der/die Mitbewohner*in mit Autismus sich so verhält, warum er oder sie z. B. seiner/ihrer Meinung nach zu Regelverstößen neigt, auf Einhaltung bestimmter Rituale besteht oder ungefragt in die Zimmer der anderen geht, obwohl ihm/ihr das schon so oft untersagt wurde. Die Mitbewohner*innen/Kolleg*innen fragen sich auch, warum er oder sie nicht am sozialen Leben in der Gruppe teilnimmt, immer am Rand und nicht in der Gruppe sitzen möchte und sich nicht um die Befindlichkeiten der Mitbewohner*innen/Kolleg*innen kümmert. Zusätzlich hat er oder sie merkwürdige Angewohnheiten, trinkt bspw. ständig die Tassen der anderen aus, greift nach allem Essen oder wirft einen vollen Teller vom Tisch, weil die Anordnung der Speisen hierauf durcheinandergeraten ist. Er oder sie will keine Weihnachtsdekoration, schreit, wenn der Besuch der Familie ausfällt, oder verweigert unangekündigte Ausflüge. Für die behinderten Mitbewohner*innen bzw. Kolleg*innen in der WfbM sind dies irritierende und anstrengende Situationen.

Um den Mitbewohner*innen oder Kolleg*innen zu erklären bzw. sie nachvollziehen zu lassen, was Autismus bedeutet, d. h. woher er kommt, was er für Folgen hat und wie sie damit umgehen können, habe ich daher ein Konzept entwickelt, wie erwachsene Menschen mit geistiger Behinderung über die Probleme des autistischen Menschen aufgeklärt werden können. Dazu habe ich Materialien entsprechend an die Fähigkeiten erwachsener geistig Behinderter angepasst, sodass sie die Aufgaben verstehen und hierzu motiviert sind.

Diese Aufklärung sollte in einer Kleingruppe stattfinden, am besten durchgeführt von jemandem, der sich intensiv in das pädagogische Konzept eingearbeitet und mit den Materialien vertraut gemacht hat. Ein zeitlicher Rahmen von drei Terminen à zwei Stunden ist dabei Minimum, wenn die Aufklärung in der vorliegenden intensiven Form erfolgen soll.

Grundlage ist zunächst die einfache Erklärung des Gehirns (▶ Abb. 17). Dieses wird auch als große Abbildung vorgezeigt und die Teilnehmer*innen können bestimmte Funktionen den Hirnarealen zuordnen. Autismus wird erklärt als eine Störung des Gehirns.

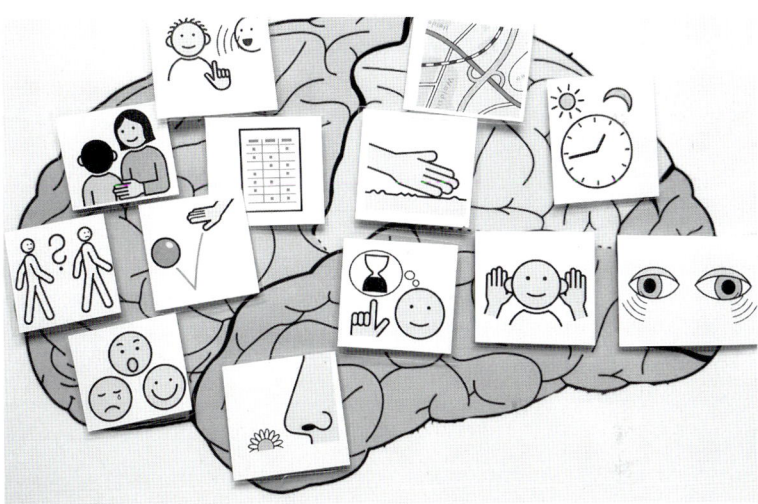

Abb. 17: Schaubild des Gehirns (METACOM Symbole © Annette Kitzinger)

Wie funktioniert ein Gehirn und wofür ist welcher Teil des Gehirns?

Die Bereiche des Gehirns sind in vier Farben (rot, grün, gelb, blau) aufgeteilt, und die Übungen bzw. Materialien hierzu werden entsprechend in farbigen Schachteln und Mappen angeboten (▶ Abb. 18).

Abb. 18: Gesamtbilder zusammenlegen (METACOM Symbole © Annette Kitzinger)

- Rot (Hinterhauptslappen): sehen und erkennen
  Der Mensch mit Autismus kann Tiere erkennen und sie ihren Abbildungen (bzw. Symbolen) zuordnen. Das kann er gut, denn seine visuellen Fähigkeiten sind meist herausragend. Womit er sich schwertut, ist, aus einigen Teilen etwas zusammen zu puzzeln (Kopf von einem Affen, Zebra). Er erkennt nicht den Zusammenhang zwischen den Puzzleteilen und legt einfach nur Kante an Kante. Er kann auch nicht den Zusammenhang zwischen Bildern erkennen, also die Reihenfolge in einer Bildergeschichte.
- Grün (Schläfenlappen): Geräusche erkennen und zuordnen, Aromen riechen und erkennen, sich an etwas erinnern
  Der Mensch mit Autismus erkennt Geräusche, hat aber oft eine Abneigung gegen bestimmte Geräusche und hält sich dann die Ohren zu. Viele Menschen mit Autismus lieben Gerüche und schnüffeln gern an Dingen oder auch an Menschen. Einige haben aber auch einen Widerwillen gegen manche Gerüche und essen

daher bestimmte Dinge nicht. Beim Erinnern sind die Menschen sehr gut, sie können sich an Dinge oder Namen oder Situationen erinnern, die schon lange her sind. Dazu gehören bei manchen auch z. B. Telefonnummern, Geburtsdaten, Sätze, die jemand in der Kinderzeit zu ihnen gesagt hat, usw.

* Gelb (Scheitellappen): etwas fühlen/tasten und erkennen, die Zeit kennen, einen Ort finden
Menschen mit Autismus haben oft Probleme, bestimmte Materialien oder Stoffe an ihrem Körper zu ertragen. Die meisten Dinge sind für sie eher unangenehm beim Anfassen, deshalb werden sie auch nicht gern die Gegenstände (in einem Fühlsack) erfühlen und den Bildern zuordnen. Viele interessieren sich für Zeit, also für Daten und Kalender. Sie haben aber Probleme, wenn sich etwas ändert, also z. B. kein Sommer mehr ist und sie lange Hosen anziehen müssen. Die räumliche Orientierung ist gut, sie wissen, wie sie wo hinkommen und verlaufen sich nicht. Es ist aber einfacher für sie, wenn z. B. Räume beschriftet sind, oder sie immer denselben Platz benutzen dürfen.

* Blau (Stirnlappen): sich bewegen, etwas planen, Sprache sprechen und verstehen, sich in jemanden einfühlen (Theory-of-Mind), Gefühle erkennen und mitfühlen, sich sozial verhalten
Autistische Menschen können sich gut bewegen, sie haben jedoch Probleme mit koordinierten Bewegungen, insbesondere im feinmotorischen Bereich. Deshalb fällt es vielen schwer, bspw. einen Ball zu fangen. Sie verstehen Sprache, aber nur, wenn nicht zu viel auf einmal geredet wird. Witze, Redewendungen und ironische Bemerkungen (ich sage etwas anderes als ich wirklich denke) sind für sie unbegreiflich, sie nehmen Sprache wortwörtlich. Menschen mit Autismus können sich kaum in jemanden hineinfühlen und verstehen nicht, warum jemand z. B. traurig oder ärgerlich ist. Sie erkennen das Gefühl nicht richtig, d. h., es fällt ihnen gar nicht auf, dass es dem anderen heute vielleicht nicht gut geht. Sie wissen auch nicht, wie sie sich verhalten sollen, wenn bspw. jemand weint. Soziales Verhalten, also gemeinsam etwas tun, helfen, Rücksicht nehmen, teilen, den Wunsch einer anderen Person respektieren

usw. fällt ihnen sehr schwer. Sie sind gern für sich allein und wollen nicht mit anderen zusammen etwas unternehmen. Das meinen sie gar nicht böse. Es geht ihnen nur besser, wenn sie für sich sein können.

Was hat das mit Autismus zu tun?

Film angucken von Claudio Castaneda: »Was ist eigentlich Autismus« (https://www.youtube.com/watch?v=9maZEyK9gZQ).

Praxistipp: Erklärung des Gehirns
Jeder Mensch hat ein Gehirn. Das Gehirn bekommt Informationen von den Sinnen (also Gleichgewichtssinn, Tastsinn, Hörsinn, Sehsinn, Geruchssinn). Es bestimmt, wie man denkt. Vom Gehirn wird gesteuert, wie der Mensch sich verhält.

* Bei Menschen mit Autismus ist etwas kaputt im Gehirn.
* Wie eine Batterie, die falsch herum in die Taschenlampe gelegt wurde. Dann geht das Licht nicht.
* Das Gehirn bestimmt, wie man denkt. Das Gehirn steuert, wie man sich verhält.
* Das Gehirn von autistischen Menschen ist anders. Der Mensch denkt und funktioniert anders.
* Das ist nicht schlimm. Und es ist keine Krankheit.
* Ich (als Mitbewohner*in oder Kolleg*in) brauche Geduld. Ich rege mich nicht auf.
* Ich verstehe den anderen manchmal anders, und er versteht mich anders.
* Es wird nicht besser. Der Mensch muss mit dem Autismus leben.
* Und ich muss mit dem Menschen leben.

Autismus erleben

Eltern und andere Bezugspersonen von Kindern, Jugendlichen und Erwachsenen mit Autismus betonen immer wieder, wie wertvoll es für sie ist, Autismus durch eigenes Erleben von ungewöhnlichen oder irritierenden Wahrnehmungssituationen zu verstehen. Wenn sie selbst erleben, wie es ist, durch eine Wahrnehmungsübung ›in die Irre‹ geführt zu werden, begreifen sie auch das Verhalten des autistischen Menschen anders. Sie erfahren, wie es sich anfühlt, wenn Sinnesreize wegen einer Wahrnehmungsverarbeitungsstörung anders wahrgenommen werden. Im Anschluss können sie sich besser vorstellen, was es für einen Menschen mit Autismus bedeutet, wenn er dieses Empfinden jeden Tag und jede Stunde hat. Es erscheint sinnvoll, auch den geistig behinderten Mitbewohner*innen bzw. Kolleg*innen des autistischen Menschen diese Erfahrung zu ermöglichen, damit sie sich Autismus besser erklären können. Folgende beispielhafte Übungen sind angebracht:

a) »Die Welt steht auf dem Kopf«

Ich gehe mit einem umgedrehten Fernglas auf einer Linie bis zu einem Ziel.

Erfahrung: Das Ziel sieht so aus, als wäre es viel weiter weg. Ich komme vielleicht ins Straucheln. Ich wundere mich, als das Ziel plötzlich da ist. Ich sehe etwas Anderes als die Wirklichkeit.

b) »Wie Watte an den Händen«

Ich ziehe dicke Arbeitshandschuhe an. Ich soll Perlen auf ein Band auffädeln. Es ist sehr schwierig, die Perlen aufzufädeln. Meine Hände fühlen sich dick und ungeschickt an.

Erfahrung: Eigentlich ist es einfach, Perlen aufzufädeln. Aber mit den Handschuhen an den Händen fühlt es sich kompliziert und anstrengend an. Auch wenn ich mir sehr viel Mühe gebe.

181

c) »Alles ist dunkel. Mir fehlen meine Augen«

Ich verbinde meine Augen. Ich soll in Richtung des Raschelns gehen. Dort kann ich Gummibärchen bekommen. Ich gehe vorsichtig und taste mit den Händen, um nicht irgendwo gegenzustoßen.

Erfahrung: Ich bin es nicht gewohnt, ohne Licht durch einen Raum zu gehen. Plötzlich benutze ich meine Hände zum Tasten und die Ohren zum Hören. So erreiche ich die Gummibärchen. Ohne Augenbinde denke ich gar nicht darüber nach, wie ich zu einem Ziel komme.

d) »Nanu? Ich traue meinen Ohren nicht«

Mir werden Geräusche vorgespielt. Auf einer Karte werden mir die zugehörigen Bilder gezeigt. Aber was ist das? Dieses Geräusch finde ich gar nicht auf der Karte. Ich bin verwirrt.

Erfahrung: Jetzt wird mir aber ein Streich gespielt! Ich weiß doch genau, dass dieses Geräusch nicht auf den Bildern ist! Ich bin ganz durcheinander. Täusche ich mich vielleicht?

e) »Was ist mit meiner Nase los?«

Ich rieche an einem Beutelchen mit etwas darin. Auf dem Beutel ist ein Bild mit Kaffee und Schrift. Es riecht aber gar nicht wie Kaffee, sondern wie …

Erfahrung: Schon wieder bin ich verwirrt. Ich weiß doch genau, wie Kaffee riecht. Aber das hier riecht ganz anders. Was ist nur mit meiner Nase los?

f) »Wackelige Angelegenheit«

Ich steige auf ein Wackelbrett. Das ist sehr schwierig! Jetzt soll ich auch noch einen Ball fangen und werfen. Schaffe ich das auch mit einem Luftballon?

Erfahrung: Es ist sehr kippelig hier. Ich merke, dass ich darin keine Übung habe. Und ich habe etwas Angst. Ich könnte ja runterfallen. Was passiert, wenn ich den Ball nicht fange? Oder wenn der Luftballon einfach platzt?

Die Übungen können beliebig erweitert und verändert werden.

Zusammenleben mit einem Menschen mit Autismus

Was haben Laufen auf einem Strich, Tasten, Sehen, Hören, Riechen und Balancieren mit Autismus zu tun?

Bei Menschen mit Autismus ist Chaos im Kopf. Er oder sie kann zwar laufen, tasten, sehen, hören, riechen und balancieren. Es ist ihm/ihr jedoch manchmal zu laut oder zu hell oder einfach alles zu viel. Dann will er/sie nur noch allein sein. Oder er/sie wird böse. Manchmal finden wir anderen das gemein. Aber der autistische Mensch meint es nicht so. Er oder sie kann es nicht besser. Es fällt ihm/ihr auch schwer zu verstehen, warum wir traurig sind oder Angst haben oder etwas eklig finden. Er/sie kann sich nicht in uns hineinversetzen und erkennen, wie es uns gerade geht. Manche autistischen Menschen können nicht sprechen. Dann können sie auch nicht sagen, wenn sie was schlimm finden. Für autistische Menschen sind viele Situationen mit anderen Menschen schwierig. Deshalb möchten sie lieber für sich sein. Es ist richtig, sie dann in Ruhe zu lassen (▶ Abb. 19).

Was ich als Mitbewohner*in oder Kolleg*in des autistischen Menschen beachten sollte (diese Beispiele sollten auf den konkreten Mitbewohner*in/ Kolleg*in hin spezifiziert werden).

• Am besten erkläre ich ihm/ihr mit nur wenigen Worten, wenn er/sie etwas nicht versteht.
• Ich versuche, geduldig zu sein.
• Ich biete ihm/ihr Hilfe an.
• Ich lasse ihn/sie in Ruhe, wenn er/sie schlechte Laune hat.

Abb. 19: Klettmappe: Was bei Autisten nett und sozial ist und was nicht (METACOM Symbole © Annette Kitzinger)

- Ich hindere ihn/sie nicht daran, z. B. mit den Händen zu wedeln, komische Dinge zu sammeln oder immer denselben Weg zu gehen. Die Bewegungen und das Sammeln beruhigen ihn/sie.
- Ich lasse ihn/sie über sein/ihr Lieblingsthema reden. Ich muss nicht zuhören.

Was ist gut am Autismus?

- Manche autistischen Menschen sind Spezialist*innen für ein bestimmtes Thema (Tiere, Computer, Fahrpläne). Ich kann sie etwas fragen.
- Viele autistische Menschen können sich gut Zahlen oder Daten merken.
- Viele autistische Menschen finden sehr gut Fehler.
- Autistische Menschen sind meist sehr ehrlich.
- Autistische Menschen halten sich gern an Regeln (die meisten).

Alle autistischen Menschen sind verschieden!

• Nicht alle mögen das Gleiche.
• Sie können verschiedene Dinge gut oder schlecht.
• Manche sprechen, manche nicht.
• Manche sammeln Steine und Stöcke, manche sammeln nichts.
• Manche kennen sich mit etwas super aus (Fahrpläne, Computer oder Zahlen).
• Autismus zu haben, empfinden autistische Menschen als sehr anstrengend.

Praxistipp: Was ist für mich wichtig, wenn ich mit dem autistischen Menschen zusammenlebe oder zusammenarbeite (Beispiele sollten spezifiziert werden)?

• Laute Geräusche vermeiden: Mein/meine Mitbewohner*in/ Kolleg*in mit Autismus kann besser mit mir und anderen Leuten zusammen sein, wenn nicht so viele Geräusche um sie/ ihn herum sind. Er oder sie macht zwar selbst manchmal auch viel Krach und gibt Geräusche von sich, das macht ihm/ihr aber nichts aus. Wir besprechen zusammen in der Gruppe, was für Geräusche für diese/diesen Mitbewohner*in/Kolleg*in unangenehm sind. Ich mache mich nicht lustig, wenn der/die Kolleg*in/Mitbewohner*in Kopfhörer bzw. Ohrschützer trägt.
• Langsam, deutlich und mit wenigen Worten reden: Es ist gut, wenn ich langsam und deutlich spreche und nicht zu viele Worte auf einmal sage. Eventuell kann ich ein Foto oder eine Symbolkarte benutzen, um etwas deutlich zu machen.
• Freundlich sein: Auch wenn mein/meine Mitbewohner*in/ Kolleg*in etwas nicht versteht oder immer dieselben Fragen stellt, ist es gut, freundlich zu bleiben und eine Frage auch zwei- oder dreimal zu beantworten. Der/die Mitbewohner*in/ Kolleg*in macht das nicht, um mich zu ärgern. Er/sie sagt oder fragt immer dasselbe, weil es ihm/ihr nicht so gut geht, er/sie

eine Situation nicht versteht oder sich einfach langweilt. Lieber den anderen in Ruhe lassen, bevor es Stress gibt.

- Ablenken: Manchmal ist es gut, den/die Mitbewohner*in/ Kolleg*in abzulenken. Ein Spielchen machen, ihm/ihr etwas geben, was er/sie sehr gern mag oder mit ihm/ihr über etwas reden, was er/sie gut findet.

- Sich nicht ärgern und nichts persönlich nehmen: Der/die Mitbewohner*in/Kolleg*in meint es nicht so, wenn er/sie etwas Blödes macht. Es passiert eben. Es hat aber nichts mit der Person zu tun, die gerade vor ihm/ihr steht. Die Situation ist schuld. Am besten gehe ich weg und ärgere mich nicht.

- Hilfe holen: Die Betreuer*innen fragen, wie ich mich verhalten soll. Wenn es schwierig wird, darf ich zum/zur Betreuer*in gehen. Aber wirklich erst dann.

- Wenn ich nicht mehr weiterweiß oder große Angst habe, wende ich mich am besten an eine/einen Betreuer*in.

Es ist notwendig, den Mitbewohner*innen bzw. Kolleg*innen Hilfsmittel an die Hand zu geben (▶ Tab. 3; ▶ Abb. 20), wie sie sich verhalten können und sollen, wenn es zu Konflikten kommt. Diese sollten verschriftlicht und regelmäßig aktualisiert werden. Da die meisten Menschen mit geistiger Beeinträchtigung wahrscheinlich eher nicht lesen können, werden die Hilfen auch mithilfe von Piktogrammen visualisiert. Zu bedenken ist, dass das korrekte Verhalten konkret geübt (bspw. in Form von Rollenspielen) und begleitet werden sollte.

Tab. 3: Schriftliche Hilfen für Mitbewohner*innen

Hilfen für mich als Mitbewohnerin oder Mitbewohner von M.	
Ich bin sauer oder traurig. M. versteht das nicht.	Ich versuche, mich nicht zu ärgern. M. denkt eben anders.
M. fasst mich an. Das will ich nicht.	Ich sage deutlich: »Lass mich los«. Ich schreie nicht. Ich gehe weg.

Tab. 3: Schriftliche Hilfen für Mitbewohner*innen – Fortsetzung

Hilfen für mich als Mitbewohnerin oder Mitbewohner von M.	
M. kommt einfach in mein Zimmer. Das will ich nicht.	Ich sage: »Bleib draußen«. Ich hänge ein STOPP-Schild vor die Tür.
M. steht vor meiner Tür herum und redet laut.	Ich sage: »Geh in dein Zimmer«. Ich zeige ihr die Karte.
M. schreit mich an. Sie will mir sagen, dass ich etwas falsch gemacht habe. Es ist mir zu laut.	Ich sage: »Rede leise mit mir«. Ich zeige ihr eine Karte LEISE REDEN. Ich gehe weg, wenn sie nicht aufhört.
M. popelt in der Nase und versucht, mir den Popel auf die Hand zu kleben. Das finde ich eklig.	Ich reiche M. ein Taschentuch. Ich gehe weg.
M. hat einen Wutanfall und schreit ganz fürchterlich.	Ich bringe mich in Sicherheit. Das ist Sache der Betreuer.
M. will immer meine Kaffeetasse leertrinken. So schnell kann ich gar nicht trinken.	Ich bitte den Betreuer, das mit M. zu klären.
Ich habe Angst. M. steht vor mir und guckt mich böse an.	Ich stemme die Arme in die Seiten. Oder ich kreuze sie vor der Brust. Ich mache den Rücken ganz gerade. Ich gucke weg.
M. setzt sich immer neben Kai. Das ist aber mein Freund.	Ich schreibe meinen Namen auf ein Kissen (oder ein Betreuer macht es für mich). Das liegt neben Kai. Jetzt ist das mein Platz.

Abb. 20: Piktogramme als Hilfen für Mitbewohner*innen (METACOM Symbole © Annette Kitzinger)

187

6

Veränderungen in der Herkunftsfamilie

Das Leben als Erwachsene*r verläuft bei allen Menschen in bestimmten Phasen. Der junge Mensch macht eine Berufsausbildung, zieht aus dem Elternhaus aus, fängt an zu arbeiten, findet – wenn er es möchte – eine Partnerin oder einen Partner, sucht sich eine Wohnung oder ein Haus, zieht zusammen und plant das gemeinsame Leben weiter. Auch wer Single bleibt, macht eine Lebensplanung, die von persönlichen Interessen, Zukunftswünschen und -träumen geleitet ist. Das Ziel ist ein von der Herkunftsfamilie unabhängiges Leben. Wenn Nachwuchs geplant ist, und sich dieser auch einstellt, leben Eltern und Kinder 20 bis 25 Jahre in einem Haushalt, und die Familie verbringt auf persönliche Art diese Zeit, so lange, bis die Kinder flügge werden und ihr eigenes Leben leben möchten. Dann gestalten die Eltern ihr Leben mit Berufstätigkeit und später als Ruheständler*innen zunehmend unabhängig von der Verantwortung für Nachkommen. In dieser Phase kümmern sich Menschen häufig noch einmal intensiver um einen beruflichen Aufstieg, unternehmen bspw. Reisen, planen flexibel Wochenenden und Unternehmungen und fühlen sich ungebundener und freier mit nachlassender Verantwortung sowie mehr Zeit für sich selbst.

Bei Eltern von Kindern mit Autismus ist dies anders. Sie haben in der Regel eine sehr starke Verbindung zu der beeinträchtigten Tochter oder dem Sohn und empfinden große Verpflichtung, sich ein Leben lang um das behinderte Kind kümmern zu wollen und zu müssen. Das ›Kind‹ kann schließlich nicht für sich selbst sorgen, entscheiden und nicht beurteilen, ob die Bedingungen um es herum angemessen sind. Es ist hilflos und benötigt lebenslange Fürsorge und Betreuung; nicht zuletzt deshalb wird ein Elternteil mit Erreichen der Volljährigkeit häufig gesetzliche*r Betreuer*in. Da die Eltern um die Schwierigkeiten ihres Kindes und dessen Wunsches nach Ritualen und Vorhersehbarkeit wissen, versuchen sie, verlässlich für das Kind da zu sein, d. h., Wochenenden mit ihm zu verbringen, womöglich gemeinsam einmal jährlich in Urlaub zu fahren und wenigstens regelmäßig einen Besuch in der Wohnstätte zu machen. Dafür nehmen sie Entbehrungen auf sich, verzichten auf eine flexible Gestaltung ihres Alltags und ihrer Freizeit, halten sich immer zur Verfügung (das Kind könnte ja krank werden) und bleiben (sowie umgekehrt auch) in großer Abhängigkeit von dem beeinträchtigten Kind. Es ist häufig eine Art von Symbiose, die insbesondere die Eltern viel Energie kostet. Das Kind zu Hause für ein langes Wochenende zu betreuen, nachdem eine Autofahrt von vier Stunden notwendig war, es auf dem Weg nach zu Hause mehrere Konflikte gab, bspw., weil ein Stau war, drei Tage lang ›Programm‹ zu machen, mit Verhaltensauffälligkeiten, Schlafstörungen, besonderen Eigenarten und dem Blick auf die bevorstehende Rückfahrt ruhig zu bleiben, kostet die Eltern unglaubliche Kräfte. Dennoch versuchen sie unermüdlich, für das Kind da zu sein und haben ein schlechtes Gewissen, wenn es nicht geht, weil sie krank oder zu alt geworden sind, um das Kind nach Hause zu holen.

Herr A., Vater eines Sohnes (58) mit Frühkindlichem Autismus, berichtet: »C. freute sich durchaus, wenn wir ihn abholten, und setzte sich bereitwillig ins Auto. Auf der Fahrt gab es in den letzten Jahren aber meist die ersten Probleme, weil er nach einer halben Stunde schon zur Toilette wollte, und das ja nicht immer sofort ging. Er saß schon auf einer wasserdichten Unterlage, aber manchmal nässte er unterwegs ein, und wir mussten irgendwo eine Möglichkeit suchen, wo er sich umziehen konnte. Zu Hause angekommen, war er sehr unruhig, lief unermüdlich im Wohnzimmer auf und ab. Nicht einmal beim Essen wollte er sitzenbleiben. Wir versuchten streng und konsequent zu sein, aber das funktionierte irgendwann gar nicht mehr. Seine Mutter hat dann schließlich schweren Herzens vorgeschlagen, dass wir ihn nicht mehr nach Hause holen, weil sie sich komplett überfordert fühlte. Deshalb haben wir im letzten Jahr beschlossen, dass wir ihn nur noch in der Einrichtung besuchen. Wir nehmen uns dort ein Hotelzimmer, gehen mit ihm spazieren und kaufen ein Eis auf die Hand. Am nächsten Tag machen wir das wieder, und je nachdem, wie sich die Zeit gestaltet, also wie gut er und wir zurechtkommen, fahren wir am zweiten Tag schon mittags oder am frühen Nachmittag nach Hause. Die Betreuer*innen haben uns darin bekräftigt, das so zu machen, und berichten, dass es ihm damit viel besser ginge. Er sei im Anschluss nicht mehr tagelang unruhig und wenig belastbar, sondern zufrieden wie sonst auch. Das ist das Wichtigste für uns.«

6.1 Älterwerden der Eltern

Irgendwann werden auch die Eltern der Menschen mit Autismus älter und merken, dass sie sich mit den Aufgaben des ständigen Mitdenkens, der pausenlosen Präsenz und der gesetzlichen Betreuung überfordert fühlen. Sie haben jahrzehntelang für ihr Kind gesorgt, es besucht, sich gekümmert, wenn es Probleme gab, sei es gesundheitlicher Natur oder Verhaltensprobleme, sie haben Kontakt mit Wohn- und Arbeitsstätte gehalten, vermittelt und gekämpft und immer wieder gegenüber Familie und Freunden verteidigt, warum sie dies tun. Nun sind sie müde geworden und mit ihrem eigenen Älterwerden und Altsein mit seinen guten und schwierigen Momenten beschäftigt. Wem aber sollen oder können sie die Verantwortung für die Belange des Kindes übergeben? Den Geschwistern (falls es welche gibt), einem/einer gesetzlichen Betreuer*in, einem anderen Familienangehörigen oder einem guten Freund? Eltern machen sich große Sorgen, wie es für ihr Kind einmal weitergehen wird, wenn sie selbst nicht mehr da sein können, krank werden oder versterben. »Wenn wir nicht mehr da sind, wer schaut dann von Außen drauf?«, fragt sich die Mutter im Rentenalter eines Mannes mit Autismus. Eine andere Mutter bemerkt »Wenn das Kind in einer Wohneinrichtung ist, muss man sich abnabeln. Jetzt, in Zeiten von Corona, ist das eine gute Vorbereitung. Plötzlich ein Schritt in die richtige Richtung.«

6.2 Krankheit und Tod der Eltern

Mit dem Älterwerden der Eltern besteht zunehmend das Risiko, krank zu werden und weniger belastbar zu sein. Es kommt zu körperlichen und psychischen Veränderungen, mglw. einem geistigen Abbau, sodass die Eltern selbst mit dem eigenen Leben bzw. der Gestaltung des Alltags überfordert sein können. Sie benötigen dann selbst Pflege, jemanden, der sie gesetzlich vertritt, vielleicht eine Einrichtung, in der sie wohnen können. Sie sind jetzt nicht mehr dazu in der Lage, sich um das autistische Kind zu kümmern, sondern müssen sich auf die Fürsorge der betreuenden Einrichtung verlassen. Sie hören eventuell von den Betreuer*innen, wie es Tochter oder Sohn geht, können jedoch keine Besuche mehr machen, und Telefonate mit dem nichtsprechenden Kind sind auch nicht möglich. Dies ist eine sehr

191

schwierige Situation für die Eltern, die sich nach wie vor verantwortlich fühlen, jedoch selbst eine erhöhte Fürsorge und Betreuung benötigen. Der Mensch mit Autismus versteht nicht, wieso sich etwas Wichtiges verändert hat. Häufig weigern sich die alt gewordenen Eltern, dass ihrem Kind von der Krankheit oder auch dem herannahenden Tod berichtet wird, wodurch das Kind in seiner Verunsicherung und Angst allein gelassen wird. Es bemerkt vielleicht Veränderungen (»Warum ist Mamas Rücken so krumm? Warum geht sie so langsam? Warum schiebt sie jetzt immer diesen Wagen vor sich her? Warum fährt Papa nicht mehr mit mir zum Eisladen? Warum kommt jetzt nur noch meine Schwester zu Besuch, und weshalb bringt sie Mama und Papa nicht mehr mit?«), kann sich diese jedoch nicht erklären. Es kommt mglw. zu Angriffen auf den gehandicapten Elternteil durch Schubsen, an die Wand drängen, Wegschieben eines Rollators usw. Der wichtigste Appell ist, dass die Eltern selbst, die Geschwister oder die Mitarbeiter*innen der Wohneinrichtung der Tochter/dem Sohn erklären sollten, was los ist, auch wenn der erwachsene Mensch mit Autismus den Eindruck macht, solche kognitiven Informationen nicht verarbeiten zu können. Über die Veränderungen bei den Eltern, d. h. Krankheit oder Gebrechlichkeit, sollte der Mensch mit Autismus in Kenntnis gesetzt werden. Insbesondere vom nahenden bzw. eingetretenem Tod eines Elternteils sollte er oder sie unterrichtet werden – auch damit er/sie auf seine/ihre persönliche Art trauern kann.

6.3 Umgang mit Verlust und Trauer

Mutter oder Vater, eventuell auch Geschwister, nahe Verwandte, der Familienhund, ein/eine Mitbewohner*in oder ein Kolleg*in sterben. Mglw. war die Person lange Zeit krank, und es gab keinen Kontakt mehr. Mglw. ist sie plötzlich und ohne Vorwarnung gestorben. In der Wohnstätte wird persönlich miterlebt, dass ein/eine Mitbewohner*in sehr krank ist und sterben wird – vielleicht sogar in seinem/ihrem eigenen Zimmer. Dann sind der Prozess und sein Ende miterlebbar und damit anschaulich. Der autistische Mensch bemerkt durchaus, dass etwas anders ist, denn die Menschen in seiner Umgebung verhalten sich vorsichtiger im Umgang mit ihm, sprechen leiser, lassen etwas durchgehen oder tuscheln hinter seinem Rücken. Er weiß nicht, was los ist, bemerkt jedoch eine Veränderung.

Auch Menschen mit Autismus trauern. Der Ausdruck der Trauer ist mglw. ein anderer als bei anderen Menschen, d. h., sie weinen nicht, sondern werden aggressiv oder verhalten sich apathisch. Vielleicht möchte er oder sie auch mehr wahrgenommen oder gehalten werden. Es ist denkbar, dass er/sie weint, jammert oder Geräusche macht, die an Wehklagen erinnern. Da die Gefühlsäußerungen des autistischen Menschen häufig anders als bei anderen Menschen sind und sein Verhalten auf die Nachricht vom Tod einer nahestehenden Person als nicht angemessen wahrgenommen wird, wird der/die Betroffene häufig anderes behandelt als andere Menschen. Die Familie oder das Betreuerteam enthält ihm/ihr die Nachricht vor, beteiligt ihn/sie nicht an einer Trauerfeier, verharmlost bzw. fehlinterpretiert unangemessenes Verhalten im Anschluss an das Ereignis, gibt weniger Unterstützung, den Verlust zu verkraften bzw. zu verstehen. Der/die Betroffene begreift wahrscheinlich nicht, was Sterben und Tod wirklich bedeuten. Er oder sie bemerkt jedoch die Veränderungen, weil eine Person nicht mehr da ist bzw. nicht mehr zu Besuch kommt. Jemand anderes zieht in das Zimmer des/der verstorbenen Mitbewohners*in ein, und plötzlich ändert sich dadurch ganz viel in seiner/ihrer Umgebung.

Betreuer*innen in Einrichtungen sind in einer schwierigen Situation, weil sie die vielfältigen Gefühle und Irritationen des Menschen mit Autismus aufgreifen, akzeptieren und mittragen und den Mitbewohner*innen oder Kolleg*innen gegenüber erklären und entschuldigen müssen. Manchmal sehen sie keine andere Möglichkeit als

* abzulenken (z. B., wenn die Person schreit vor Kummer oder Erregung),
* zu betäuben (z. B. mit Medikamenten),
* in Aktionismus zu verfallen (der Trauer keinen Raum geben).

Praxistipp zur Trauerarbeit mit Menschen mit geistiger Behinderung (nach Bosch 2009)

- visualisieren
- konkretisieren
- symbolisieren
- ritualisieren

Visualisieren (der Tod bekommt ein Gesicht)

- Bild der verstorbenen Person zeigen,
- Kerze an den Sitzplatz/neben ein Foto des/der Verstorbenen stellen,
- Betroffene*n an der Beerdigung teilnehmen lassen oder, wenn das unmöglich ist, mit ihm/ihr zusammen zum Friedhof oder in den Friedwald gehen und zeigen, wo der/die Angehörige oder Mitbewohner*in sich nun befindet; dort ein Foto aufstellen und einen Blumenstrauß niederlegen,
- in einfachen Worten erklären, was Sterben und Tod bedeuten (bspw. über Filme wie »Knietzsche und der Tod«, »Was kommt, das geht«, »Die letzte Reise«, »Schluss aus vorbei«, diverse Kinderbücher zum Thema, Social Stories und dgl.).

Konkretisieren (der Tod bekommt ›Kontur‹, wird begreifbar)

- Tod erfahrbar machen, indem der/die tote Mitbewohner*in bspw. gezeigt und angefasst werden kann,
- Beerdigung, an der der Mensch mit Autismus nicht teilnehmen konnte, nachspielen, auf einen Friedhof gehen, ein ausgehobenes Grab zeigen, ein totes Tier beerdigen,
- Beerdigungskaffeetrinken anbieten; dieses ist dafür da, dass man die Traurigkeit vom Friedhof nicht mit nach Hause nimmt (Schroeter-Rupieper 2020); Lieblingsspeisen und Gespräche oder Zusammensein helfen und trösten.

Symbolisieren (hilft beim Erinnern und verdeutlicht unsere Gefühle)

* Die Lieblingsmusik der Mutter wird bei der Trauerfeier gespielt und in der Zeit danach immer, wenn sich der Tag traurig anfühlt.
* Ein Gegenstand wie die Lieblingstasse der Mutter wird in die Wohnstätte gebracht und nun zum Trinken benutzt.
* Der autistische Mensch, der Seifenblasen über alles liebte, wird auf dem Friedhof mit sehr vielen Seifenblasen verabschiedet.
* Auf der Nestschaukel, wo der/die Bewohner*in immer gesessen hat, wird sein/ihr Pullover ausgebreitet, den er/sie immer am liebsten getragen hat.

Ritualisieren (Rituale schaffen Grenzen und Sicherheit, geben Halt und Struktur)

* Eine bestimmte Art und Weise des Abschiednehmens wählen, die in der Wohnstätte so zur Tradition wird,
* jedem/jeder Mitbewohner*in etwas schenken, was alle mit dieser Person verbindet, also für jeden eine Dose Seifenblasen, ein duftendes Stück Seife, eine Packung der geliebten Schokoladenkekse,
* die persönliche Biografie der verstorbenen Person bspw. im Aufenthaltsraum aufhängen, also neben dem Foto ein Bild von ihrem Arbeitsplatz, ihrer bevorzugte Beschäftigung (schaukeln), ihrer Leidenschaft für Kaffee, ein schönes Erlebnis der gesamten Gruppe mit ihr.

Verarbeitung der Trauer
Die Verarbeitung innerhalb eines Trauerprozesses umfasst nach Worden (2018) vier Aufgaben, nämlich:

* die Tatsache des Verlustes akzeptieren,
* den Schmerz der Trauer erleiden,

195

- sich auf ein Leben einstellen, in dem der/die Betroffene fehlt,
- emotionale Energie zurücknehmen und in Neues investieren.

Praxistipp zu bedeutsamen Schritten und Hilfen

- Den autistischen Menschen über den Tod der Person informieren, ihm dabei Trost geben sowie die individuellen Möglichkeiten, Trauer zuzulassen,
- ihn/sie und mglw. Mitbewohner*innen oder Kolleg*innen in die Vorbereitungen einer Trauerfeier mit einbeziehen oder die individuelle Form einer Trauerfeier ermöglichen,
- dem/der Betroffenen dabei helfen, Trauer zu empfinden und auszudrücken, mglw. mithilfe von Symbolen bzw. Skalen,
- den autistischen Menschen genau beobachten, also Körpersprache, Lautierungen, Verhaltensweisen, um zu erkennen, wie es ihm geht,
- Gefühle nicht verurteilen (»Du sollst doch nicht fröhlich sein, deine Mutter ist gestorben«) oder bagatellisieren (»Brauchst nicht traurig zu sein, sie war doch schon alt«), sondern die Gefühle der Person akzeptieren und spiegeln; dabei genau darauf achten, was man sagt, denn der autistische Mensch nimmt vieles wortwörtlich,
- einen Spaziergang machen und über die Trauer sprechen, auch wenn der/die Betroffene selbst nichts sagt,
- den Alltag strukturieren und ritualisieren wie sonst auch – das schafft Sicherheit und Verlässlichkeit,
- einen Ort im Zimmer einrichten, wo bspw. das Foto der verstorbenen Person steht und regelmäßig Blumen hingestellt oder Kerzen angezündet werden; nicht böse oder enttäuscht sein, wenn der/die Betroffene dies nicht akzeptiert: Es ist eine Veränderung und es ist möglich, dass er/sie sich gegen diese wehrt,
- gemeinsam Fotos bzw. ein Album anschauen und über die verstorbene Person sprechen, aber nur wenn der Mensch mit Autismus sich hierauf einlassen möchte.

Meine Mama ist gestorben

Manchmal passiert etwas sehr Trauriges. Die Mutter oder der Vater oder der Hund oder ein Mitbewohner stirbt.	
Bei mir ist meine Mama gestorben.	
Ich bin traurig, ich weine, ich schreie.	
Ich bin wütend, hilflos und ganz durcheinander. Ich habe Angst (alles wird anders werden).	
Ich fühle mich schuldig (weil Mama so viele Sorgen mit mir hatte, ist sie gestorben).	
Ich möchte jetzt viel Trost. Meine Betreuerin soll mich festhalten. Ich möchte jeden Tag ein kuscheliges, warmes Körnerkissen.	
Ich trinke jeden Tag meinen Kaffee aus Mamas Lieblingstasse.	
Ich stelle ein Foto von Mama in mein Zimmer.	
Mein Betreuer zündet jeden Abend eine Kerze an.	
Ich gehe zum Grab und sage Mama „tschüss".	
Es ist eine schwierige Zeit.	
Ich weiß, dass ich bald nicht mehr so traurig sein werde.	

Abb. 21: Social Story zum Tod der Mutter (METACOM Symbole © Annette Kitzinger)

197

6.4 Geschwisterbeziehungen

Geschwistersein hört im Erwachsenenalter nicht auf. Geschwister behinderter Menschen berichten als Erwachsene von höherer Empathie, großer Selbstständigkeit, aber auch Überforderung und das Gefühl, im Fokus der Eltern zu kurz zu kommen. Dies kann dazu führen, dass sie sich einsam oder vernachlässigt fühlen, mglw. empfinden sie die Fokussierung der Eltern auf die autistische Schwester/den Bruder auch als Ablehnung. Die Beziehung zwischen einem autistischen Menschen und seinen Geschwistern unterscheidet sich fast immer von der gesunder Geschwister. In die Familie hinein wird ein Mensch mit einer schwerwiegenden Behinderung geboren, die bereits frühzeitig das Leben der Geschwister sowie der Eltern sehr beeinträchtigt. Wenn das autistische Kind das Älteste ist, werden nachfolgende Kinder in die Situation so hineingeboren und kennen diese nicht anders. Sie dienen jedoch schon früh als ›Hoffnungsträger‹ für die Eltern, denn dieses Kind ist gesund, und die Erwartungen an seine Entwicklung und seine Zukunft sind hoch. Es hat schon im jungen Alter die autistische Schwester/den Bruder sprachlich, kognitiv, sozial und vor allem emotional überholt, und die Eltern bemerken zum ersten Mal, wie sich ein gesundes Kind verhält und scheinbar ›von allein‹ entwickelt.

Das nachgeborene Kind übernimmt im Zusammenhang mit dem autistischen Geschwisterkind schon frühzeitig Aufgaben und erwirbt Kompetenzen, die so in Familien mit gesunden Kindern nicht vorkommen. Dies sind Beschäftigungsangebote, Hilfen bei lebenspraktischen Anforderungen, aufpassen, Gefahren verhindern und nach Lösungen suchen (Wieso weint die Schwester oder der Bruder? Wie kann ich meine Eltern in diesem Moment unterstützen? Hilft es jetzt, wenn ich meine Schwester/meinen Bruder durch etwas Lustiges auf andere Gedanken bringe?). Wenn das autistische Kind das (bspw.) zweitgeborene Kind ist, wird ein Vergleich von Fähigkeiten bzw. Entwicklung eher nicht stattfinden. Dafür übernimmt das gesunde Geschwisterkind schon früh die Rolle einer Betreuungs- oder Aufsichtsperson oder gerät hiermit oft unter Druck, alles gut zu machen und den Ansprüchen (auch an seine Leistungen) gerecht zu werden. Im Kontakt mit heranwachsenden Geschwistern von autistischen Menschen wird immer wieder deutlich, wie sie versuchen, durch eigene Interventionen für eine gute Stimmung zu Hause zu sorgen, indem sie mit Schwester oder Bruder schimpfen, Konsequenzen androhen oder handgreiflich werden, also Schwester oder Bruder festhalten u. Ä., auch um bspw. die Mutter vor einem aggressiven Übergriff zu schützen. Sie nehmen ebenfalls pädagogische/therapeutische Aufgaben wahr, wie Schwester oder Bruder dazu auffordern, einen Wunsch angemessen zu formulieren, eine bestimmte Beschäftigungsaufgabe auszuführen, ›ordentlich‹ zu essen, leise zu sein, die Schuhe anzuziehen usw.

> Frau M., jüngere Schwester eines Mannes mit Frühkindlichem Autismus (Mitte 50) erzählt:»Als er noch zu Hause wohnte, habe ich mich ihm gegenüber häufig ›als Therapeutin‹ verhalten, so wie dies auch meine Eltern machten. In der Rolle habe ich mich damals wohl gefühlt, und ich habe sie nicht hinterfragt. Erst in den letzten Jahren entwickelt sich etwas zwischen meinem Bruder und mir, was einer Geschwisterbeziehung ähnlicher wird. Wir (mein Sohn und ich) haben uns am Wohnort meines Bruders für ein paar Tage im Hotel einquartiert und ihn täglich in seiner Wohneinrichtung besucht. Wir sind spazieren gegangen, waren abends zusammen im Restaurant und haben viel entspannte Zeit miteinander verbracht. Es war deutlich, wie sehr auch er es genossen hat. Ich selbst war froh über die Erfahrung, als Schwester so eine gute Zeit mit ihm zu haben, und nicht wie früher mit ihm in der Rolle einer Therapeutin zu interagieren.«

So wie es Geschwister gibt, die als Erwachsene noch regelmäßigen Kontakt zu ihrem autistischen Geschwister suchen, gibt es andere, die diese Verbindung jahrelang ›einfrieren‹, weil sie mit dem Geschwister nichts anfangen können und Angst vor schwierigen Situationen haben. Außerdem sind sie sehr mit der eigenen Zukunftsplanung und

Alltagsgestaltung beschäftigt, wozu berufliche Herausforderungen, mglw. ein Hauskauf, Familienplanung, soziale Beziehungspflege und Freizeitgestaltung gehören. Manchmal sind erwachsene Geschwister erst an einem regelmäßigen Kontakt zum behinderten Geschwister interessiert bzw. hierzu bereit, wenn sie älter sind und sich mit ihrer eigenen Biografie beschäftigen. Bei anderen bewirkt der/die Partner-*in, dass wieder ein Kontakt zustande kommt.

»Ich hatte gar nicht mehr an meine Schwester (45 Jahre) gedacht. Sie lebte in dieser Wohneinrichtung, und meine Eltern besuchten sie regelmäßig, erzählten aber nicht viel darüber. Als meine eigenen Kinder größer wurden und wir gemeinsam Fotos aus meiner Kindheit anschauten, kam die Frage nach meiner Schwester auf. Meine Frau schlug vor, uns mit der Einrichtung in Verbindung zu setzen, um zu fragen, ob wir sie besuchen könnten. Wir haben meiner Schwester vorher Fotos geschickt, um sie auf unseren Besuch vorzubereiten. Als wir kamen, hat sie scheinbar gelassen auf uns reagiert, und ich war ganz unsicher, ob sie mich erkennen würde. Nach ungefähr zwei Stunden fing sie plötzlich an, mich durch Antippen dazu aufzufordern, sie zu kitzeln, so wie wir das als Kinder und Heranwachsende immer zusammen gemacht hatten. Da wusste ich, dass sie mich erkannt hatte, und das war ein gutes Gefühl. Seitdem besuchen wir meine Schwester regelmäßig, holen sie zum Spaziergang ab, gehen Minigolf spielen und im Restaurant gemeinsam essen.«

Manchmal wird es den Geschwistern, auch wenn sie schon erwachsen sind, schwer gemacht, entspannt mit der autistischen Schwester/dem Bruder zusammen zu sein. Wenn diese/dieser bspw. an Feiertagen zu Besuch ist, sind immer die Eltern dabei und ständig erzieherisch beschäftigt:»Tu dies«,»tu das nicht«,»mach das so«,»lass das«. Eine entkrampfte Stimmung stellt sich nicht ein. Zusätzlich bemerken die erwachsenen Geschwister im Lauf der Jahre, wie es für die Eltern eine immer größer werdende Herausforderung wird, das autistische Geschwisterkind regelmäßig nach Hause zu holen und dort mit ihm zurechtzukommen. Sie bekommen mit, wie die Eltern sich hierüber auseinandersetzen und vielleicht unterschiedlicher Meinung sind, ob und in welcher Form ein Besuch stattfindet. Sie machen sich Gedanken, wie es werden wird, wenn den Eltern definitiv keine Besuche mehr möglich sind, ob bei sich zu Hause oder als Besucher-*innen in der Einrichtung. Sie fragen sich auch, welche Aufgaben und Verantwortungen ihnen zufallen, wenn die Eltern diese nicht mehr wahrnehmen können.

> Herr K. (55) musste ins Krankenhaus. Er hatte sich selbst verletzt, und die Wunde hatte sich entzündet. Die Wohnstätte rief den Vater an und bat ihn, den Sohn ins Krankenhaus zu begleiten. Der Vater hatte einen sehr positiven Einfluss auf den Sohn, gerade auch aufgrund der innigen Beziehung zwischen den beiden, und der Krankenhausaufenthalt gelang gut. Auch als zwei Wochen später eine erneute stationäre Aufnahme notwendig war, verlief alles bestens. Der Vater des Erwachsenen ist selbst schon über 80 Jahre alt. Es ist fraglich, wie lange er solche Maßnahmen noch wird begleiten können. Die erwachsene Schwester mit Beruf und Familie fragt sich, wie es sein wird, wenn der Vater solche Aufgaben nicht mehr übernehmen kann. Wird sie den Bruder ins Krankenhaus begleiten müssen? Wird er dies akzeptieren, und wird es ihm etwas nützen?

Geschwister dürfen und sollten sich überlegen, ob sie die Verantwortung für die autistische Schwester oder den Bruder in Form von gesetzlicher Betreuung übernehmen wollen und können. Wenn sie sich bspw. wegen einer eigenen Familie oder beruflicher Verpflichtungen nicht dazu in der Lage fühlen, ist es ihre eigene Entscheidung, und es richtig, diese zu formulieren und dazu zu stehen. Eltern können nicht verlangen, dass Schwester oder Bruder diese Aufgabe übernehmen. Es ist auch nicht gut, sich dazu zu überwinden, wenn man sich eigentlich damit überfordert fühlt oder es schlichtweg nicht möchte. Dann ist besser, eine andere Lösung zu finden.

Geschwisterangebote für erwachsene Geschwister gibt es bei verschiedenen Anbietern wie der Lebenshilfe, Autismus-Therapiezentren und anderen Trägern. Als besonders herausragend wird von einem Angebot berichtet, bei dem die gesunden Geschwister mit ihrer Schwester/ihrem Bruder in der Wohnstätte einen Geschwistertag erleben können. Man trifft sich zu einer Paddeltour, grillt gemeinsam, lernt andere Geschwister kennen und erlebt die weiteren Mitbewohner*innen der Wohnstätte. Dabei lernt man das eigene Geschwisterkind vielleicht von einer anderen Seite kennen, weil es sich ganz sicher und selbstständig in diesem Kreis bewegt, ohne Zureden zum Buffet geht und sich Essen nachholt, zufrieden und offen wirkt – ganz anders, als es manchmal bei Besuchen im Elternhaus erscheint.

7

Älterwerden des Menschen mit Autismus

Durch die Verfolgung und Ermordung von Menschen mit geistiger und körperlicher Behinderung im Zweiten Weltkrieg ist das Thema Altwerden bei Menschen mit Autismus in Deutschland ein relativ neues. Inzwischen erreicht die Nachkriegsgeneration zunehmend das Rentenalter, und die durchschnittliche Lebenserwartung von Menschen mit geistiger Behinderung steigt durch die Verbesserung der medizinischen Versorgung und die immer professioneller werdende Betreuung und Begleitung. Forschungen zum Thema »Altwerden mit Autismus« gibt es bisher nicht; wohl aber Untersuchungen zum Thema »Alter bei Geistigbehinderten«. Diekmann und Metzer (2013) haben Zahlen veröffentlicht, wonach 2020 ca. 20 % der Menschen mit einer geistigen Behinderung älter als 60 Jahre waren. Diese Zahlen wurden hochgerechnet auf das Jahr 2030, und es wird davon ausgegangen, dass dann ungefähr 31 % der Menschen mit einer geistigen Behinderung älter als 60 Jahre sein werden. Menschen mit geistiger Behinderung haben allerdings häufig eine geringere Lebenserwartung als gesunde Menschen, dies betrifft auch Menschen mit Autismus. Was die Lebenserwartung verkürzt, sind mögliche Unfälle mit schwerwiegenden Verletzungen (u. a. aufgrund des reduzierten Gefahrenbewusstseins), Probleme des Verdauungstrakts, stressbedingte Erkrankungen (Bluthochdruck und dessen Folgen) sowie Erkrankungen des Nervensystems (Epilepsie). Darüber hinaus tragen die häufige Behandlung mit Psychopharmaka, das Ausbleiben von Vorsorgeuntersuchungen und eine ungünstige Lebensweise (Sport und Ernährung betreffend) zu einer geringeren Lebenserwartung bei (Preißmann 2017, S. 129).

Wenn jedoch viele Menschen mit Autismus recht alt werden, was bedeutet dies für sie selbst und für die Menschen im Betreuungsumfeld? Woran merken wir, dass ein autistischer Mensch alt wird oder sich alt fühlt, und welche Folgerungen ergeben sich hieraus für die Praxis? Wie können wir für die bestmögliche Lebensqualität der autistischen Menschen sorgen? Wenn Menschen mit Autismus älter werden und sich bspw. ein Übergang ins Rentnerdasein ankündigt, ist es gut, mit ihnen das Älterwerden zu thematisieren und sie auf die möglichen Veränderungen körperlicher Art, aber insbesondere die neuen Perspektiven, den Alltag (Tagesstruktur, Freizeit) betreffend, vorzubereiten.

7.1 Veränderungen im Alter mit Zunahme von Alterserkrankungen

Grundsätzlich unterscheidet sich der Alterungsprozess bei Menschen mit und ohne geistige Behinderung bzw. Autismus nicht. Er verläuft bei jeder Person sehr individuell und wird u. a. beeinflusst durch genetische Determinanten, die Umgebung, die persönliche Bewertung, den Lebensstil und die Art der medizinischen Versorgung.

Autistische Menschen entwickeln wie wir altersspezifische Erkrankungen bzw. Beeinträchtigungen. Inwieweit ihnen bewusst wird, dass sie älter und alt werden, ist nicht erforscht, wenngleich die Menschen manchmal den Eindruck vermitteln, dass sie sich auch alt fühlen. Sie werden deutlich langsamer, und Aufmerksamkeit und Konzentration lassen nach. Ihre Bewegungen verändern sich, auch mögliche Stereotypien, weil es bspw. beschwerlich wird, auf der Stelle zu hüpfen oder mit den Händen zu flattern. Sie schlafen mehr, essen weniger oder andere Lebensmittel. Auf der anderen Seite wirken sie häufig entspannter und zufriedener, wollen bspw. nicht mehr ständig umherlaufen, sondern sitzen zufrieden am Rande der Gruppe und schauen, was um sie herum passiert. Es ist nachweisbar, dass Alterskrankheiten, wie sie neurotypische Menschen plagen, genauso bei Menschen mit Autismus vorkommen (Dose 2014). Dies sind, um die bekanntesten zu nennen:

+ Herzerkrankungen,
+ Bluthochdruck,
+ Schlaganfälle,
+ Atemprobleme,
+ Diabetes,
+ Arthrose und Osteoporose,
+ rheumatische Erkrankungen,
+ Krebserkrankungen,
+ Altersfehlsichtigkeit und Katarakt (grauer Star),
+ Hörbeeinträchtigung,
+ Altersdepressionen,
+ Inkontinenz,
+ chronische Wunden,
+ Dekubitus,
+ Dysphagien (Störungen beim Schlucken),
+ Alzheimer und Demenz.

Wie bereits in Kapitel 5.6 beschrieben (▶ Kap. 5.6), ist es bei den meisten Erkrankungen jedoch schwierig, diese zu diagnostizieren,

weil der autistische Mensch sich nicht anfassen lässt, nicht kooperiert, Schmerzen nicht angemessen mitteilen kann, anders reagiert,
als zu erwarten wäre (schlägt sich wieder und wieder auf das
schmerzende Knie, um den Arthroseschmerz zu überlagern), u. v. m.
Schmerzen, nachlassende Sinneswahrnehmungen (sehen und hören)
und mglw. lebensbedrohliche Erkrankungen führen jedoch dazu, dass
er oder sie sich anders verhält bzw. sich im Laufe der Zeit allmählich
verändert. Deshalb muss auch bei den altwerdenden autistischen
Menschen eine sorgfältige Betreuung und Überwachung des Gesund-
heitszustands stattfinden, da sie, wenn sie älter werden, oft eher
ruhiger und zurückgezogener werden und manchmal Schmerzen
nicht mehr durch Unruhezustände ›zeigen‹.

Hieraus entstehen Fragen der medizinischen Behandlung. Lasse ich
als gesetzliche*r Betreuer*in eine Versorgung mit Medikamenten zu?
Eine Chemotherapie? Wird ein künstliches Gelenk eingesetzt oder
riskiere ich, dass der Mensch im Rollstuhl sitzt und mit Schmerzme-
dikamenten versorgt werden muss? Wird eine Herzoperation durchgeführt, eine Zahnsanierung mit künstlichen Zähnen, eine Starope-
ration? Hier gibt es sicherlich vieles zu erwägen, ausschlaggebend ist
der Leidensdruck der betroffenen Person, aber auch was möglich ist,
ohne ihr schwer ertragbare Leiden aufzubürden.

Es gibt jedoch neben medizinischer Versorgung weitere Mittel, um
die älter werdenden Menschen mit Autismus zu unterstützen. Dies
sind vor allem bauliche Maßnahmen, wie sie auch im Bereich der
dementiell erkrankten Menschen genutzt werden. Hier ist zunächst
eine gute Ausleuchtung mit Licht (ohne zu blenden) zu nennen, eine
behinderungsfreundliche und barrierefreie Gestaltung von Treppen-
aufgängen und Fluren einschließlich des Angebots von Gehhilfen und
Handläufen sowie eine gute Beschilderung. Verschiedene Ruhezonen
sind erforderlich, da der älter werdende Mensch mehr Gelegenheiten
zum Ausruhen benötigt. Hilfen wie ein Hörgerät sind wahrscheinlich
kontraproduktiv, weil der/die Betroffene damit das Leben als zu laut
empfindet. Ihm/ihr jedoch eine Lesehilfe oder Lupe anzubieten, damit
ihm/ihr bspw. das Betrachten von Fotos wieder mehr Freude bereitet,
kann zumindest ausprobiert werden.

7.2 Lebensqualität

Menschen in einer spezifischen Entwicklungssituation, wie diese bei autistischen Menschen vorliegt, benötigen für ein gelingendes Altern eine Zufriedenheit mit sich selbst, die im entscheidenden Maße von den Gegebenheiten in ihrem Umfeld abhängt. Altwerden bedeutet bei Menschen mit Autismus, dass sich nicht nur körperliche Veränderungen ergeben, auch das Leistungspotential verändert sich. Die Fähigkeiten, aber auch das Interesse an der Interaktion mit der Umwelt reduzieren sich, der Mensch spricht eventuell immer weniger oder verstummt irgendwann völlig. Der Umgang mit Veränderungen wird noch schwieriger, die Menschen bleiben gern in ihrem Umfeld, Besuche von Angehörigen werden nicht mehr als so wichtig angesehen. Die Person möchte ihre Umgebung aufrechterhalten wissen, ihren persönlichen Rahmen behalten, ihre Bedürfnisse erfüllt bekommen und vor allem wertgeschätzt und in ihrer speziellen Art angenommen werden.

Es gibt unterschiedliche Modelle zur Lebensqualität, die sich, auf neurotypische Menschen bezogen, relativ ähnlich sind. Das Modell zur Lebensqualität WHOQOL-BREF (Angermeyer et al. 2000) rückt die physische Lebensqualität in den Vordergrund, welche u. a. Schmerz, Energie, Schlaf und Mobilität umfasst. Ergänzt wird das Modell um den Bereich der Umwelt (u. a. Wohnen, Gesundheitsversorgung, Freizeit) und soziale Beziehungen (persönliche Beziehungen, soziale Unterstützung etc.). Dazu kommt die psychische Lebensqualität, die positive und negative Gefühle umfasst, Lernen, Gedächtnis, Körperbild und Selbstachtung sowie Sinnesfunktionen, Autonomie, Biografie, Tod und Sterben.

Für Menschen mit Autismus sind einige der Aspekte von Lebensqualität aus diesem und weiteren Modellen ebenfalls anwendbar, vor allem eine gute physische Verfassung und Sicherheit im Wohn- und Arbeitsumfeld, Freizeitmöglichkeiten, funktionierende Sinne. Entscheidend für sie sind jedoch die im Folgenden aufgeführten Aspekte:

* Kontinuität und Struktur,
* ruhiger Lebensrhythmus,
* angemessene Beschäftigung,
* Anerkennung und Wertschätzung,
* Möglichkeit zur Kommunikation, verstehen und verstanden werden,
* individuelle Zuwendung und Fürsorge,
* Hilfe bei der Bewältigung von Belastungen, Krisen und Verlusten,
* angemessenes Maß an Selbstverantwortung und Autonomie.

Um diese Aspekte umsetzen zu können, sind eine entsprechende Qualifikation der Mitarbeiter*innen, ein altersspezifisches Betreuungskonzept, das Aufrechterhalten von Angeboten zur Tagesstrukturierung, den individulellen Fähigkeiten, aber auch den Bedürfnissen der Bewohner*innen angepasst, sowie eine qualifizierte medizinische Versorgung unerlässlich.

7.3 Renteneintritt

Älteren Menschen sollte die weitere Teilhabe am Arbeitsleben so lange wie möglich und sinnvoll ermöglicht werden, ihre körperlichen und geistigen Fähigkeiten sollten erhalten bleiben. Die Vorbereitung auf den Ruhestand sollte sie auch in psychischer Hinsicht entlasten. Die Menschen mit Autismus trifft – ähnlich wie bei geistig behinderten Menschen – der Abschied vom Arbeitsleben oft besonders hart, da sie kaum die Möglichkeit haben, Veränderungen im Alter zu verarbeiten und sich auf den Ruhestand vorzubereiten. Außerdem hat die tägliche Arbeit Struktur und Beschäftigung gegeben.

Je nach persönlicher Situation des/der Betroffenen, also in welcher Art von Einrichtung er/sie lebt und arbeitet und wie viele Jahre er/sie tätig war, gestaltet sich die Frage des Übergangs in die Rente. In Vorbereitung des nahenden Ruhestands sind zunächst Arbeitsplatzanpassungen aus ergotherapeutischer Sicht notwendig, sinnvoll ist auch eine Überprüfung des Sehvermögens und mglw. die Verordnung einer Sehhilfe. In einigen Fällen kann eine Arbeitszeitverkürzung sinnvoll sein, die allerdings häufig an der mangelnden Flexibilität von Fahrdiensten scheitert. Alternativ kann ein Ruheraum zum Auftanken und Entspannen eingerichtet und der Zugang ermöglicht werden. Es wird noch während der letzten Arbeitsphase die Beteiligung an einem Angebot außerhalb der Werkstatt oder Tagesförderstätte gestattet, also bspw. an einer Spiel- oder Sportgruppe. Wenn möglich, wird mit dem/der Betroffenen rechtzeitig konkret an seiner/ihrer ›Zukunfts-planung‹ gearbeitet, d. h. zusammen überlegt, was er/sie als Rentner machen möchte (► Abb. 22). Hierfür kann wieder die Methode der Persönlichen Zukunftsplanung (► Kap. 2.1) eingesetzt werden, um gemeinsam zu erarbeiten, welche Wünsche an das Leben im Alter bestehen, also ob es eine besondere Reise ist, im Zimmer etwas geändert werden soll, eine neue Beschäftigung (Hobby, Sportart) aufgenommen oder etwas Bestimmtes gelernt werden soll.

Abb. 22: Zukunftsplanung

Um ältere Beschäftigte auf den Ruhestand vorzubereiten, haben manche WfbM neue Arbeitsgruppen eingerichtet, in denen die

Menschen im Rentenalter nicht mehr unter hohem Zeitdruck arbeiten müssen. Die Arbeitsmenge wird reduziert, und es werden vermehrt alternative tagesstrukturierende Angebote gemacht wie Spielerunden, Spaziergänge, gemeinsame Nahrungszubereitung etc. Trotzdem gibt es eine entscheidende Erschwernis: Die Menschen sind gewohnt, von 8 bis 16 Uhr in der Werkstatt zu sein. Sie verstehen vielfach nicht, warum sie nur noch drei Tage in der Woche zur Arbeit fahren ›dürfen‹ und haben Probleme, den Alltag in der Wohnstätte zu bewältigen – auch weil dort häufig Konzepte zur Tagesbeschäftigung fehlen und die Personaldecke zu dünn ist, um ein regelmäßiges, spezielles Angebot für Rentner*inne zu machen. Rituale wie die Aufstehzeit dürfen nicht verändert werden, weil das den/die Betroffene*n aus der Balance bringt. Eine freundlich gemeinte Geste zieht dann einen schwierigen Tag nach sich. Gleichwohl gibt es an manchen Orten bereits spezielle Angebote bzw. Konzepte für ältere Bewohner*innen, allerdings müssen in den Wohneinrichtungen dafür entsprechende Räume vorhanden sein, was nicht immer der Fall ist. Beim Bau heute zehn oder 25 Jahre alter Häuser wurden Gruppenräume nicht in angemessener Größe und Ausstattung eingeplant.

Dazu kommen wirtschaftliche Hürden, denn die Geldvergabe zwischen den Sozialverbänden und den Trägern von Werkstätten und Wohnheimen richtet sich nach Uhrzeiten, innerhalb derer eine Vollzeitbetreuung sichergestellt sein muss. D. h., für die Zeit von 8 bis 16 Uhr bekommen die Werkstätten einen bestimmten Satz pro Beschäftigte*n und Tag, für den Rest des Tages die Wohnstätten. Es muss daher eine neue Finanzierungsgrundlage erarbeitet werden, welche sowohl für teilzeitbeschäftigte behinderte Menschen als auch für die Rentner*innen gilt, und eine individuelle Beschäftigung und Betreuung ermöglichen sollte. In den Einrichtungen, in denen Wohnen und Arbeiten quasi unter einem Dach stattfinden, gibt es ebenfalls finanzielle bzw. strukturelle Probleme, wenn die älteren Menschen nicht mehr arbeiten, weil die Finanzierungsgrundlagen auf der Basis eines Wohn- und Beschäftigungsangebots erstellt wurden. Hier ist noch viel zu tun für den Gesetzgeber. Unbedingt zu berücksichtigen ist, dass die Initiative für Beschäftigungs- und

Therapieangebote sowie solcher zur Gesundheitsförderung nicht von dem autistischen Menschen selbst kommt. Das Angebot muss von der Einrichtung bzw. von den Mitarbeiter*innen initiiert werden, und die Betroffenen müssen dazu angehalten werden, daran teilzunehmen.

Praxistipp für eine gelungene Gestaltung des Eintritts ins Rentner*innenleben

* Eine Tagesstruktur beibehalten,
* Orientierung durch gewohnte Orte, Personen und Aufgaben ermöglichen,
* den Tag ›entzerren‹, also mehr Zeit bspw. für Mahlzeiten lassen,
* Bewohner*innen in hauswirtschaftliche Aufgaben mit einbeziehen,
* Tagesplan vorgeben, auf dem Aktivitäten für den Tag dargestellt werden,
* Aufteilung der Aktivitäten in ein verpflichtendes und ein freiwilliges Angebot,
* Arbeitsgemeinschaften bzw. Gruppenangebote aufnehmen wie malen, basteln, handarbeiten, singen und musizieren, Sportprogramm,
* so oft wie möglich den Aufenthalt draußen ermöglichen, hierfür Geräte wie Schaukeln oder einen Hindernisparcours zur Verfügung stellen,
* Spaziergänge, eventuell auch mit dem Ziel eines Einkaufs oder Kaffeetrinken,
* Snoezelenraum einrichten,
* sich als Betreuer*in in die Lage von alternden Menschen versetzen; dadurch erhöht sich das Verständnis für den älter werdenden Menschen (benötigt mehr Pausen, möchte tagsüber schlafen, wird langsamer),
* eine individuelle Herangehensweise scheint unerlässlich.

Bildungsarbeit ist bei vielen Menschen mit Autismus und kognitiver Beeinträchtigung möglich. D. h., dass die Menschen zum Thema »gesund Altern« aufgeklärt und weitergebildet werden können. Hierzu gehören die Bereiche Ernährung, Bewegung und Entspannung. Z. B. mithilfe einer Ernährungspyramide kann erarbeitet werden, was wovon in welcher Menge gegessen werden sollte. Hier können Teilnehmer*innen mit konkreten Lebensmitteln, solchen aus Kunststoff oder Abbildungen (wie im dargestellten Beispiel aus der Autismustherapie) darstellen, wie sich ihre Ernährung zusammensetzen sollte. Durch gemeinsame Essenszubereitung unter Zuhilfenahme gesunder Rezepte, die bestenfalls in ein eigenes Kochbuch des/der Bewohner*in oder der Gruppe münden, kann den Menschen gesunde Ernährung nahegebracht werden (▶ Abb. 23; ▶ Abb. 24).

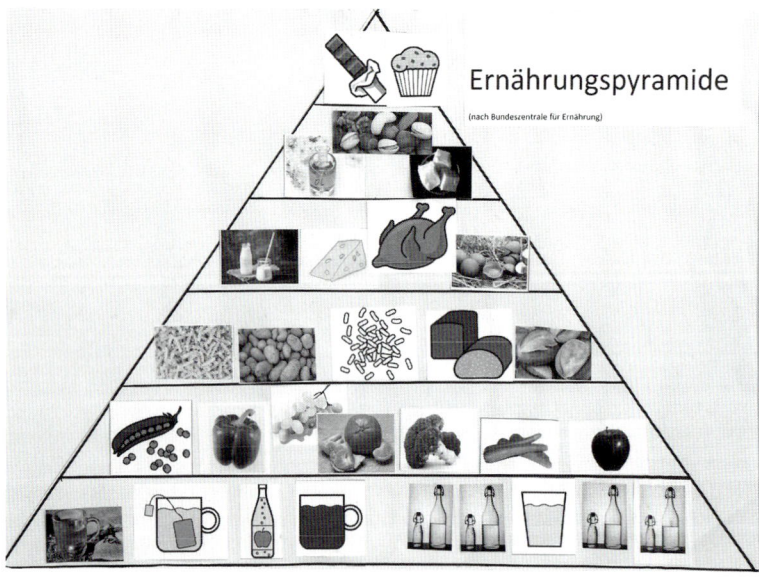

Abb. 23: Ernährungspyramide (METACOM Symbole © Annette Kitzinger)

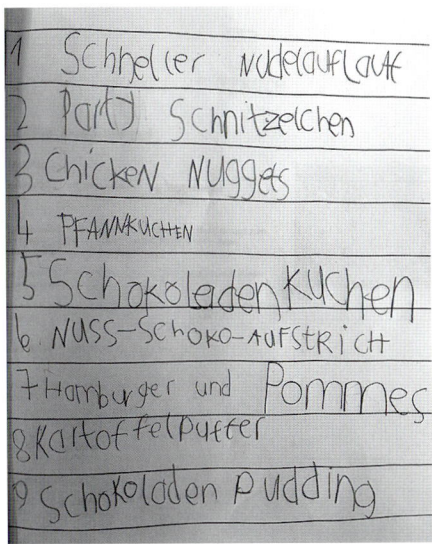

Abb. 24: Selbstgeschriebenes Kochbuch

Bewegungsangebote über das Herumlaufen der Bewohner*innen hinaus sind ebenfalls wichtige Elemente einer gesunden Lebensführung. Für jeden Menschen kann es ein von ihm bevorzugtes Bewegungsangebot geben, dieses muss aber fest in den Tagesablauf bzw. Wochenplan integriert werden. Menschen, die bereits durch das Älterwerden an Beschwerden leiden, sollte eine krankengymnastische oder ergotherapeutische Behandlung ermöglicht werden. Wenn ein/eine Betreuer*in an der Behandlung teilnimmt, können die Übungen in den Alltag übernommen werden. Auch ein Gruppenangebot (wie bspw. Sitzgymnastik) kann daraus entstehen. Ideen zu Entspannungsverfahren finden sich in Kapitel 4.9 (▶ Kap. 4.9).

7.4   Biografiearbeit

Ein langes Leben liegt hinter den Menschen mit Autismus. Er oder sie ist als Kleinkind in den Kindergarten gekommen, musste ihn vielleicht wechseln, weil es so schwierig mit ihm/ihr war. Er/sie hat die Grundschulzeit durchlebt und den sich anschließenden Schulwechsel in eine weiterführende Schule. Diese Lebensphasen gingen mit vielen verschiedenen Menschen wie Erzieher*innen, Lehrer*innen, anderen Kindern und vielleicht Therapeut*innen einher. Er/sie wurde in eine Tagesförderstätte bzw. WfbM, eine Wohnstätte oder eine Einrichtung zum Wohnen und Arbeiten integriert, hat dort unterschiedliche Betreuer*innen und Mitarbeiter*innen kennengelernt. Die Mitbewohner*innen und Kolleg*innen sind überwiegend dieselben geblieben, jedenfalls die meisten. Immer war die Familie, also Eltern und mglw. Geschwister das Stabilste, was den autistischen Menschen mit der Vergangenheit und Kindheit verbunden hat. Manche Menschen sind irgendwann gegangen, die Person hat Verluste erleben und verkraften müssen.

Bei uns neurotypischen Menschen ist es so, dass wir nicht nur unsere inneren Erinnerungen und Bilder aus der Vergangenheit nutzen, sondern Fotos und Fotoalben, Briefe, Erinnerungssymbole wie einen schönen Stein, ein persönliches Geschenk. Manchmal erinnert uns auch eine bestimmte Melodie oder ein besonderer Geruch an unsere Kindheit oder ein herausragendes Ereignis. Wir sind in der Lage, diese Erinnerungen mit anderen Menschen, die uns nahestehen oder uns in einem bestimmten Zusammenhang begegnet sind, austauschen zu können. Wir erinnern uns gegenseitig, erzählen und teilen unsere Vergangenheit, Gegenwart und Zukunft. Autistischen Menschen bleibt der Zugang zur Vergangenheit in dieser Form in der Regel versperrt. Zu schwierig ist die Kommunikation an sich und die Möglichkeit, ein Gespräch zu führen und die richtigen Fragen zu stellen. Die Menschen sind darauf angewiesen, dass Personen in ihrem Umfeld rechtzeitig damit anfangen, eine Biografiearbeit zu erstellen bzw. ein »Lebensbuch« zu schreiben. Auch und gerade deshalb, weil

Angehörige versterben und eines Tages keiner mehr etwas über die Geschichte, also die Familie, die Kindheit und das Erwachsenwerden sowie gute und weniger gute Zeiten dieses Menschen erzählen kann. Es gibt verschieden Formen von Biografiearbeit, von denen einige im Folgenden vorgestellt werden.

Tecklenburger Biografiemethode (TBM)

Die Tecklenburger Biografiemethode (TBM) ist für Menschen mit einer sehr schweren Beeinträchtigung in den Ledder Werkstätten gemeinnützige GmbH im Tecklenburger Land konzipiert worden. Die Methode beinhaltet verschiedene Werkzeuge wie bspw. einen 13-seitigen »Fragenkatalog der Sinne«. Mit diesem werden von den vertrauten Mitarbeiter*innen der Wohngruppe die sinnlichen Vorlieben (Geschmäcker, Gerüche, Geräusche, Berührungen) systematisch und objektiv mittels individueller Befragung und Beobachtung erfasst, um vertraute und angenehme sensorische Reize dauerhaft zu sichern. Vor allem für Menschen mit deutlichen Handicaps, die sich nur sehr eingeschränkt oder gar nicht verbal mitteilen können, ist für die Befragung ein weiteres Werkzeug, der »Koffer der Sinne«, entwickelt worden. Bestandteil dieses Instruments ist z. B. ein Fotobuch mit dem Titel »Was schmeckst du gerne?«. Weiterhin gibt es Stoffquadrate aus verschiedenen Materialien zum Fühlen, um individuell ermitteln zu können, welches Material von der Person als angenehm empfunden wird. Über Dufthölzer werden geruchliche Vorlieben ermittelt und mithilfe unterschiedlicher CDs die Lieblingsmusik ausgewählt. Diese Methode wird insbesondere bei Menschen angewandt, bei denen es zu einem geistigen Abbau kommt und dadurch immer schwieriger wird, herauszufinden, was gut oder nicht angenehm für die Person ist. So soll es auch bei schwerstbehinderten Menschen, bei denen sich bspw. eine Demenz oder eine lebensbedrohliche Erkrankung entwickelt, möglich sein, diese Lebensphase positiv und vertraut zu gestalten.

Lebensbuch

Das Lebensbuch oder Ich-Buch kann auch für das Kennenlernen des autistischen Menschen durch neue Bezugspersonen genutzt werden, ist aber keinesfalls mit einer Bewohnerakte zu vergleichen und ersetzt diese auch nicht. Im Internet finden sich zahlreiche praktische Beispiele und Vorlagen zu Lebensbüchern. Es ist zu entscheiden, ob das Buch in Papierform, als Computerdatei (dann lassen sich bspw. kleine Filmchen einfügen) oder mithilfe eines Talkers gestaltet wird. Für den Menschen ist die Biografiearbeit ein langdauernder Prozess, bei dessen Bewältigung, aber auch bei der konkreten Gestaltung, umfangreiche Unterstützung benötigt wird. Häufig kommt es zu einer »stellvertretenden Biografiearbeit«, bei der bestenfalls die Eltern, mglw. Geschwister oder nahe Verwandte, die Lebensereignisse und Lebensthemen zusammenstellen und visualisieren. Dadurch ist es häufig auch möglich, das eigene Leben mit dem autistischen Familienangehörigen noch einmal anzuschauen und einen autobiografischen Rückblick auf das eigene Erleben dieser besonderen Situation zu halten.

Praxistipp zur Gestaltung eines Lebensbuchs (Fotos, einfache Texte)

- Eigene Person,
- Kommunikationsmittel und -möglichkeiten,
- Familie,
- Aufzählung von Lebensereignissen bzw. Phasen wie Kindergarten, Schule, Praktikum,
- Freunde*innen und anderen wichtigen Bezugspersonen,
- Haustier(e),
- Urlaube,
- wichtige Feiern und Feste,
- schwierige Lebensereignisse wie ein Umzug, der Verlust einer besonderen Person, eine Krise (wie ein Unfall oder eine schwere Erkrankung),

- bevorzugtes Freizeiterleben (ein besonderer Ort, eine Sportart oder schöne Beschäftigung),
- Vorlieben und Abneigungen,
- Stärken und Schwächen,
- Entspannungsmöglichkeiten und Stressauslöser,
- Selbstversorgung und Selbstständigkeit,
- Pflege, Hilfsmittel, Art des Körperkontakts (bspw. bei der Pflege).

Biografiearbeit in der Gruppe

Bei der Heilpädagogischen Hilfe Osnabrück gibt es ein ausführliches Konzept, wie eine Biografiearbeit gestaltet werden kann, die in einer kleinen Gruppe durchgeführt wird. Hier kommen u. a. ein Lebensbaum und ein Zeitstrahl vor, und die Erinnerungen und Fakten werden von dem Menschen mit Beeinträchtigung selbst erarbeitet und gemalt, geklebt usw. Für einen Menschen im Autismus-Spektrum ist denkbar, in einer Kleingruppe (zwei bis drei Teilnehmer*innen) Biografiearbeit zu gestalten, sonst ist meist eine Einzelarbeit zu bevorzugen. Die Methoden, die sich bspw. bei der Heilpädagogischen Hilfe Osnabrück bewährt haben, können jedoch auch immer im Einzelsetting angewendet werden.

7.5 Förderung im Alter

Zur Lebensqualität (▶ Kap. 7.2) gehört es auch, sich wertgeschätzt und gesehen zu fühlen und angemessen gefördert zu werden. So wie andere ältere Menschen möchte sich ein Mensch mit Autismus nicht nur ausruhen und mit seinen stereotypen Interessen beschäftigen, sondern sich auch auf andere Beschäftigungen einlassen. Um die physischen und psychischen Ressourcen zu erhalten bzw. zu stärken, ist die Stimulation der kognitiven Funktionen und der Fein- und Grobmotorik notwendig. Die kommunikativen Fähigkeiten müssen unbedingt aufrechterhalten werden, sodass der autistische Mensch auch im Alter seine Bedürfnisse äußern kann. Auch die emotionale Verfassung ist ein nicht zu vernachlässigender Bereich, so ist auf noch so kleine Veränderungen der Stimmung zu achten, diese zu analysieren und hierauf zu reagieren.

Insgesamt ist zu einem prothetischen Vorgehen zu raten (▶ Abb. 25). D. h., dass mit dem beginnenden Älterwerden zunächst die vorhandenen Fähigkeiten und Ressourcen weiter gefördert werden. Mit zunehmendem Alter wird dieses Vorgehen immer mehr durch ein kompensatorisches abgelöst, d. h., die Hilfen werden immer zahlreicher, und die eigenen Anteile bzw. Anstrengungen des Menschen mit Autismus nehmen ab. In jedem Fall ist es wichtig, möglichst lange die bestehenden Kompetenzen aufrecht zu erhalten und dem Menschen nicht zu früh zu viel abzunehmen. Dies erfordert viel Fingerspitzengefühl der Betreuer*innen und ein intensives Einlassen und Beobachten der betroffenen Person.

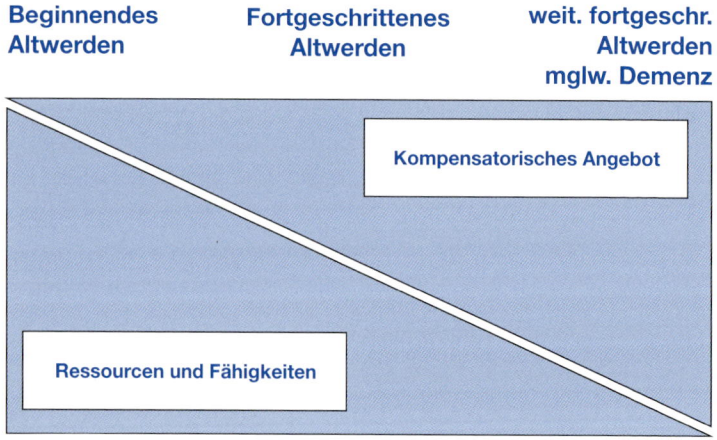

Abb. 25: Prothetisches Vorgehen

Praxistipp: Vorschläge für die Förderung und Aktivierung älterer Betroffener

* Einbeziehen in Haushaltstätigkeiten,
* einfache Spiele (z. B. Memory mit Lebensmitteln, Würfelspiel, bei dem Süßigkeiten gewürfelt werden können, technisches Spielzeug, bei dem durch Drücken eines Buttons eine attraktive Funktion ausgelöst wird, etc.),
* Schuhkarton- oder Mappenaufgaben nach der TEACCH-Methode (▶ Kap. 3.4),
* Spiel: Stimmt/stimmt nicht (▶ Abb. 26),
* Betrachten einzelner Fotos von geschätzten Personen oder Orten und ›Unterhaltung‹ hierüber,
* »10-Minuten-Aktivierung«: Ein Gegenstand, zu dem der Mensch einen Bezug hat, wird in die Hand gegeben und darüber gesprochen. Dies führt zur Aktivierung der motorischen und kommunikativen Fähigkeiten und des emotionalen Zustands,
* Konzentrationsübungen (wie Puzzles),
* Gedächtnisspiele (»Kim-Spiele«, Memory),
* Übungen zur kognitiven Flexibilität (»Was kann man alles mit einer Bürste machen? Mit einem Ziegelstein? Mit einer Wäscheklammer?«),
* motorische und sportliche Aktivitäten wie spazieren gehen, Holz sammeln, balancieren, klettern, schiefe Ebenen laufen, schwimmen etc.,
* gymnastische Übungen im Sitzen, Liegen oder Stehen,
* Übungen mit Hilfsmitteln (Dinge zum Durchgreifen weiter reichen, über den Kopf heben, in andere Hand wechseln, betasten),
* Spiel mit unterschiedlichen Bällen,
* Bewegen zur Musik, tanzen,
* kreatives Schaffen (malen, kneten, häkeln, basteln, etc.).

Abb. 26: Spiel: Stimmt/stimmt nicht (METACOM Symbole © Annette Kitzinger)

7.6 Gestaltung der Umgebung

Mit dem Älterwerden des Menschen mit Autismus, mit dem häufig auch eine Veränderung bzw. Verschlechterung der motorischen Fähigkeiten, der Sinneswahrnehmung, der Orientierung und der ohnehin beeinträchtigten Flexibilität einhergeht, wird das Bedürfnis an eine vertraute, strukturierte, überschaubare und gleichbleibende Umgebung immer deutlicher. Hierzu gehören Orientierungsmittel wie Namens- oder Hinweisschilder, Markierungen auf dem Boden (die orange Linie zeigt den Weg in den Speiseraum), farbige Türen (grün ist die Lieblingsfarbe des/der Bewohner*in, deshalb ist seine/ihre Zimmertür in dieser Farbe gestrichen, die Tür des Speiseraums ist orange), Kalender und Uhren, Orientierungstafeln (wer hat heute Dienst, wer ist in Urlaub? etc.). Es ist ebenfalls sinnvoll, Betroffene durch eine kontrastreiche Gestaltung der Wohnräume zu unterstützen. Durch die farbige Hervorhebung von wichtigen Alltagsgegenständen wie z.B. Lichtschaltern oder der Toilettenbrille können Betroffene diese schneller finden und wahrnehmen. Es ist jedoch unbedingt darauf zu achten, dass es nicht zur Reizüberflutung kommt.

Auch die Lichtverhältnisse in der Umgebung sind wichtig, da bei älter werdenden Menschen bspw. Hell-Dunkel-Kontraste und starke Unterschiede bei Material und Farbe als Schwellen und Barrieren wahrgenommen werden. Daher sollte sogenannte ›weiche Übergänge‹ beim Wechsel der Bodenbeschaffenheit gewählt werden. Spiegelungen sollten vermieden werden, denn Schatten wird manchmal wie ein Loch wahrgenommen. Die Ausleuchtung in Räumen sollte hoch genug sein (im Bereich des Wohnens für Demenzerkrankte werden 500 Lux empfohlen), allerdings ist darauf zu achten, dass es den Menschen nicht zu hell wird. Manchmal sind eher mehrere Lichtquellen angebracht. Die Versorgung mit genügend Licht dient auch dazu, einen Tag-Nacht-Rhythmus zu ermöglichen, denn dieser ist bei älteren Menschen, insbesondere bei denen mit einer komorbiden dementiellen Erkrankung, häufig gestört.

Als weitere Hilfe für die älteren Menschen mit Autismus ist das Betrachten der Raumakustik zu nennen. Autistische Menschen sowie alte Menschen haben eine hohe Sensibilität gegenüber Geräuschen. Das Gehör wird zwar häufig schlechter, dafür lässt jedoch die Filterfunktion bei der Geräuschwahrnehmung nach. Es wird also manches lauter oder intensiver wahrgenommen als dies vorher war, daher mag der/die Betroffene nicht mehr fernsehen oder hält den Aufenthalt im Gruppenraum nur noch aus, wenn er/sie sich die Ohren zuhält. Mglw. gibt er/sie selbst immer lauter oder schriller werdende Geräusche von sich, um die Umgebungsgeräusche zu reduzieren. Hilfreich sind hier nicht nur absorbierende Maßnahmen wie bspw. ein textiles Panelsystem als Schallschutz, sondern auch Möglichkeiten zum Rückzug.

> Herr Z., 58 Jahre alt und in einer Wohnstätte lebend, hat in den letzten Jahren in allen Bereichen deutliche Rückschritte gemacht. Am liebsten liegt er auch tagsüber in seinem Bett oder sitzt in seinem Zimmer, wo er stundenlang puzzelt oder aus dem Fenster schaut. Eines Tages hat er sich geweigert, mittags in den Essraum zu gehen, wo Bewohner*innen und Mitarbeiter*innen saßen und aßen, sondern ist unruhig umhergelaufen und wollte immer wieder in sein Zimmer zurück. Er aß lieber nichts, anstatt im Gruppenraum zu essen. Schließlich haben die Betreuer*innen nachgegeben und Herrn Z. erlaubt, mittags in seinem Zimmer zu essen. Dies hat wesentlich zur Entspannung dieses Bewohners, aber auch der Mitbewohner*innen beigetragen. Morgens und abends empfindet er die Situation anscheinend als nicht so belastend und kommt weiterhin zu diesen Mahlzeiten zu den anderen – er hat allerdings einen Platz mit Blick nach draußen neben zwei ruhigen Mitbewohnern erhalten. Die Mitarbeiter*innen sagen, dass er zukünftig immer in seinem Zimmer essen darf, wenn es in der Gruppe nicht mehr geht. Sie merken und respektieren, welche Anstrengung es Herrn Z. manchmal kostet, mit vielen anderen Menschen zusammen zu sein.

Notwendig ist in Einrichtungen der Behindertenhilfe nicht nur autismusfreundlich, sondern auch behindertengerecht umzubauen, also behindertenfreundliche Badezimmer einzurichten, breite Türen und Aufzüge einzubauen, Pflegebetten samt Zubehör anzuschaffen und Pflegekräfte einzustellen bzw. vorhandene Mitarbeiter*innen entsprechende Lehrgänge besuchen zu lassen. Hier gibt es noch viel zu tun – erfreulicherweise sind in den vergangenen Jahren positive Entwicklungen in die richtige Richtung zu erkennen.

7.7 Dementielle Veränderungen

Herr P., 47 Jahre alt, hat sich in den letzten drei Jahren zunehmend verändert, und zwar hat er bestimmte Fähigkeiten verloren und Gewohnheiten schrittweise aufgegeben. Es begann damit, dass er motorisch unsicherer wurde und nur noch von zwei Betreuer-*innen gestützt laufen konnte. Kurz danach wurde seine Sprech-fähigkeit weniger, d. h., man konnte ihn immer weniger verstehen, und er versuchte deutlich seltener, sich mitzuteilen. Nur sein Sprachverständnis ist nach Aussage der Betreuer*innen nach wie vor gut, hier würde keine Rückentwicklung erkennbar sein. Zu den grobmotorischen Rückschritten seien feinmotorische Einschrän-kungen gekommen, d. h., Herr P. habe inzwischen Probleme, Dinge zu greifen bzw. in eine Öffnung zu werfen (›Vier-gewinnt‹-Spiel). Neurologische Untersuchungen in den letzten Jahren ergaben, dass Herrn P.s Gehirn sich kontinuierlich verändere und kleiner werden würde. Der Neurologe spräche von einem sichtbaren und erhebli-chen Abbau. Heute sei Herr P. nahezu inkontinent und würde nicht mehr Bescheid sagen, wenn er zur Toilette müsse. Herr P. hat in seinem Zimmer einen Wochenplan, mit dem ihm jeden Tag dar-gestellt wird, was geplant ist und wo abgehakt wird, was schon erledigt ist. Allerdings hätten die Betreuer*innen in der letzten Zeit immer wieder erlebt, dass er sein geliebtes Knabbberzeug nicht vermisst habe, obwohl es ihm immer so wichtig gewesen und daher extra auf dem Tagesplan vermerkt sei. Sie hätten den Eindruck, dass er es manchmal einfach vergessen würde. Der Neurologe sei im Moment nicht dazu bereit, eine Demenzdiagnose zu stellen, da er sich fragen würde, wozu das gut sein solle bzw. was es für den Umgang mit Herrn P. nützen würde.

Auch Menschen mit Autismus können eine dementielle Erkrankung entwickeln. Grundsätzlich ist es so, dass es bei Menschen mit einer sich entwickelnden Demenz zu einem Verlust kognitiver, intellektu-eller und aktionaler Fähigkeiten und Selbsthilfefähigkeiten kommt. Es handelt sich um eine progrediente, also fortschreitende Erkrankung, bei der verschiedene Stadien durchlaufen werden. Primäre Demenzsymptome sind, allgemein gehalten:

* Gedächtnisdefizite,
* Orientierungsschwierigkeiten,
* Antriebsminderung,
* soziale Rückzugstendenzen,
* Verhaltensauffälligkeiten.

Wichtiger sind für die Beschreibung dementieller Symptome, insbesondere für den Personenkreis der geistig behinderten Menschen, die sogenannten sekundären Symptome, die die Veränderungen beim/ bei der Einzelnen im Vergleich zum bisherigen Verhalten sehr viel eindringlicher dokumentieren. Diese umfassen:

* Ängstlichkeit bis hin zu Panikreaktionen,
* depressive Reaktionen aufgrund der erlebten Leistungseinbußen und Selbstständigkeitsverluste,
* plötzlich auftretende Aggressionen,
* psychotische Symptome,
* Unruhezustände, auch aufgrund von Angst- und Hilflosigkeitsgefühlen,
* Apathie aufgrund von Verlusten kognitiver Fähigkeiten,
* Rückzug als Vermeidungsverhalten,
* Tag-Nacht-Umkehr aufgrund von fehlenden Tagesaktivitäten und Orientierungsstörungen,
* (gelegentlich) erhöhtes Schlafbedürfnis,
* Verwirrtheit,
* Verlust des Kurzzeitgedächtnisses.

Auffällig bzw. Anlass zur Sorge gebend sind diese Symptome (von denen mehrere allerdings auch typische Verhaltensweisen autistischer Menschen sind), wenn es zu einer deutlichen, länger andauernden Veränderung bzw. Verschlechterung kommt, die nicht mehr zurückgeht, sondern sich manifestiert. Hierzu gibt es psychometrische Screening-Instrumente, die sich mit einem Demenzverdacht beschäftigen. Besonders zu nennen sind hier die »Early Detection Screen for Dementia (EDSD)« (NTEG-EDSD von Zeitlinger et al. 2013) sowie die »Checkliste zur Erfassung von dementiellen Entwicklungen bei Menschen mit Intelligenzminderung« (CEDIM, Schanze 2012). Kürzlich ist der DTIM (Demenztest für Menschen mit Intelligenzminderung, Müller et al. 2020) herausgekommen, der für den deutschen Sprachraum entwickelt wurde. Er besteht aus einem neuropsychologischen Testteil und einer Fremdeinschätzung (DSQIID), die von Betreuungs- bzw. Bezugspersonen zu beantworten ist. Der neuropsychologische Teil enthält Aufgaben zu den Funktionsbereichen Orientierung, Sprache, Aufmerksamkeit & Konzentration, Gedächtnis, Planen & Handeln, abstrakt-logischem Denken und Wahrnehmung & Konstruktion. Bei der Fremdeinschätzung durch das Screening-Instrument DSQIID werden Fragen zu den Bereichen Selbstständigkeit, Kommunikation, Sprachverständnis, Schlafverhalten, Orientierung, Gedächtnis bzw. Erinnerungsvermögen und Sozialverhalten gestellt. Auch hier geht es darum zu erheben, ob ein Symptom schon immer in dieser Form vorhanden war, ob eine Verschlechterung eingetreten ist oder ob es neu hinzugekommen ist. DSQIID und DTIM sind als Verfahren zur Verlaufsdiagnostik gedacht, d. h. es sind mindestens zwei Erhebungszeitpunkte für eine diagnostische Urteilsbildung notwendig. Empfohlen wird zusätzlich das Anwenden medizinischer Verfahren wie bildgebende Diagnostik (CT, MRT, PET) sowie Blutuntersuchungen (Blutbild, Vitamin-B12-Spiegel, Blutzuckerwerte, Nieren- und Leberwerte, CRP u. a.). Mit diesen Screening-Instrumenten sollten bei Menschen mit geistigen Behinderungen, so auch mit Autismus, möglichst erstmalig schon vor dem 50. Lebensjahr Daten erhoben werden, damit im Folgenden Veränderungen festgestellt werden können.

Das Screening-Verfahren NTEG-EDSD, im Moment gängiger ›Vorläufer‹ des DTIM, erfasst zunächst neben den vorhandenen Diagnosen den körperlichen und den seelischen Gesundheitszustand sowie mögliche besondere Ereignisse während des letzten Jahres. Danach werden Daten in insgesamt neun Bereichen erhoben, die nachfolgenden Beurteilungskriterien eingeschätzt werden sollen:»war schon immer so«,»war schon immer so und hat sich verschlechtert«,»ist ein neues Symptom« oder»trifft nicht zu«. Die erhobenen Bereiche sind:

+ Aktivitäten des täglichen Lebens bzw. Alltagsfähigkeiten (Selbsthilfefertigkeiten und Körperpflege),
+ Sprache und Kommunikation (Imitation von Worten, Wortfindungsprobleme, Sprachverständnis etc.), Zunahme stereotyper Lautäußerungen oder gänzliches Verstummen,
+ Änderungen im Schlaf-Wach-Rhythmus (schläft mehr oder weniger, wacht nachts auf, ist verwirrt etc.),
+ Fortbewegung (z. B. unsicherer Gang, Stürze),
+ Gedächtnis (vergisst, verlegt, kann sich nicht orientieren),
+ Verhalten und Affekt (Unruhe, Rückzug, Ängstlichkeit, zwanghaftes Verhalten),
+ Probleme, die von der Person selbst berichtet werden (Veränderungen bei Fertigkeiten, Stimmen hören, Veränderungen in Interessen etc.),
+ auffällige, von anderen beobachtbare Veränderungen (z. B. Gangbild, Freundlichkeit, Gewicht),
+ organische Erkrankungen wie Schmerzen, sensorische Probleme, Herz- oder Lungenprobleme u. v. m.

Ein Demenzverdacht wird erfahrungsgemäß mehrheitlich von Mitgliedern des Betreuungsteams geäußert, manchmal jedoch auch von Familienangehörigen. Die Demenzdiagnose wird in der Regel vom/ von der Hausarzt*ärztin, gefolgt vom Facharzt*ärztin oder Psycholog-*in gestellt. Für den Menschen mit Autismus selbst ist die Information über die Diagnose nicht wichtig, wohl aber für Betreuer*innen und Familienangehörige. Die Diagnose erklärt die Zunahme verschiedener Probleme und erreicht damit ein anderes Verständnis für die Person.

»Und plötzlich steht Herr I. vor einer weißen Wand und will da durchgehen. Er fängt an zu schreien, weil es nicht geht, und ist sehr beunruhigt. Es gelingt nicht, ihn davon abzubringen, weil er denkt, dass es dort weitergeht. Wir als Betreuer*innen haben uns ausgedacht, ihm ein dickes rotes Seil in die Hand zu geben, ihn ganz allmählich mit leichten Ziehbewegungen von dort wegzuziehen und ihn an eine andere Stelle zu führen. Wenn das gelingt, hat er bis dahin vergessen, was er eigentlich wollte. Man merkt ihm aber noch länger den Stress an, den er sichtbar empfunden hat«.

Eine Demenz beeinträchtigt zu Beginn in der Regel nicht das semantische Langzeitgedächtnis. Angesammeltes Wissen – wie z. B. Lieder oder Sprichwörter – bleibt lange erhalten, und kann eine gute Quelle für Beschäftigungsangebote oder Gesprächsthemen bieten. In den einzelnen Phasen der Demenz gibt es bestimmte Maßnahmen, die sinnvoll sind, so z. B. in der ersten Phase die Optimierung persönlicher Erfolgserlebnisse, die Unterstützung eines positiven Selbstwerts, das Verhindern von Misserfolgen, die Aufrechterhaltung von Autonomie und damit der psychischen und physischen Gesundheit. In der zweiten Phase der Demenz ist ein kontinuierliches Screening des psychischen Zustandes bedeutsam, welches eine Überprüfung von Hörfähigkeit, Zahngesundheit und Ernährungszustand mit umfassen sollte. Routinen sind und bleiben besonders wichtig, und der sich dementiell verändernde Mensch mit Autismus sollte so lange wie möglich in Alltagstätigkeiten einbezogen werden (Tischdecken, etwas zerschneiden, Blumen gießen, im Garten helfen usw.). In diesem Stadium benötigt der/die Betroffene zunehmend Hilfen bei der Körperpflege, die ihm/ihr auch gewährt werden sollten. Aktivitäten mit stimulierendem Charakter sind von großer Bedeutung, insbesondere liegen diese bei den meisten Menschen im Bereich der Bewegung. Häufig sind Sicherheitsmaßnahmen wegen Weglauftendenzen notwendig.

In der dritten Phase einer dementiellen Erkrankung wird ständige und kontinuierliche Aufsicht benötigt. Der vollständige Verlust von Leistungen des Lang- und Kurzzeitgedächtnisses sowie ein Affektverlust sind zu beobachten. Im weiteren Verlauf verliert der/die Betroffene das Bewusstsein für Umgebung und Personen, und die Bewegungsfähigkeiten gehen bis hin zur Bettlägerigkeit verloren. In diesem Stadium geht es überwiegend um Palliativmedizin, Pflege und Sterbebegleitung (▶ Kap. 7.8).

Für Menschen mit dementieller Erkrankung gibt es neben Maßnahmen zur Erhaltung kommunikativer, motorischer und kognitiver Kompetenzen (▶ Kap. 7.5) Strategien, wie eine behutsame und wertschätzende Begleitung erfolgen kann. Dies sind Maßnahmen aus der Demenzarbeit, diese lassen sich jedoch ebenfalls gut im Bereich Autismus umsetzen. Ein Beispiel ist das der Validation.

Praxistipp: Validation (nach Naomi Feil 1961)

- Gefühle und Antriebe der Person verbalisieren,
- Inhalte wiederholen/zusammenfassen,
- an positive Ereignisse in der Vergangenheit erinnern,
- das bevorzugte Sinnesorgan ansprechen,
- Berührungen initiieren (falls möglich),
- Musik einsetzen,
- den Menschen im Verhalten spiegeln (auch Ärger oder Verunsicherung).

Ein Beispiel: Die Frau mit Autismus sitzt im Sessel und möchte nicht aufstehen. Der Betreuer setzt sich auf Augenhöhe zu ihr. Er fühlt sich in ihre Stimmung ein. »Hier sitzt du gerne.« – Pause – »In deinem Sessel.« – Pause – »Da geht es dir gut.« – Pause – »Ich möchte dich zu einem Spaziergang einladen.« – Pause – »Draußen scheint die Sonne.«- Pause- »Ich helfe dir mit der Jacke.« – Pause – »Gib mir deine Hände.«

Es gibt weitere Konzepte, die für alte Menschen mit geistiger Behinderung und Demenz empfohlen werden. Dies sind die sogenannte Förderpflege, Basale Stimulation, Snoezelen, kreatives Malen sowie tiergestützte Therapie (vgl. Buchka 2012). Diesen Methoden ist gemein, dass sie den/die Betroffene*n mit all seinen/ihren Bedürfnissen, dem individuellen Charakter und der momentanen Situation in den Fokus rücken, um dann handeln und den Menschen versorgen, beruhigen und beschäftigen zu können und damit eine optimale Lebensqualität zu erreichen. Bei der Förderpflege (Trogisch, Trogisch 1977) wird über die Grundpflege hinaus für Kommunikation, Wahrnehmungserfahrungen, Ansprache auf der Gefühlsebene sowie die Erhaltung von Gedächtnisfunktionen gesorgt. Bei der Basalen Stimulation nach Fröhlich (ab 1976) haben Berührungen und der Körper eine zentrale Bedeutung. Zunächst geht es um das aktive Berühren von Gegenständen oder Ähnlichem durch den Menschen mit Beeinträchtigung. Mit dem fortschreitenden Abbau von geistigen und körperlichen Möglichkeiten steht das Berühren der Person durch die Betreuungs- oder Pflegekraft im Vordergrund. Dabei befinden sich die Hände bzw. der Körper im Mittelpunkt. So soll die Außenwelt, d. h., der Raum, in dem der Mensch lebt, erfahrbar gemacht werden, ihm sollen Wahrnehmungseindrücke und damit Stimulation und Aktivität ermöglicht werden. Wahrnehmungsreize in einem Snoezelenraum sollten beim Menschen mit Demenz sehr vorsichtig, d. h. sparsam dosiert, erfolgen und pädagogisch/therapeutisch begleitet werden, da es über die autistische Sensibilität zu Überforderung und Überreizung kommen kann. Bei diesem Wahrnehmungsangebot geht es um unterschiedliche Sinneserfahrungen überwiegend in den Bereichen Sehen, Hören und Spüren, aber auch Riechen und Gleichgewicht. Kunst- und musiktherapeutische sowie tiergestützte Settings werden im Bereich der Demenzarbeit ebenso empfohlen.

Gerade die Angehörigen benötigen Informationen zu dementiellen Veränderungen, um die erkrankte Person zu verstehen, sie nicht zu überfordern und sich nicht persönlich ›angegriffen‹ zu fühlen. In der Zusammenarbeit zwischen Angehörigen und Betreuenden kommt es darüber hinaus durch unterschiedliche Meinungen nicht selten zu Konflikten. Die Eltern bzw. Angehörigen des autistischen Menschen haben jahrelang schwere Zeiten gehabt und sind häufig an die Grenzen ihrer Belastbarkeit gestoßen. Es gab auch immer wieder unterschiedliche Auffassungen, wie die Betreuung des Kindes in der Wohnstätte gestaltet werden sollte. Nun kommt ein gravierendes neues Problem dazu, welches noch einmal große Kraft, Durchhaltevermögen, aber auch Vertrauen und Respekt untereinander erfordert. Dazu kommt die Sorge, dass der/die demenzkranke Bewohner-*in nun mglw. die Einrichtung verlassen muss, weil eine angemessene Pflege nicht mehr gewährleistet werden kann. Dabei fällt es beiden Seiten oft schwer, sich gegenseitig als Expert*innen zu respektieren, auch weil die Mitarbeiter*innen der Wohnstätte und die Angehörigen in der Regel nicht über explizite Erfahrungen in der Pflege und Betreuung eines demenzkranken Menschen verfügen. Dadurch wird mitunter viel Potenzial hinsichtlich einer gegenseitigen Unterstützung vergeben, denn Angehörige könnten mglw. wichtige Partner*innen darstellen, die die Pflege und Betreuung in vielfältiger Weise unterstützen könnten.

7.8 Palliativmedizin, Pflege und Sterbebegleitung

Neurotypische Menschen können über ihre Vorstellungen von ihrer letzten Lebensphase selbst bestimmen, d. h. sie unterhalten sich mit Verwanden und Freund*innen darüber, wie sie die letzte Lebensphase verbringen möchten, dokumentieren, wie sie zu lebenserhaltenden Maßnahmen stehen und wie sie beerdigt werden möchten. Sogar die Bekleidung der Trauernden und die Musik suchen sie sich manchmal selbst aus. Damit ihre Wünsche am Lebensende erfüllt werden, schreiben sie bspw. eine Patientenverfügung. Selbstbestimmung am Lebensende für Menschen mit Beeinträchtigung ist etwas Neues und Seltenes, und bisher fehlen Konzepte und Materialien hierzu. Sicherlich ist es, je nach kognitiven und kommunikativen Möglichkeiten sowie Erfahrungen bzw. Traditionen in Familie und Umfeld, für einen Menschen mit Beeinträchtigung schwierig, eigene Wünsche zum Lebensende zu entwickeln und zu kommunizieren. Es ist jedoch einen Versuch wert, dem Menschen selbst hierfür ein Mitspracherecht einzuräumen. Inzwischen gibt es Vordrucke für eine Patientenverfügung in Leichter Sprache (Lebenshilfe Bremen e. V. 2019). Aussagen zu den Wünschen des autistischen Menschen lassen sich mglw. auch im Rahmen der Biografiearbeit (▶ Kap. 7.4) erheben, wo sich ein/eine Familienangehörige*r oder ein*e Betreuer*in sehr intensiv mit der individuellen Person auseinandersetzt.

Eines Tages ist es soweit, dass alt gewordene Menschen mit Autismus einen hohen Pflegebedarf haben, weil sich seine/ihre – häufig ohnehin eingeschränkten – Fähigkeiten noch mehr zurückentwickelt haben. Er/sie ist schwer krank, leidet unter Schmerzen, vielleicht einer Demenz, kann nicht mehr laufen, liegt im Bett. Bisher gibt es immer wieder die Tendenz, gebrechlich gewordene Menschen mit Behinderung in Einrichtungen der Altenhilfe zu verbringen, wo die pflegerischen Standards auf einem hohen Niveau sind. Es gibt auch palliative Institutionen wie stationäre Hospize sowie Palliativstationen in Krankenhäusern. Das Verständnis für Menschen mit Behinderung sowie die Erfahrung und das notwendige Wissen hierzu sind dort jedoch häufig nicht ausreichend vorhanden, und der behinderte Mensch ist dort nicht bedürfnisspezifisch untergebracht. Inzwischen ist allerdings eine palliativmedizinische Versorgung auch in ambulanter Form gängig, und es gibt Zusammenarbeit zwischen Palliativdiensten und Wohneinrichtungen für behinderte Menschen. Auch hier gilt der Grundsatz »ambulant vor stationär«.

2012 wurde bei der Lebenshilfe Oberhausen ein Projekt zum Thema »Palliative Praxis gestalten mit Menschen mit geistiger Behinderung« gestartet, gefördert von der Robert-Bosch-Stiftung. In dem hierzu veröffentlichten Buch (Birkholz, Knedlich 2020) finden sich eindrucksvolle Aussagen von Menschen mit Beeinträchtigung, deren Angehörigen und Fachleuten zu den Themen Trauer, Sterbebegleitung und Teilhabe.

»Schwierig ist allerdings die Finanzierung von Pflege und Palliativmedizin. Das Thema Pflege wird zurzeit in der Behindertenhilfe stark diskutiert. Für

Menschen mit Behinderungen, die von ihrer Familie oder von ambulanten Diensten betreut und gepflegt werden, ist es möglich, sowohl Leistungen der Eingliederungshilfe als auch Leistungen der Pflege nach dem SGB XI gleichzeitig in Anspruch zu nehmen. Menschen mit geistiger Behinderung, die in einer vollstationären Einrichtung leben, können dies nicht. Der Gesetzgeber geht in diesem Fall davon aus, dass die Pflegeleistungen für die Bewohner mit geistiger Behinderung in der vollstationären Eingliederungshilfe miteingeschlossen sind. Aus diesem Grund haben die Pflegekassen eine Leistungspflicht von höchstens 256 Euro im Monat für diese Menschen mit Behinderung, die dort gefördert betreut und gepflegt werden sowie die Voraussetzungen für eine der Pflegestufen (inzwischen Pflegegrade, Anm. der Autorin) gemäß § 15 SGB XI erfüllen« (Gusset-Bährer 2018, S. 201).

Nach dem neuen Hospiz- und Palliativgesetz, das Ende 2015 verabschiedet wurde, wird jedem/jeder gesetzlich Versicherten am Ende seines/ihres Lebens eine palliative Versorgung zugesichert. Die Sterbebegleitung wird als integraler Bestandteil von Pflegeeinrichtungen der Behinderten- und Altenhilfe gesehen. Damit sind jedoch keine zusätzlichen finanziellen Ressourcen gemeint, sondern es ist eine Empfehlung, Mitarbeiter*innen entsprechend auszubilden. Nur von den Krankenkassen anerkannte Berater*innen werden refinanziert. Es gibt auch in Einrichtungen Ängste und Vorbehalte, wie mit einem sterbenden Menschen umzugehen ist, daher ist es unbedingt notwendig, entsprechende Schulungen und Fortbildungen zu ermöglichen. Auch die Vernetzung mit Palliativmediziner*innen, sowie Vermittlung von Rechtssicherheit (Handlungssicherheit vom fachlichen und persönlichen Standpunkt her) sind wichtige und notwendige Elemente einer institutionellen Sterbebegleitung.

Eine ältere Bewohnerin einer autismusspezifischen Einrichtung war an einer lebensbedrohlichen Krebserkrankung erkrankt. Im Betreuungsteam wurde beratschlagt, wie damit umgegangen werden sollte. Es war allen bewusst, dass eine Verlegung in eine Pflegeeinrichtung zwar von der pflegerischen Professionalität her geeigneter wäre, für diese Frau jedoch einen sehr schwierigen und irritierenden Lebenseinschnitt bedeuten würde. Sie hatte in der Wohnstätte Lieblingsbetreuer*innen, lebte dort seit über 30 Jahren in demselben Zimmer in einer Wohneinheit mit überwiegend denselben Mitbewohner*innen. Alles in der Einrichtung war ihr vertraut und bedeutete Sicherheit und Fürsorglichkeit für sie. Die Betreuer*innen entschieden sich zusammen mit den Familienangehörigen, die Bewohnerin bis zum Tod in der Einrichtung zu begleiten. Es standen dabei ein Pflegedienst und später ein Palliativdienst zur Seite. Die Mitbewohner*innen seien sehr vorsichtig mit der Situation umgegangen. »Manchmal schlichen sie vor der geöffneten Zimmertür hin und her, standen da einfach nur so herum und guckten. Keiner machte etwas Unfreundliches oder Störendes. Sie guckten nur und gingen in die Nähe der Bewohnerin.« Irgendwann sei sie spätabends in ihrem Zimmer gestorben, begleitet von einer Betreuerin. Alle Mitarbeiter*innen dieser Einrichtung sind sich einig, diese Begleitung – wenn möglich – immer wieder so anbieten zu wollen.

8

Ausblick

Bisher gibt es im Bereich der Erwachsenen mit Frühkindlichem Autismus viele einzelne Ansätze und Ideen, wie im langen Zeitraum zwischen Erreichen der Volljährigkeit und Altwerden Beschäftigung, optimale Betreuung und Lebensqualität erreicht werden können. In Einrichtungen der Behindertenhilfe werden individuelle Konzepte gestaltet, die sich überwiegend an den Bedarfen von Menschen mit geistiger Behinderung orientieren. Das an sich ist sicherlich richtig und plausibel. Es ist jedoch so, dass Menschen mit Autismus vielfach ganz andere bzw. spezielle Bedürfnisse und Probleme haben, die berücksichtigt werden sollten. Daher ist es notwendig, angemessene Beschäftigungs- und Wohnstrukturen sowie eine gute Lebensqualität für diese Klientel zu konzipieren. Noch zu häufig sind Mitarbeiter*innen in Einrichtungen trotz großen persönlichen Einsatzes zu wenig informiert, hilflos und manchmal überfordert. Es gibt allerdings andere, optimistisch stimmende Situationen. Die Mitarbeiter*innen einer großen, autismusspezifischen Einrichtung machen sich intensive Gedanken dazu, wie sich der Renteneintritt für ihre Bewohner*innen anfühlen wird, ob es überhaupt Sinn macht, sie in Rente zu schicken und wie das Älterwerden der Menschen generell gestaltet werden sollte. Andere entwickeln Konzepte für die Themen Schmerzerkennung, Versorgung kranker, alt werdender und sterbender Bewohner*innen. Vieles ist in Bewegung. Dieses Buch soll dabei helfen, Impulse zu setzten, Denkanstöße zu geben und Grundlagen für Diskussionen in unterschiedliche Richtungen zu vermitteln. Wenn Menschen mit Autismus (angelehnt an die Lebenserwartung geistig behinderter Menschen) eine durchschnittliche Lebenserwartung von 70 bis 72 Jahren haben, so sind ca. 50 Jahre vom Erreichen der Volljährigkeit bis zum Lebensende gut zu gestalten und zu begleiten, ob von Angehörigen oder Mitarbeiter*innen in Einrichtungen.

Eltern bleiben Eltern und nehmen ihre Verantwortung gegenüber dem beeinträchtigten Kind ein Leben lang wahr. Mein persönlicher Appell an Eltern ist: Vertrauen Sie den professionellen Betreuer*innen in Einrichtungen, dass sie ihr Bestes geben und Ihrem Kind sehr verantwortungsvolle Partner*innen sind. Lassen Sie Ihr Kind allmählich los, geben Sie ihm die Chance, ein eigenes Leben zu führen. Denken Sie an sich selbst und erlauben Sie sich, Ihr persönliches Leben wieder mehr in den Fokus zu rücken, am besten zu einem Zeitpunkt, wo Ihr eigenes Alter dies noch zulässt. 50 Jahre tagtäglich mit Autismus zu leben, ist für den/die Betroffenen anstrengend und herausfordernd. Für die Menschen in seinem/ihrem Umfeld ist dies nicht anders, daher sollten Loslassen können, eine Prise Gelassenheit und das Fazit »es war anstrengend, und jetzt ist es gut« ganz oben auf der Agenda stehen.

Anhang

Literaturverzeichnis

Allgemeine Literatur

Arens-Wiebel, Christiane (2019): Autismus. Was Eltern und Pädagogen wissen müssen. Stuttgart: Kohlhammer.

Autismus Deutschland e. V. (Hrsg.) (2014): 14. Bundestagung 2014, Autismus in Forschung und Gesellschaft. Karlsruhe, Baden: Loeper.

Autismus – Stärke oder Störung (2020). 16. Bundestagung 2020, Karlsruhe, Baden: Loeper.

Sappok, T. & Zepperitz, S. (2019): Das Alter der Gefühle. Über die Bedeutung der emotionalen Entwicklung bei geistiger Behinderung (2., überarb. Aufl.). Göttingen: Hogrefe.

Vermeulen, Peter (2009): Das ist der Titel: Über autistisches Denken. Göttingen: Vandenhoeck & Ruprecht.

Internetlinks

Gesetzliche Betreuung durch Geschwister. Hilfen zur Entscheidungsfindung, ob Familienmitglieder diese übernehmen möchten: https://www.lebenshilfe.de/ informieren/familie/einfuehrung-ins-betreuungsrecht, Zugriff am 09.12.2020.
Rechtsratgeber, autismusspezifisch, von Autismus Deutschland e. V.: https:// www.autismus.de/fileadmin/user_upload/Broschuere_Rechte_von_Menschen_ mit_Autismus_Stand_13Nov.pdf, Zugriff am 09.12.2020.

Übergang zwischen Kindheit und Erwachsensein

Emrich, C., Gromann, P. & Niehoff, U. (Hrsg.) (2012): Gut Leben. Persönliche Zukunftsplanung realisieren – ein Instrument. (3. Aufl.) Marburg: Lebenshilfe.
Küchler, M (2007): Entwicklung eines Praxiskonzepts zur Vorbereitung auf das nachschulische Leben durch die Schule für Menschen mit geistiger Behinderung. Marburg, Oberhausen: Lebenshilfe, Athena.
Mesibov, G., Thomas, J. B., Chapman, S. M. & Schopler, E. (2017): TTAP – TEACCH. Förderdiagnostisches Kompetenzprofil für Jugendliche und Erwachsene auf dem Weg in die Selbstständigkeit. Dortmund: modernes lernen.

Internetlinks

Berufliche Integration von Menschen mit Autismus und psychischen Erkrankungen (2008). Fachzeitschrift Impulse 48 (4), 4–41: https://www.bag-ub.de/ veroeffentlichung/typ/958#publication_4243, Zugriff am 28.12.2020.
Berufs- und Studienorientierung, Musterkonzept mit Handreichungen, Niedersächsisches Kulturministerium (über Suchmaschine zu finden).
Datenbank mit Veröffentlichungen zum Thema »Menschen mit Behinderung im Arbeitsleben«: https://www.rehadat-literatur.de/de/aus-und-weiterbildung/ berufliche-orientierung/berufsvorbereitung/index.html?connectdb=veroeff entlichungen_result&infobox=%2Finfobox1.html&serviceCounter=1&wsdb= LIT&Titell=Literatur%20zum%20Thema%20Berufsvorbereitung&suchbegriffe= berufsvorbereitung&dokumentart=praxis*, Zugriff Am 04.05.2021.

Arbeiten mit Autismus

Häußler, A. (2016): Der TEACCH® Ansatz zur Förderung von Menschen mit Autismus. Einführung in Theorie und Praxis (5., verbesserte u. erw. Aufl.) Dortmund: modernes lernen.

Maus, I. (2020): Kompetenzmanual Autismus (KOMMA). Praxisleitfaden für den Bildungs-, Wohn- und Arbeitsbereich. Stuttgart: Kohlhammer.

Wittkop, K., Brokamp, S. & Brinkrolf, A. (2012): StArk – Strukturierte Arbeitskisten. Förderung berufsrelevanter Kompetenzen bei Jugendlichen mit schwerster Behinderung. Sonderpädagogische Förderung, Werkstufe. Buxtehude: Persen.

Internetlinks

Möglichkeiten der Teilhabe an Arbeit für Menschen mit Autismus in Werkstätten für Menschen mit Behinderungen in der BRD: https://www.bagwfbm.de/article/492, Zugriff am 10.12.2020.

Broschüre Motorische Förderung in Werkstätten für behinderte Menschen: https://rbo.berlin/data/user_upload/stiftung/Dokumente/Einblicke/inmit ten-Band_3_Motorische_Foerderung.pdf, Zugriff am 28.12.2020.

Soziale und kommunikative Herausforderungen

Braun, S. (2019): Unterstützte Kommunikation mit Erwachsenen. (Ja: UK!). Karlsruhe: Von-Loeper.

Kitzinger, A., Kristen, U. & Leber, I. (2015): Jetzt sag ich's Dir auf meine Weise. Erste Schritte in Unterstützter Kommunikation mit Kindern (6. Aufl.). Karlsruhe: Loeper.

Lüke, C. & Vock, S. (2019): Unterstützte Kommunikation bei Kindern und Erwachsenen (Praxiswissen Logopädie). Berlin, Heidelberg: Springer.

Otto, K. & Wimmer, B. (2017): Unterstützte Kommunikation. Ein Ratgeber für Eltern, Angehörige sowie Therapeuten und Pädagogen (5. Aufl.). Idstein: Schulz-Kirchner.

Internetlinks

Anleitung zum Entwerfen von Social Stories: https://www.scribility.org/social-stories/, Zugriff am 28.9.2020.

Vorlagen METACOM-Ich-Bücher: https://www.cluks-forum-bw.de/unterstuetz te-kommunikation/erste-schritte?tx_cforum_listpost%5Baction%5D=show& tx_cforum_listpost%5Bcontroller%5D=Post&tx_cforum_listpost%5Bpost%5D =982&cHash=d1814c0dd03e4e09d56317931d2d92bf, Zugriff am 28.09.2020.

Ablösungsprozess für den Menschen mit Autismus und seine Eltern

Burtscher, R., Heyberger, D. & Schmidt, T. (2015): Die »unerhörten« Eltern. Eltern zwischen Fürsorge und Selbstsorge. Marburg: Lebenshilfe.

Emmelmann, I. & Greving, H. (2019): Erwachsene Menschen mit geistiger Behinderung und ihre Eltern. Vom Ablösekonzept zum Freiraumkonzept (Praxis Heilpädagogik – Konzepte und Methoden). Stuttgart: Kohlhammer.

Müller-Teusler, S. (2008): Autistische Menschen. Leben in stationärer Betreuung. Lambertus: Freiburg.

Wilken, U. & Jeltsch-Schudel, B. (2014): Elternarbeit und Behinderung. Empowerment, Inklusion, Wohlbefinden. Stuttgart: Kohlhammer.

Suche nach einer geeigneten Einrichtung

Autismus Deutschland e. V. (Hrsg.) (2011): Leitlinien Wohnformen für Menschen mit Autismus. Hamburg: Autismus Deutschland e. V.

Internetlinks

Adressen von anthroposophischen Wohneinrichtungen mit Kennzeichnung freier Plätze: https://anthropoi.de/angebote/einrichtungen/, Zugriff am 04.01.2021.

Adressen von Einrichtungen mit aktuell freien Plätzen, deutschlandweit: https://freiplatzmeldungen.de/menschen-mit-behinderung.html, Zugriff am 04.01.2021.

Adressen von Wohneinrichtungen deutschlandweit: https://www.socialnet.de/branchenbuch/2310.php, Zugriff am 04.01.2021.

Argumente für und gegen einen Wohnheimaufenthalt: https://www.epikurier. de/archiv/ausgabe-42007/wohnheim-ja-oder-nein/, Zugriff am 17.11.2020.

Plattform für inklusive Wohnprojekte: https://wohnsinn.org/, Zugriff am 04.01.2021.

Verzeichnis von Wohneinrichtungen für Menschen mit Autismus, deutschland-weit. Möglichkeit, Wohngesuche einzustellen bzw. freie Plätze anzubieten: https://www.autismus.de/ueber-uns/struktur-des-bundesverbandes/region alverbaende-und-mitgliedsorganisationen.html, Zugriff am 04.01.2021.

Therapie- und Förderangebote

Degner, M. (2011): Mehr Selbstständigkeit für Menschen mit Autismus: Der TEACCH-Ansatz als evidenzbasierte Fördermethode. Marburg: Tectum.

Derra, C., Schilling, C. et al. (2020): Körperorientierte Entspannungstechniken. Stuttgart: Kohlhammer.

Kater, I. (Hrsg.) (2013): Paidi. Materialsammlung Autismus-Spektrumstörungen (CD-ROM). Viersen: Iris Kater.

Kitzinger, A., Kristen, U. & Leber, I. (2015): Jetzt sag ich's Dir auf meine Weise. Erste Schritte in Unterstützter Kommunikation mit Kindern. (6. Aufl.). Karlsruhe: Loeper.

Omonsky, C. (2014): Entspannung und Yoga ganz einfach. Flexibel einsetzbare Übungseinheiten für Schüler mit geistiger Behinderung. Hamburg: Persen.

Ossege, T. M. & Hammerschmidt, D. (2016): Entspannung für Menschen mit geistiger Beeinträchtigung. 30 Fantasiegeschichten zum Vorlesen und Anhö-ren: Mit Audio-CD mit den 30 Geschichten. München, Basel: Reinhardt.

Otto, K. & Wimmer, B. (2017): Unterstützte Kommunikation. Ein Ratgeber für Eltern, Angehörige sowie Therapeuten und Pädagogen (5. Aufl.). Idstein: Schulz-Kirchner.

Rittmann, B. & Rickert-Bolg, W. (Hrsg.) (2017): Autismustherapie in der Praxis. Methoden, Vorgehensweisen, Falldarstellungen. Stuttgart: Kohlhammer.

Salzbacher, H. (2011): Von der Dose bis zur Arbeitsmappe. Ideen und Anregungen für strukturierte Beschäftigungen in Anlehnung an den TEACCH-Ansatz. Dortmund: modernes lernen.

Spek, A. (2012): Achtsamkeit für Menschen mit Autismus. Ein Ratgeber für Erwachsene mit ASS und deren Betreuer*innen. Bern u. a.: Huber.

Internetlinks

Einfach entspannen. Das tut mir gut. Broschüre zu Entspannung in Leichter Sprache: https://lebenshilfe-rlp.de/pdf/archiv/Entspannung_WEB.PDFF, Zugriff am 10.02.2021.

Förderdiagnostischer Fragebogen zur Vorbereitung von Unterstützter Kommunikation als Kommunikationsmittel: https://verlagvonloeper.ariadne.de/media/pdf/e5/98/95/Einschaetzen-und-Unterstuetzen-Foerderdiagnostik-UK-Vers-2012.pdf, Zugriff am 04.01.2021.

Sexualität

Achilles, I. & Herrath, F. (Hrsg.) (2014): Sexualpädagogische Materialien für die Arbeit mit geistig behinderten Menschen. Bundesvereinigung Lebenshilfe für Menschen mit Geistiger Behinderung. Weinheim, Basel: Beltz Juventa.

Bosch, E., Suykerbuyk, E. & Humbert, R. (2007): Aufklärung – die Kunst der Vermittlung. Methodik der sexuellen Aufklärung für Menschen mit geistiger Behinderung (2. Aufl.). Weinheim: Juventa.

Bosch, E. & Suykerbuyk, E. (2010): Begleitung sexuell missbrauchter Menschen mit geistiger Behinderung. Arnhem: Bosch & Suykerbuyk.

Bundeszentrale für Gesundheitliche Aufklärung (BZgA) (2015): Sexualaufklärung von Menschen mit Beeinträchtigungen. Konzept. Unter Mitarbeit von Exner, K. & Heßling, A. Köln: Bundeszentrale für Gesundheitliche Aufklärung.

Bundeszentrale für Gesundheitliche Aufklärung (BZgA) (2017): Über Sexualität reden ... Unter Mitarbeit von Gnielka, M. Köln: Bundeszentrale für Gesundheitliche Aufklärung.

Ehlers, C. (2017): Sexualerziehung bei Jugendlichen mit körperlicher und geistiger Behinderung. Hamburg: Persen.

Grunick, G. & Maier-Michalitsch, N. J. (Hrsg.) (2011): Leben pur – Liebe, Nähe, Sexualität bei Menschen mit schweren und mehrfachen Behinderungen. Düsseldorf: Selbstbestimmtes Leben.

Lache, L. (2016): Sexualität und Autismus. Die Bedeutung von Kommunikation und Sprache für die sexuelle Entwicklung. Gießen: Psychosozial-Verlag.

Reynolds, K. E. (2016): Dinge, die Lena Spaß machen. Ein Buch zum Thema Sexualität und Masturbation bei Mädchen und jungen Frauen mit Autismus. St. Gallen: Autismusverlag.

Reynolds, K. E. (2016): Dinge, die Tom Spaß machen: Ein Buch zum Thema Sexualität und Masturbation bei Buben und jungen Männern mit Autismus. St. Gallen: Autismusverlag.

Schmetz, D. & Stöppler, R. (2007): Förderschwerpunkt Liebe. Sexualpädagogische Bildungsangebote für Menschen mit kognitivem Förderbedarf. Dortmund: modernes lernen.

Internetlinks

Autismus und Sexualität: https://elternzentrum-berlin.de/download/fort bildung/A_2012-08-16_B-Schirmer-Autismus-und-Sexualitaet.pdf, Zugriff am 23.01.2021.

Broschüre in leichter Sprache: https://www.jaw.at/de/aktuelles/157/Broschue re-Sexualitaet-Informationen-in-leichter-Sprache, Zugriff am 04.05.2021.

Leitfaden des Runden Tisches »Sexualität und Behinderung« für Dienste und Organisationen für Menschen mit Behinderungen, Bremen: https://www. soziales.bremen.de/sixcms/media.php/13/2020-07-13%20Brosch%FCre%20 Der%20Runde%20Tisch%20Sexualit%E4t%20und%20Behinderung_final3.pdf, Zugriff am 29.10.2020.

Leitfaden Umgang mit sexueller Gewalt: https://www.lebenshilfe-nds.de/wData/ downloads/publikationen/Leitfaden-Sexuelle-Gewalt.pdf, Zugriff am 29.10.2020.

Mit Autismus durch die Pubertät, ausführliches Referat zum Thema, 12. Fachtag Autismus im Liebenau Berufsbildungswerk, 2018: https://www.stiftung-liebenau.de/fileadmin/benutzerdaten/bildung/pdf/04_Mediathek/Autismus/ bildung-autismus-suenkel-barth-2018.pdf, Zugriff am 24.10.2020.

Übersichtsreferat zum Thema Autismus und Sexualität: Dreisigacker, K. (2003): Anders als andere?! Autismus und Sexualität: https://www.fgz-goettingen. de/downloads/Autismus_und_Sexualitaet.pdf, Zugriff am 22.01.2021.

Entstehung von Komorbiditäten

Erretkamps, A. & Kufner, K., et al. (2017): Therapie-Tools Depression bei Menschen mit geistiger Behinderung. Mit E-Book inside und Arbeitsmaterial. Weinheim, Basel: Beltz. Online verfügbar unter http://sub-hh.ciando.com/ book/?bok_id=2220443.

Noterdaeme, M. (2015): Komorbidität. In G. Theunissen, W. Kulig, V. Leuchte & H. Paetz (Hrsg.) Handlexikon Autismus-Spektrum (S. 230–235). Stuttgart: Kohlhammer.

Internetlinks

Vortrag zu Diagnose, Therapie und Hilfsstrukturen bei Komorbiditäten, insbesondere Epilepsien: http://www.caritas-freiburg.de/phocadownload/allgarbeit-wohnen/fachtage/mmb-fachtag-nov2010/drmartin.pdf, Zugriff am 06.11.2020.

Film: Stille Not. Depressionen bei Menschen mit geistiger Behinderung. 2016. Medienprojekt Wuppertal e. V.: https://www.medienprojekt-wuppertal.de/stille-not, Zugriff am 04.05.2021.

Krankheit und Schmerz

Peter M. (2015): Schmerzen erkennen und diagnostizieren. In: Bienstein, P. & Klauß, T. (Hrsg.): Herausforderung Schmerzen. Ausgewählte Aspekte Dokumentation der Arbeitstagung der DGSGB am 7. März 2014 in Kassel. Online verfügbar unter https://dgsgb.de/downloads/materialien/Band32.pdf.

Fichtmair, M. (2017): Unterstützte Kommunikation und Schmerz. Zeitschrift behinderte Menschen, Zeitschrift für gemeinsames Leben, Lernen und Arbeiten, 40 (2), 55–58.

Harinski, K. (2007): Geistig behinderte Menschen im Krankenhaus. Alles andere als Wunschpatienten. Deutsches Ärzteblatt, 104 (27), 1970–71.

Maier-Michalitsch, N. J. (Hrsg.) (2012): Leben pur – Schmerz. Bei Menschen mit schweren und mehrfachen Behinderungen (2. Aufl.). Düsseldorf: Selbstbestimmtes Leben.

Martin, P. (2016): Schmerzverhalten bei Menschen mit Störungen des autistischen Spektrums. Zeitschrift für Inklusive Medizin, 13 (2), 25–37.

Nüßlein, F. (2017): Alternative Möglichkeiten der Schmerzlinderung. Zeitschrift behinderte Menschen. Zeitschrift für gemeinsames Leben, Lernen und Arbeiten. 40 (2), 49–53.

Nüßlein, F. (2017): Schmerzevaluationsskalen für Menschen mit geistiger und mehrfacher Behinderung. Zeitschrift behinderte Menschen. Zeitschrift für gemeinsames Leben, Lernen und Arbeiten, 40 (29), 31–36.

Nordlohne, N., Wichmann, C. & Hanenkamp, G. (2014): Projekt Einfach anders – Menschen mit Behinderung im Krankenhaus. Vechta: Landesverband Caritas für Oldenburg e. V.

Preißmann, C. (2017): Autismus und Gesundheit. Besonderheiten erkennen – Hürden überwinden – Ressourcen fördern. Stuttgart: Kohlhammer.

Sappok, T., Burtscher, R. & Grimmer, A. (Hrsg.) (2020): Einfach Sprechen über Gesundheit und Krankheit. Medizinische Aufklärungsbögen in Leichter Sprache. Bern: Hogrefe.

Schlichting, H. (2017): Alternative Möglichkeiten der Schmerzreduktion. Zeitschrift behinderte Menschen. Zeitschrift für gemeinsames Leben, Lernen und Arbeiten, 40 (2), 45–47.

Schlichting, H. (2017): Schmerzen bei Menschen mit mehrfacher Behinderung. Zeitschrift behinderte Menschen. Zeitschrift für gemeinsames Leben, Lernen und Arbeiten, 40 (2), 25–29.

Souders M. C., Freeman K. G., DePaul D. & Levy S. E. (2002): Caring for Children and Adolescents with Autism who ›Require Challenging Procedures. Pediatr Nurs, 28 (6), 555–562.

Stockmann, J. (2017): Schmerztherapie bei Menschen mit geistiger Behinderung. Zeitschrift behinderte Menschen. Zeitschrift für gemeinsames Leben, Lernen und Arbeiten, 40 (2), 41–44.

Zimmermann, S. (2017): Schmerzerkennung bei Menschen mit schwerer und mehrfacher Behinderung. Zeitschrift behinderte Menschen. Zeitschrift für gemeinsames Leben, Lernen und Arbeiten, 40 (2), 37–39.

Internetlinks

EDAAP Schmerzskala mit Erläuterungen: https://www.dgpalliativmedizin.de/images/02_EDAAP_adaptiert_Evaluation_bei_Schmerz_NEU._1.pdf, Zugriff am 23.01.2021.

Handreichungen für Eltern, Angehörige und Betreuer*innen und für Zahnärzte und zahnmedizinische Fachangestellte: http://dgmgb.de/wp-content/uploads/2019/02/LAG_Informationsschrift_Zahnarzt.pdf, Zugriff am 10.11.2020.

Handreichung zum Umgang mit Menschen mit geistiger Behinderung für medizinisches Personal im Krankenhaus: http://dgmgb.de/wp-content/uploads/2019/02/LAG_Handreichung_fuer_Aerzte_im_Krankenhaus.pdf, Zugriff am 10.11.2020.

Handreichung in kurzer Form mit Platz für individuelle Einträge: http://dgmgb.de/wp-content/uploads/2019/02/LAG_Handreichungen_Zahnarzt.pdf, Zugriff am 10.11.2020.

Herausforderung Schmerzen, Dokumente einer Arbeitstagung der Deutschen Gesellschaft für seelische Gesundheit bei Menschen mit geistiger Behinderung e. V.: https://dgsgb.de/downloads/materialien/Band32.pdf, Zugriff am 06.01.2021.

Hinweise zu Krankenhaus und Zahnarztbesuchen, Deutsche Gesellschaft für Medizin für Menschen mit geistiger oder mehrfacher Behinderung e. V.: http://dgmgb.de/tipps-und-anregungen-2/, Zugriff am 6.11.2020.

Medizinisch-ethische Richtlinien und Empfehlungen (Schweizerische Akademie der Medizinischen Wissenschaften): http://dgmgb.de/wp-content/uploads/2019/02/MedBehandlungundBetreuungvonMenschenmitBehinderung.pdf.

Mundgesund trotz Handicap und hohem Alter. Konzept zur vertragszahnärztlichen Versorgung von Pflegebedürftigen und Menschen mit Behinderungen: http://dgmgb.de/wp-content/uploads/2019/02/Konzept_Mundgesund.pdf, Zugriff am 10.11.2020.

Schmerzassessment, Schmerzanamnese, Selbsturteil, Fremdurteil: https://www.awmf.org/uploads/tx_szleitlinien/028-042l_S2k_Intelligenzminderung_2014-12_verlaengert_01.pdf, Zugriff am 07.01.2021.

Schmerzskala, Schmerzlokalisation u. v. m: https://www.metacom-symbole.de/downloads/download_materialien.html, Zugriff am 10.11.2020.

Sehstörungen bei Menschen mit Behinderung: https://www.stiftung-waldheim.de/files/druck_flyer_anderssehen.pdf, Zugriff am 26.11.2020.

Spezielle Bedarfslage der gesundheitlichen Versorgung im Krankenhaus von Menschen mit Behinderung aus Sicht der Pflege: https://www.fh-diakonie.de/obj/Bilder_und_Dokumente/Pflege_Fachinfos/Stuttgart_2014_homepage.pdf, Zugriff am 10.11.2020.

S2k-Leitlinie/Intelligenzminderung, Kapitel Schmerz- und Schmerzbehandlung, Schmerzassessment, Schmerzanamnese, Selbsturteil, Fremdurteil S. 101–108, https://www.awmf.org/uploads/tx_szleitlinien/028-042l_S2k_Intelligenzminderung_2014-12_verlaengert_01.pdf, Zugriff am 07.01.2021.

Umgang mit Krisen

Bergmann, F. (2019): Verhaltenstherapie bei jungen Menschen mit kognitiven Einschränkungen. Weinheim: Beltz.

Heinrich, J. (Hrsg.) (2016): Akute Krise Aggression. Aspekte sicheren Handelns bei Menschen mit geistiger Behinderung (4., durchgesehene Aufl.). Marburg: Lebenshilfe.

Hejlskov Elvén, B. (2017): Herausforderndes Verhalten vermeiden. Menschen mit Autismus und psychischen oder geistigen Einschränkungen positives Verhalten ermöglichen (2., durchgesehene Aufl.). Tübingen: dgvt.

Rittmann, Barbara (2008): Autismus und (auto-)aggressives Verhalten. Unveröffentlichtes Fortbildungshandout.

Schuster, S. & Sappok, T. (2017): Wenn ein Verhalten für die Umwelt zur Herausforderung wird – Das Umgangskonzept 2.0. Zeitschrift Teilhabe, 56 (2), 70–75.

Sonneck, G. (2000): Krisenintervention und Suizidverhütung. Wien: Facultas.

Theunissen, G. (Hrsg.) (2019): Autismus und herausforderndes Verhalten. Praxisleitfaden Positive Verhaltensunterstützung (3., durchgesehene Aufl.). Freiburg: Lambertus.

Wüllenweber, E. (2009): Krisen und Behinderung. Entwicklung einer praxisbezogenen Theorie zum Verstehen von Krisen und eines Handlungskonzeptes für die Krisenintervention bei Menschen mit geistiger Behinderung und bei Autismus (3., überarb. Aufl.). Hamburg: Elbe-Werkstätten.

Wüllenweber, E. (Hrsg.) (2014): Gesprächsführung, Beratung und Begleitung. Marburg: Lebenshilfe.

Wüllenweber, E. (Hrsg.) (2014): Kommunikation und Beziehungsgestaltung. Marburg: Lebenshilfe.

Internetlinks

Checkliste Gewaltprävention. Für Organisationen, Mitarbeiter*innen in besonders schwierigen Arbeitsfeldern: https://www.lebenshilfe.de/fileadmin/ Redaktion/PDF/Wissen/public/Materialien/20171206-Checkliste-Gewaltprae vention.pdf, Zugriff am, 17.11.2020.

Doki® – Dialogorientierte körperliche Intervention. Umgang mit herausforderndem Verhalten aus dem Beratungszentrum Alsterdorf/Hamburg: https:// www.umgang-mit-aggression.de/umgang-mit-aggressionen/doki/, Zugriff am 16.02.2021.

Gefährdungsbeurteilung und viele Tipps und Informationen für Mitarbeiter-*innen von der Berufsgenossenschaft für Gesundheitsdienst und Wohlfahrtspflege: https://www.bgw-online.de/DE/Arbeitssicherheit-Gesundheitsschutz/ Umgang-mit-Gewalt/Schutzma%C3%9Fnahmen/Schutzmassnahmen-node. html;jsessionid=B987F2044F6A145C2FBC25D2B51B7585, Zugriff am 17.11.2020.

Aufklärung der Mitbewohner*innen und Kolleg*innen über den Autismus

Faherty, C. (2018): Handbuch Autismus ...Was bedeutet das für mich? (2. Aufl.). St. Gallen: Autismusverlag.

Goetze, J. (2016): Wenn Delfine tanzen. Garching, Hase und Igel.

Mueller, D. H. & Ballhaus, V. (2011): Davids Welt. Vom Leben mit Autismus. Wien: Annette Betz.

Internetlink

Film über Autismus in Leichter Sprache von Claudio Castaneda: https://www. youtube.com/watch?v=9maZEyK9gZQ, Zugriff am 22.11.2020.

Umgang mit Verlust und Trauer

Feldwieser, S., Knoop, J. & Galling, U. (Hrsg.) (2011): Das Leben ist, bevor man stirbt. Texte und Bilder zu Sterben, Tod und Jenseits von Menschen mit geistiger Behinderung. Bielefeld: Vormbrock.

Franke, E. (2018): Anders leben – anders sterben. Gespräche mit Menschen mit geistiger Behinderung über Sterben, Tod und Trauer. Berlin: Springer.

Geisler, D. (2018): Was mach ich nur mit meiner Trauer? Bindlach: Loewe.

Gissel, A. (2015): Das letzte Hemd hat keine Taschen – oder (vielleicht) doch? Menschen mit Behinderung in ihrer Trauer begleiten. Eine Handreichung für Mitarbeitende in der Behindertenhilfe. Marburg: Lebenshilfe.

Heppenheimer, H., Sperl, I., Eurich, J. & Lob-Hüdepohl, A. (2011): Emotionale Kompetenz und Trauer bei Menschen mit geistiger Behinderung (Behinderung – Theologie – Kirche, v.2). Stuttgart: Kohlhammer. Online verfügbar unter https://ebookcentral.proquest.com/lib/gbv/detail.action?docID=4804780.

Krause, G. & Schroeter-Rupieper, M. (2018): Menschen mit Behinderung in ihrer Trauer begleiten. Ein theoriegeleitetes Praxisbuch. Göttingen: Vandenhoeck & Ruprecht.

Luchterhand, C., Murphy, N. & Humbert, R. (2010): Wenn Menschen mit geistiger Behinderung trauern. Vorschläge zur Unterstützung (3. Aufl.). Weinheim: Juventa.

Smeding, R. & Heitkönig-Wilp, M. (2005): Trauer erschließen – eine Tafel der Gezeiten. Esslingen: Hospizverlag.

Witt-Loers, S. (2019): Trauernde Menschen mit geistiger Behinderung begleiten. Orientierungshilfe für Bezugspersonen. Göttingen: Vandenhoeck & Ruprecht.

Worden, W. J. (2018): Beratung und Therapie in Trauerfällen. Ein Handbuch (5., unveränderte Aufl.). Bern: Hogrefe.

Bilder- und Aufklärungsbücher zum Thema Tod

Beuers, C. (Hrsg.) (2012): Bäume wachsen in den Himmel. Sterben und Trauern. Ein Buch für Menschen mit geistiger Behinderung (3. Aufl.). Marburg: Lebenshilfe.

Boritzer, E. (2016): Was ist Tod? Unter Mitarbeit von Nancy Forrest. Berlin: Abentheuer.

Endres, B. & Schulze, M.-A. (2015): Wo gehst du hin, Opa? Ein Bilderbuch über das letzte Geheimnis. Zürich: Aracari.

Erlbruch, W. (2010): Ente, Tod und Tulpe. München: Kunstmann.

Jeremies, C. & Jeremies, F. (2017): Wie mag's denn wohl im Himmel sein? Freiburg u. a.: KeRLE.

Kampen, A. von (2019): Knietzsche und der Tod. Alles über die normalste Sache der Welt. Berlin: Vision X.

Mennen, P. (2019): Abschied, Tod und Trauer. Unter Mitarbeit von Melanie Brockamp (Wieso? Weshalb? Warum?). Ravensburg: Ravensburger.

Nilsson, U., Tidholm, A.-C. & Könnecke, O. (Hrsg.) (2007): Adieu, Herr Muffin. Weinheim: Beltz & Gelberg.

Schroeter-Rupieper, M. & Sönnichsen, I. (2020): Geht Sterben wieder vorbei? Stuttgart: Gabriel.

Teckentrup, Britta (2013): Der Baum der Erinnerung. München: ArsEdition.

Varley, S. & Weixelbaumer, I. (2016): Leb wohl, lieber Dachs (4. Aufl.). Berlin: Betz.

Velthuijs, M. (2009): »Was ist das?«, fragt der Frosch. Weinheim. Basel: Beltz & Gelberg.

Internetlinks

Broschüre in Leichter Sprache zum Thema Trauer: https://www.dgpalliativ medizin.de/images/Trauer_Bonn_Lighthouse.pdf, Zugriff am 10.01.2021.

Film für Kinder zum Thema Sterben: https://www.youtube.com/watch?v= YSt6DTageLo (Knietsche und der Tod. Teil 1: Was kommt, das geht), Zugriff am 24.11.2020.

Was passiert nach dem Tod?: https://www.youtube.com/watch?v=1YGYzBi55JE (Knietsche und der Tod, Teil 3: Schluss, aus, vorbei), Zugriff am 21.12.2020.

Welche Art von Beerdigungen gibt es und wie kann man mit Trauer umgehen?: https://www.youtube.com/watch?v=pdw_ITwc7DQ (Knietsche und der Tod, Teil 2: Die letzte Reise), Zugriff am 21.12.2020.

Geschwisterbeziehungen

Arens-Wiebel, C. (2013): Geschwister ABC für Brüder und Schwestern von Kindern und Jugendlichen mit Autismus oder Asperger-Syndrom. Bremen: Autismus Bremen e. V.

Hackenberg, W. (2008): Geschwister von Menschen mit Behinderung. Entwicklung, Risiken, Chancen. München, Basel: Reinhardt. Online verfügbar unter http://www.content-select.com/index.php?id=bib_view&ean=9783497602957.

Maus, I. (2017): Geschwister von Kindern mit Autismus. Ein Praxisbuch für Familienangehörige, Therapeuten und Pädagogen. Stuttgart: Kohlhammer. Online verfügbar unter https://ebookcentral.proquest.com/lib/gbv/detail.action?docID=4889421.

Winkelheide, M. (2007): Ich neben dir – du neben mir: Geschwister behinderter Menschen aus mehreren Generationen erzählen. Vechta: Geest.

Winkelheide, M. (2014): Ich finde nicht die richtigen Worte. Vechta: Geest.

Internetlinks

Angebot der Lebenshilfe für erwachsene Geschwister mit Terminen für Workshops, Treffen u. v. m: https://geschwisternetz.de/, Zugriff am 26.11.2020.

Beratungsangebot für Geschwister, bundesweit: https://lebenshilfe-bremen.de/angebote/beratung/beratung-geschwister/, Zugriff am 26.11.2020.

Gruppe für erwachsene Geschwister von Behinderten Menschen mit Stammtischen, Forenbeiträgen, Facebook-Auftritte etc.: https://erwachsene-geschwister.de/, Zugriff am 26.11.2020.

Informationen für Geschwister und Eltern u. a. zu Projekten, Literatur etc.: https://www.stiftung-familienbande.de/, Zugriff am 26.11.2020.

Älterwerden des Menschen mit Autismus

Buchka, M. & Leive, A. (2012): Das Alter. Heil- und sozialpädagogische Konzepte. Stuttgart: Kohlhammer.

Bundesvereinigung Lebenshilfe e. V. (Hrsg.) (2015): Senioren mit Behinderung heute. Marburg: Lebenshilfe.

Diekmann, F. & Metzler, H. (2013): Alter erleben. Lebensqualität und Lebenserwartung von Menschen mit geistiger Behinderung im Alter. Abschlussbericht

Forschungsbericht »Alter erleben«. Stuttgart: Kommunalverband für Jugend und Soziales Baden-Württemberg. Online unter https://www.katho-nrw.de/ fileadmin/primaryMnt/Muenster/Downloads/Forschung_und_Entwicklung/ Alter_erleben/FV_Alter_erleben_-_Abschl-Bericht-2013-05-06.pdf.

Dose, S. (2014): Vortrag »Alterskrankheiten – Diagnose und Behandlung« auf der Tagung »Autismus und Alter« am 22.03.2014. München: Autismus Oberbayern e. V.

Pollmächer, A. & Holthaus, H. (2013): Wenn Menschen mit geistiger Behinderung älter werden. Ein Ratgeber für Angehörige. München, Basel: Reinhardt.

Roos, M. (2010): Geistige Behinderung im Alter: Konsequenzen für stationäre Wohneinrichtungen der Behindertenhilfe. Saarbrücken: VDM

Yekrangi, N. & Müller-Teusler, S. (2016): Autismus und Alter(n). Zeitschrift Autismus, 81 (1), 28–33.

Zöller, Dietmar (Hrsg.) (2006): Autismus und Alter. Was autistische Menschen, ihre Angehörigen, Menschen, die mit ihnen arbeiten und Verbände zu diesem Thema zu sagen haben. Berlin: Weidler. Online verfügbar unter http:// deposit.d-nb.de/cgi-bin/dokserv?id=2848397&prov=M&dok_var=1&dok_ext= htm.

Internetlink

Übergänge aktiv gestalten für älter werdende Menschen mit Behinderungen in Arbeit, Wohnen, Freizeit: https://www.lebenshilfe-bayern.de/fileadmin/ user_upload/09_publikationen/fachpublikationen/alte_menschen/lhlvbay ern_seidihraufdasaltervorbereitet_auflage1.pdf, Zugriff am 10.12.2020.

Vortrag Prof. Dose zu Alterskrankheiten – Diagnose und Behandlung: https:// www.autismus-oberbayern.de/downloads/tagung_alter/alterskrankheiten. ppt, Zugriff am 25.01.2021.

Lebensqualität

Müller, S. V. & Gärtner, C. (Hrsg.) (2016): Lebensqualität im Alter. Perspektiven für Menschen mit geistiger Behinderung und psychischen Erkrankungen. Wiesbaden: Springer. Online verfügbar unter http://gbv.eblib.com/patron/ FullRecord.aspx?p=4390040.

Internetlinks

Vortrag zum Thema Lebensqualität im Alter für Menschen mit Behinderung: https://www.ifs.uni-hannover.de/fileadmin/ifs/Abteilungen/Allgemeine_ Behindertenpaedagogik_und_-soziologie/Projekt_anders_alt.pdf, Zugriff am 01.12.2020.

Renteneintritt

Bundesvereinigung Lebenshilfe für Menschen mit Geistiger Behinderung (Hrsg.) (2007): Tagesstruktur für Menschen mit sehr schwerer Behinderung. Alternativen kennen – Rechte einfordern – Praxis gestalten. Marburg: Lebenshilfe.

Lebenshilfe Rheinland-Pfalz (2013): Bewegen macht Spaß. Sport leicht gemacht (Infos in Leichter Sprache). Mainz: Lebenshilfe RLP.

Lebenshilfe Rheinland-Pfalz (2016): Gesundes Essen leicht gemacht (Infos in Leichter Sprache). Mainz: Lebenshilfe RLP.

Lennermann-Knobloch, M. (2013): Ich will Rentner sein. Das Abenteuer: individuelle Ruhestandsgestaltung mit Senioren mit geistiger Behinderung. Ein Erfahrungsbericht. Marburg: Lebenshilfe.

Internetlinks

Anforderungen an die Lebensgestaltung älterwerdender Menschen mit geistiger Behinderung in unterstützten Wohnformen– Ergebnisse einer Literaturanalyse und Expertenbefragung, 2010: https://www.katho-nrw.de/fileadmin/_ migrated/content_uploads/2._LEQUI-Zwischenbericht_Anforderungen_im_ Alter_01.pdf, Zugriff am 26.01.2021.

Gesundheitsförderung mit Menschen mit Lernschwierigkeiten. Auch Passagen in Leichter Sprache: https://www.vdek.com/vertragspartner/Praevention/ projektgesund/_jcr_content/par/publicationelement_38/file.res/Broschuere-Projekt-Gesund.pdf, Zugriff am 26.01.2021.

Renteneintritt bei Menschen mit Autismus. Vortrag von Stefan Müller-Teusler zum Thema: https://www.autismus-oberbayern.de/downloads/tagung_ alter/rentenalter.pdf, Zugriff am 01.12.2020.

Biografiearbeit

Borgmann, L. (2020): Mit dem Alter(n) leben lernen. Biographiearbeit mit Menschen mit geistiger Behinderung. Ein Bildungskurs. Stuttgart: Kohlhammer.

Lindmeier, B. & Oermann, L. (Hrsg.) (2014): Mein Lebensbuch. Was für mich und andere wichtig ist. Karlsruhe: Loeper.

Lindmeier, B. & Oermann, L. (2017): Biographiearbeit mit behinderten Menschen im Alter. Weinheim, Basel: Beltz Juventa. Online verfügbar unter http:// www.content-select.com/index.php?id=bib_view&ean=9783779947172.

Lindmeier, C. (2013): Biografiearbeit mit geistig behinderten Menschen. Ein Praxisbuch für Einzel- und Gruppenarbeit. Weinheim: Beltz Juventa).

Rosendahl, J. (2016): So bin ich – einfach einmalig! Materialien zur Förderung von Identität und Selbstbild für Schüler mit geistiger Behinderung (2. Aufl.). Hamburg: Persen.

Internetlinks

Bildungskurs Biografiearbeit in Leichter Sprache: https://www.os-hho.de/ fileadmin/os-hho_2016/BildungUndEntwicklung/HHO_OW_Broschuere_ MeinLeben_Juni2016_Webversion_v1.0.pdf, Zugriff am 01.12.2020.

Biografiearbeit mit geistig behinderten Menschen/Heilpädagogische Hilfe Osnabrück: www.werkstaettenmesse.de/CDB/download/b4a546d4-883e-425f-976 b-a881114bfc32?Type=FancyBox, Zugriff am 01.12.2020.

Stellvertretende Biografiearbeit, durch Angehörige geleistet: https://www.beborientierung.de/assets/files/heftinhalte/3-2012/Orientierung3_2012_lind meier_p21-23.pdf, Zugriff am 01.12.2020.

Tecklenburger Biografiemethode: https://www.beb-orientierung.de/assets/ files/heftinhalte/1-2016/Orientierung_01_2016_winter_p10-12.pdf, Zugriff am 03.12.2020.

Vorlage Ich-Bücher: https://www.cluks-forum-bw.de/unterstuetzte-kommuni kation/erste-schritte?tx_cforum_listpost%5Baction%5D=show&tx_cforum_ listpost%5Bcontroller%5D=Post&tx_cforum_listpost%5Bpost%5D=982&cHash= d1814c0dd03e4e09d56317931d2d92bf, Zugriff am 03.12.2020.

Vorstellung unterschiedlicher Ich-Bücher: https://www.gesellschaft-uk.org/ regional/regio-baden-wuerttemberg/downloads-zu-veranstaltungen.html? file=files/Downloadliste/Fortbildungen/bw-2016/ich-Buecher%20Fachtag %20Handout.pdf, Zugriff am 03.12.2020.

Förderung im Alter

Aguirre, E., Spector, A. et al. (2018): Kognitive Stimulationstherapie. Ein evidenzbasiertes Gruppenprogramm für Menschen mit Demenz. Dortmund: modernes lernen.

Becker, K.-P. (Hrsg.) (2013): Motorische Förderung in Werkstätten für behinderte Menschen. Berlin: Stiftung Rehabilitationszentrum Berlin-Ost.

Havemann, M. & Stöppler, R. (2020): Altern mit geistiger Behinderung: Grundlagen und Perspektiven für Begleitung, Bildung und Rehabilitation. Stuttgart: Kohlhammer.

Dementielle Veränderungen

Arens-Wiebel, C. (2018): Autismus-Spektrumstörungen und Demenz. Zeitschrift Autismus, (1), 46–51.

Beobachtungsinstrument: NTG-EDSD, deutsche Version, 2013, www.-aadmd.org/ntg/screening. Gusset-Bährer, S. (2018): Demenz bei geistiger Behinderung. (3. aktualisierte und erweiterte Aufl.). München: Ernst Reinhardt. (Heilpädagogik). Online verfügbar unter http://www.reinhardt-verlag.de/de/titel/53346/.

Das Magazin. Demenz (2018). Zeitschrift Behinderung und Demenz, (39).

Lubitz, H. (2014):»Das ist wie Gewitter im Kopf!« – Erleben und Bewältigung demenzieller Prozesse bei geistiger Behinderung. Bildungs- und Unterstützungsarbeit mit Beschäftigten und Mitbewohner/Innen von Menschen mit geistiger Behinderung und Demenz. Zugl.: Hannover, Univ., Diss., 2014. Bad Heilbrunn: Klinkhardt. Online verfügbar unter https://www.content-select.com/index.php?id=bib_view&ean=9783781553835.

Medizinischer Dienst des Spitzenverbandes Bund der Krankenkassen e. V. (Hrsg.) (2019): Grundsatzstellungnahme. Menschen mit Demenz – Begleitung – Pflege und Therapie. Essen.

Demenz Support Stuttgart gGmbH (Hrsg.) (2017): Hat Mama Demenz? Ein Heft über älter werdende Menschen mit Demenz. In Leichter Sprache. Stuttgart: Demenz Support. Online verfügbar unter https://www.bmfsfj.de/blob/111780/00bd6dad1594b0973e8768db9e93522c/hat-mama-demenz–data.pdf.

Demenz Support Stuttgart gGmbH (Hrsg.) (2014): Was ist eine Demenz? Ein Heft über Demenz in Leichter Sprache. Für Erwachsene mit Lern-Schwierigkeiten.

Stuttgart: Demenz Support. Online verfügbar unter https://www.bmfsfj.de/bmfsfj/service/publikationen/was-ist-eine-demenz-/96074.

Schäper, S. (2012): ... und dann noch ein bisschen rüstig sein. Anforderungen an die Lebensgestaltung im Alter und Chancen für eine neue Lebensqualität für Menschen mit geistiger Behinderung. Zeitschrift Teilhabe, 51 (2), 53–59.

Theunissen, G. (2015): Positive Verhaltensunterstützung bei Menschen mit Lernschwierigkeiten und Demenz. Zeitschrift Teilhabe, 54 (2), 61–67.

Internetlinks

Demenz bei geistiger Behinderung, Fachartikel: https://www.deutsche-alzheimer.de/fileadmin/alz/pdf/factsheets/infoblatt16_geistige_behinderung_dalzg.pdf, Zugriff am 10.12.2020.

Demenz bei geistiger Behinderung – Wie werde ich diesem Personenkreis gerecht? Ausführlicher Artikel zum Umgang mit Demenzkranken mit geistiger Behinderung: https://www.zfp-web.de/fileadmin/Freigabe_ZfP_Suedwuerttemberg/Dokumente/Netzwerk_Demenz/Dcmenz_bei_geistiger_Behinderung.pdf, Zugriff am 10.12.2020.

Demenz und geistige Behinderung. Kostenlose Broschüre des Netzwerks NRW zum Herunterladen: https://alter-pflege-demenz-nrw.de/li/materialie/menschen-mit-demenz-und-geistiger-behinderung/, Zugriff am 10.12.2020.

DSQIID (Dementia Screening Questionnaire for Individuals with Intellectual Disabilities): Screening Verfahren zur Fremdbeurteilung dementieller Symptome: https://data.hogrefe.de/download/tests/dsqiid/DSQIID_Fremdbefragung_Bogen.pdf, Zugriff am 04.02.2021.

Sterbebegleitung

Birkholz, C. & Knedlik, Y. (Hrsg.) (2020): Teilhabe bis zum Lebensende. Palliative Care gestalten mit Menschen mit geistiger Behinderung. Marburg: Lebenshilfe.

Bosch, E. & Humbert, R. (2009): Tod und Sterben im Leben von Menschen mit geistiger Behinderung. Arnhem: Bosch & Suykerbuyk Trainingszentrum B. V.

Bruhn, R. & Straßer, B. (2014): Palliative Care für Menschen mit geistiger Behinderung. Interdisziplinäre Perspektiven für die Begleitung am Lebensende. Stuttgart: Kohlhammer. Online verfügbar unter http://gbv.eblib.com/patron/FullRecord.aspx?p=1802341, Zugriff am 26.11.2020.

Kostrzewa, S. (2020): Menschen mit geistiger Behinderung palliativ pflegen und begleiten. Palliative Care und geistige Behinderung (2., vollständig überarb. u. erw. Aufl.). Göttingen: Hogrefe.

Internetlinks

Schmerz-Heft in Leichter Sprache für Betroffene zu Sterbebegleitung und Tod: https://www.hospiz-palliativ-nds.de/wp-content/uploads/2018/07/Brosch%C3%BCre_Wer-hilft-mir-wenn-ich-sterbe-2.pdf, Zugriff am 26.11.2020.

Schmerztagebuch in Leichter Sprache: https://www.dgpalliativmedizin.de/images/Schmerztagebuch_Gelhaus.pdf, Zugriff am 09.11.2020.

Palliative Begleitung von Menschen in Wohnformen der Eingliederungshilfe. Ein Leitfaden für Träger, Leitungen sowie Mitarbeitende in der Assistenz und Pflege von Menschen mit intellektueller, komplexer und/oder psychischer Beeinträchtigung: https://www.dgpalliativmedizin.de/images/Druckdaten_DGP_Auftrag1804606_FINAL.pdf, Zugriff am 10.12.2020.

Patientenverfügung in Leichter Sprache: https://lebenshilfe-bremen.de/wp-content/uploads/LS_Patienten-Verfuegung_20190930.pdf, Zugriff am 14.12.2020.

Abbildungs- und Tabellenverzeichnis

Abb. 1: Gut arbeiten 20
Abb. 2: Mein Schulpraktikum 24
Abb. 3: Grundprobleme autistischer Menschen 30
Abb. 4: Tagesstruktur für die Ausbildung 35
Abb. 5: Arbeitsplan in der WfbM 49
Abb. 6: Regeln für die Montagegruppe 59
Abb. 7: Fassmodell von Stress und Stressreduktion 64
Abb. 8: Social Story: Mein*e Betreuer*in geht in Rente 88
Abb. 9: Obst etc. sortieren 93
Abb. 10: Klettmappe (Obst/Gemüse) 94
Abb. 11: Entspannung – was hilft und was nicht? 108
Abb. 12: Gutscheine für den Garten 113
Abb. 13: Alternativplan 114
Abb. 14: Eisbergmodell 129
Abb. 15: Social Story: wenn Mama nicht zu Besuch kommt . . . 131
Abb. 16: Schmerzskala 158
Abb. 17: Schaubild des Gehirns 177
Abb. 18: Gesamtbilder zusammenlegen 178
Abb. 19: Klettmappe: Was bei Autisten nett und sozial
ist und was nicht 184
Abb. 20: Piktogramme als Hilfen für Mitbewohne*innen 187
Abb. 21: Social Story zum Tod der Mutter 197
Abb. 22: Zukunftsplanung 209
Abb. 23: Ernährungspyramide 212
Abb. 24: Selbstgeschriebenes Kochbuch 213
Abb. 25: Prothetisches Vorgehen 218
Abb. 26: Spiel: Stimmt/stimmt nicht 220

Tab. 1: Duschplan 123
Tab. 2: ABC-Schema bei Krisen 172
Tab. 3: Schriftliche Hilfen für Mitbewohner*innen 186

Christiane Arens-Wiebel

Autismus

Was Eltern und Pädagogen
wissen müssen

*2019. 220 Seiten, 15 Abb.,
4 Tab. Kart.* € *28,–
ISBN 978-3-17-034781-6*

Praxiswissen Erziehung

Die Diagnose Frühkindlicher Autismus beim eigenen Kind stellt
Eltern vor große Herausforderungen: Sie müssen akzeptieren,
dass ihr Kind anders ist, sich über geeignete Hilfen informieren
und zugleich den Alltag meistern. Das Buch bietet Eltern, aber
auch Pädagogen in Schule und Kita Basiswissen über Autismus,
Orientierung im Dschungel der therapeutischen Angebote sowie
Hilfestellung bei alltäglichen Erziehungsfragen: Was ist in welchem
Lebensalter des Kindes wichtig? Welche Förderung ist sinnvoll?
Wie können Eltern und Lehrer das Kind beim Lernen unterstützen?
Wie können sie sich Problemverhalten erklären und damit umge-
hen? Diese und viele weitere Fragen beantwortet das Buch anhand
konkreter Erziehungssituationen. Nicht zuletzt liefert es so einen
Leitfaden für den Umgang mit Kindern im Autismus-Spektrum.

Leseproben und weitere Informationen unter **www.kohlhammer.de**

Georg Theunissen/
Mieke Sagrauske

Pädagogik
bei Autismus

Eine Einführung

2019. 267 Seiten. Kart. € *34,–*
ISBN 978-3-17-036318-2

Das Buch beleuchtet Autismus aus der Perspektive der Stärken,
ohne die Herausforderungen auszublenden, vor die autistisches
Verhalten die Bezugswelt stellt. Als Einstieg beginnt das Buch mit
einer Geschichte des Autismus. Dann werden die Konturen des
aktuellen Autismusverständnisses skizziert. Im Zentrum steht dabei
die verstehende Problemsicht. Von hier aus wird in die pädagogische Praxis übergeleitet. Dabei geht es zunächst um die Leitprinzi-
pien zeitgemäßer Heil- und Sonderpädagogik sowie der Behinder-
tenarbeit. Das Buch greift dann zentrale Felder pädagogischen
Handelns auf. Es spannt den Bogen von den frühen Hilfen und
dem Vorschulbereich, der Schule und dem Unterricht bis hin zur
Erwachsenenbildung, beruflichen Bildung, zur Arbeit und zum
Wohnen.

Leseproben und weitere Informationen unter **www.kohlhammer.de**

Georg Theunissen (Hrsg.)

Autismus verstehen

Außen- und Innensichten

2., aktualisierte Auflage
2020. 247 Seiten, 2 Abb. Kart.
€ 36,–
ISBN 978-3-17-037906-0

Das Thema Autismus hat in den letzten Jahren eine erhebliche Konjunktur erlebt. Nicht zuletzt eine Fülle autobiografischer Berichte Betroffener über autistisches Wahrnehmen, Denken und Handeln hat die weit verbreitete klinisch-pathologisierende Sicht von Autismus in Frage gestellt. Das Buch will die Sichtweisen von autistischen Personen verstehen und mit wissenschaftlichen Erkenntnissen vor allem aus dem Bereich der Neurowissenschaften abgleichen. Dabei werfen neurowissenschaftliche Erkenntnisse ein ganz neues Licht auf die Fähigkeiten und Intelligenz von Menschen im Autismus-Spektrum. Die dabei herausgearbeiteten Merkmale werden dann von autistischen Personen selbst – gewissermaßen aus der „Innensicht" – beleuchtet: Wahrnehmungsbesonderheiten, unübliches Lernverhalten, fokussiertes Denken, Schwierigkeiten bei der Kommunikation und sozialen Interaktion usw.

Leseproben und weitere Informationen unter **www.kohlhammer.de**